U0751001

"福建省'十三五'中小学名师名校长培养工程丛书"编委会

（福建教育学院培养基地）

丛书主编：郭春芳

副 主 编：赵崇铁　朱　敏

编 委 会：（按姓氏笔画排序）

　　　　　于文安　杨文新　范光基　林　藩　曾广林

名校长卷

主　　编：于文安

副 主 编：简占东

编　　委：陈　曦　林文瑞　林　宇

名 师 卷

主　　编：林　藩

副 主 编：范光基

编　　委：陈秀鸿　唐　熙　丛　敏　柳碧莲

福建省"十三五"
名校长丛书

儿童生命成长的教育生态

林华强　著

厦门大学出版社
XIAMEN UNIVERSITY PRESS
国家一级出版社
全国百佳图书出版单位

图书在版编目(CIP)数据

儿童生命成长的教育生态/林华强著.—厦门:厦门大学出版社,2021.12
ISBN 978-7-5615-8436-1

Ⅰ.①儿… Ⅱ.①林… Ⅲ.①生命哲学—教学研究—小学 Ⅳ.①G623.102

中国版本图书馆 CIP 数据核字(2021)第 268792 号

出 版 人	郑文礼
责任编辑	郑 丹

出版发行 厦门大学出版社

社 址	厦门市软件园二期望海路 39 号
邮政编码	361008
总 机	0592-2181111 0592-2181406(传真)
营销中心	0592-2184458 0592-2181365
网 址	http://www.xmupress.com
邮 箱	xmup@xmupress.com
印 刷	厦门集大印刷有限公司

开本	720 mm×1 020 mm 1/16
印张	16.5
插页	2
字数	288 千字
版次	2021 年 12 月第 1 版
印次	2021 年 12 月第 1 次印刷
定价	58.00 元

厦门大学出版社
微信二维码

厦门大学出版社
微博二维码

本书如有印装质量问题请直接寄承印厂调换

◎ 总　序

　　"百年大计,教育为本;教育大计,教师为本。"教师队伍建设是教育质量提升的关键。2018 年,中共中央、国务院印发《关于全面深化新时代教师队伍建设改革的意见》,吹响了新时代教师队伍建设改革的集结号,提出教师队伍建设改革的目标是"到 2035 年,教师综合素质、专业化水平和创新能力大幅提升,培养造就数以百万计的骨干教师、数以十万计的卓越教师、数以万计的教育家型教师"。福建省委、省政府牢记习近平总书记"福建没有理由不把教育办好"的殷切嘱托,以高度责任感、使命感,坚持教育优先发展,始终将建设一支师德高尚、业务精湛、结构合理、充满活力的高素质专业化教师队伍作为基础工作,出台了一系列政策措施,激发广大教师投身教育综合改革的积极性、主动性、创造性。福建省教育厅为打造基础教育高层次领军人才队伍,实施"强师工程"核心项目——中小学名师名校长培养工程,旨在培养一批在省内外享有盛誉的名师名校长,促进我省教育高质量发展。

　　"十三五"期间,福建教育事业紧紧围绕"新时代新福建"发展战略,坚定不移走以提升质量为核心的内涵发展之路,着力推动规模、质量和效益的协调发展,努力让教育改革发展成果更多地惠及民生,让人民群众有更多的获得感。2017 年,省教育厅会同财政厅启动实施了"十三五"中小学名师名校长培养工程,在全省遴选培养 100 名名校(园)长、培训 1000 名名校(园)长后备人选、100 名教学名师和 1000 名学科教学带头人。通过全方位、多元化的综合培养,造就一批师德境界高远、政治立场坚定、理论素养深厚、教学能力突出(治校能力突出)、教学风格鲜明(办学业绩卓越)、教育视野宽阔、富有开拓创新精神、在省内外有较大影响力的名师名校长,为培育闽派教育家型校长和闽派名师奠定基础,带动和引领全省中小学教师队伍建设,为推进我省基础教育优质均衡发展、办好人民满意教育,为"再上新台阶、建设新福建"提供有力的人才保障。

为扎实推进福建省"十三五"中小学名师名校长培养工程,保障实现预期培养目标,福建教育学院作为本次名师名校长培养工程的主要承担单位,自接到任务起,就精心研制培养方案,系统建构培训课程,择优组建导师团队,不断创新培养方式,努力做好服务管理,积极探索符合名师名校长成长规律的培养路径,确保名师名校长培养培训任务高质量完成,助力全省名师名校长健康成长,努力将培养工程打造成全省乃至全国基础教育高端人才培养示范性项目。

在培养过程中,我们从国家战略需求、学校发展需求和教师岗位需求出发,积极探索实践以"五个突出"为培养导向,以"四双""五化"为培养模式的基础教育高端人才培养路径。其中"五个突出":一是突出培养总目标。准确把握目标定位,所有培养工作紧紧围绕打造教育家型名师名校长而努力。二是突出培养主题任务。2017年重点搞好"基础性研修",2018年重点突出"实践性研修",2019年重点突出"个性化研修",2020年重点抓好"辐射性研修"。三是突出凝练教学主张(办学思想)。引导培养对象对自身教学实践经验(办学治校实践)进行总结、提炼、升华,用先进科学理论加以审视、反思、解析,逐步凝练形成富含思想和实践价值、具有鲜明个性的教学主张(办学思想)。四是突出培养人选的影响力与显示度。组织参加高端学术活动,参与送培送教、定点帮扶服务活动,扩大名师名校长影响。五是突出研究成果生成。坚持研训一体,力促培养人选出好成果,出高水平的成果。

"四双":一是双基地培养。以福建教育学院为主基地,联合省外高校、知名教师研修机构开展联合培养、高端研修、观摩学习。二是双导师指导。按照理论联系实际原则,为每位培养人选配备学术和实践双导师。三是双渠道交流。参加省内外及境外高端学术交流活动,积极承办高水平的教学研讨活动,了解教育前沿情况,追踪改革发展趋势。四是双岗位示范。培养人选立足本校教学岗位,同时到培训实践基地见学实践、参加送培(教)活动。

"五化":一是体系化培养。形成"需求分析—目标确定—方案设计—组织实施—效果评估"的培养链路,提高培养专业化、精细化、科学化水平。二是高端化培养。重视搭建高端研修平台,采取组织培养人选到全国名校跟岗学习、参加国内高层次学术会议和高峰论坛、承担省级师训干训教学任务等形式,引领推动名师名校长快速成长。三是主题化培养。每次集中研修,都做到主题鲜明、内容聚焦,坚持问题导向和结果导向,努力提升培养的针对性和实效性。四是课题化培养。组织培养对象人人开展高级别课题研究,以提升理性思维、学术素养和科研水平,实现从知识传授型向研究型、从经验型向专家型的转变。五是个性化培养。坚持把凝练教学主张(办学思想)作为个性化培养的核心抓手,引导培养人选提炼形成系统的、深刻的、清晰的教育教学"个人理论"。

通过三年来的艰苦努力,名师名校长培养工作取得了显著成效,积累了丰硕成果,达到了预期目标。名校长培养人选队伍立志有为、立德高远的教育胸襟进一步树立,办学理念、政策水平和管理能力进一步提升,立功存范、立论树典的实践引领能力进一步提高,努力实现名在信念坚定、名在思想引领、名在实践创新、名在社会担当。名师培养人选坚持德育为先、育人第一的教育思想进一步树立,教书育人责任感、使命感和团队精神进一步强化,教育理论素养进一步提升,先进教育理念进一步彰显,教育教学实践和创新能力进一步增强,独特教学风格和教学主张逐步形成,教育科研和教学实践均取得了丰硕成果。一是专项研究深。围绕教学主张或教学模式出版了 38 部专著。二是成果级别高。84 位名校长人选主持课题 130 项,其中国家级 6 项;发表 CN 论文 239 篇,其中核心 16 篇;53 位名师培养人选主持省厅级及以上课题 108 项,其中国家级 7 项;发表 CN 论文 261 篇,其中核心 81 篇。三是奖项层次高。3 位获 2018 年教育部基础教育国家级教学成果奖二等奖;15 人获得 2017 年、2018 年福建省基础教育教学成果奖,其中特等奖 3 位、一等奖 7 位、二等奖 5 位;1 位评上国家级"万人计划"教学名师;34 位培养人选评上正高级职称教师;13 位获"特级教师"称号;2 位获"福建省优秀教师"称号。四是辐射引领广。开设市级及以上公开课、示范课 203 节;开设市级及以上专题讲座 696 场;参加长汀帮扶等"送培下乡"活动 239 场次;指导培养青年骨干教师 442 人。

教育是心灵的沟通,灵魂的交融,思想的碰撞,人格的对话,名师名校长应该成为教育的思想者。在我省名师名校长培养对象即将完成培养期时，福建教育学院培养基地组织他们把自己的教学（办学）思想以著作的形式呈现给大家，并资助出版了"福建省'十三五'名校长丛书""福建省'十三五'名师丛书"，目的就是要引领我省中小学教师进一步探究教育教学本质，引领我省中小学校长进一步探究办学治校的规律，使名师名校长培养对象成为新时代引领我省教师奋进的航标，成为办人民满意教育的先行者。结束，是下一阶段旅程的开始，希望我省名师名校长培养对象不忘立德树人初心，牢记为党育人、为国育才使命，积极投身新时代新福建建设，为福建教育高质量发展再建新功。是为序。

福建教育学院党委书记、教授、博士

郭春芳

2020 年 8 月

生命力量的自然绽放

刘莉莉

今天人们已经不再满足于有学上,而是希望上好学。金安小学作为一所老百姓家门口的学校,之所以能够让家长满意,让孩子们向往,不仅是因为它拥有全新的校园和现代化的教育教学设施,更重要的是在这个校园里,校长和教师们始终遵循儿童的天性,呵护并促进儿童的生命成长。虽然这是一所办学历史只有短短六年的学校,可是他们从未放弃过学区里的任何一个孩子,无论他们富贵还是贫穷,无论他们聪慧还是呆板,无论他们乖巧还是顽劣……金安人都热情拥抱着他们。

当今社会,残酷的教育竞争让中小学乃至幼儿园的教育变得扭曲甚至异化。有的学校把一张张名校录取通知书作为追逐的目标,有的把一个个奖牌作为炫耀的资本,可贵的是,金安小学把一张张孩子的笑脸作为分享的收获。因为,在这里,生命的力量得到了自然绽放,生命的价值得到了不断提升。正如林华强校长所说,要做"真教育"。真教育离不开孩子们的生活。"四真课程"聚焦儿童日常生活,培育健康生活之美,陶冶人文情怀之美,开启科学创造之美,提升责任品格之美。特别是金安小学的德育活动,通过创设各种情景让孩子们观察生活,感受生活的美妙,丰富生活的情趣,在体验中内化道德价值,在欣赏与创造中提升道德品质与人文素养。真教育滋养着儿童生命的成长,让他们在五育融合中享受成长的快乐。如果说真课程是一种浸润,真课堂就是一种唤醒。教师基于知识的重构、场域的

刘莉莉,华东师范大学教育学部教授、博士生导师,教育部中学校长培训中心副主任。

构筑、思维的碰撞、评价的转型激发着学生学习的自觉,促进了学习随时随地真实发生。

教育是慢的艺术,教育更是一个系统工程。金安小学不仅着力于丰富学生的各种生命体验,还十分重视老师和家长与孩子们一起成长的过程,他们扎实而又灵动地勾画着教育生态的行动地图。"辣妈书屋"以及每个学生社团的背后都是一个团队。师生一起成长让这所年轻的学校充满了生机,家校共育的新生态让孩子们真正享受着童年的时光。

学校创办六年,我见证了这所学校的发展,更加深信,一个好校长就是一所好学校。林校长潜心实践的同时,始终重视学习与研究。今天这本书既是他教育实践的结晶,也是一个思想者智慧的彰显。我相信,不久的将来,他会让更多从这里走出去的孩子感恩母校,感激与校长、老师、同学在这里的相遇!

2020 年 6 月 6 日

生命成长的新风景

任　勇

　　六年前我就到过金安小学，是应林华强校长邀请去给老师们讲《名师成长的新境界》。走进这所新建的学校，我印象最深的是，这所学校很有朝气——学生活泼而有礼貌，教师儒雅且显灵性，校长理性而充满激情。

　　理性的思考是需要的，但富有激情可能更重要。激情是校长积极向上的精神状态，是校长满腔热情的工作态度，是校长忘我投入的人生境界。一个敬业的校长应该是一个充满激情的校长，一个优秀的校长应该是一个激情四射的校长。

　　讲座前我和林校长沟通，说对新教师讲这个话题，会不会要求高了一点？林校长说："没关系，我们就是要让新教师看到名师应达到的那个高度，更加明晰前行的方向。"这校长，有思想。

　　我讲座结语中说道："因为年轻，所以拥有。"这是我对这所新校的一种激励、一种展望，其实更是一种预判、一种坚信。

　　第二年我又被林校长邀请到学校给老师们做讲座，林校长让我再讲名师成长，并说："校长的第一使命就是发展教师。"是啊，有好的教师，才有好的教育；谁赢得了教师，谁就赢得了未来。这次我讲了《优秀教师悄悄在做的那些事儿》，这是我新出的书，学校还买了书让我签名给老师每人发一本。

　　就这样，金安小学和林校长进入了我的视野；就这样，对金安小学"生

　　任勇，厦门市教育局原副局长、巡视员，数学特级教师，享受国务院政府特殊津贴专家，当代教育名家。

命成长的教育生态"课题的实施,我有一种"静待花开"的美好期盼。

六年探索不寻常! 当林校长将《儿童生命成长的教育生态》书稿的电子版发给我时,我眼前一亮,脱口而出:"花开了!"我迫不及待地翻看书稿,当年一所很有朝气的学校,如今让我再次感受到了她的真,她的善,她的美,她的内涵,她的创新,她的文化……

教育之事,管理之事,发展之事,过于理想就难以行走,没有理想就行之不远。当教育理想遭遇教育现实的挑战时,就需要我们在理想与现实中找到"黄金分割点",这就是挑战中的抉择,这需要我们有勇气、智慧和坚守。"生命成长的教育生态"的营创,见证了金安小学的探索,也见证了金安小学的境界!

"生命成长的教育生态"是什么?

林校长说,真善美——感受生活(学习)之美、探究生活(学习)之善、创造生活(学习)之真,是儿童生命成长的灵魂,也是学校教育的三重奏。我们教育的目的就是让我们的孩子成为一个诚实、善良的人,有一颗美丽的心灵。

"生命成长的教育生态"还是什么?

我以为,是一种登高远望的视角和谋划,是一种教育价值的追求和引领,是一种理念融入的落实和运行,是一种教育规律的体现和构建,是一种教育良知的坚持和守望,是一种教育本真的遵循和践行。

细读下去,书中的"教育生态"精彩纷呈。

"生命成长"之于校长,是基于生命成长的变革性领导力——学校管理结构变革、学校制度架构变革、学校活动地图变革;是基于文化管理的校长执行力——校长的课程文化领导力、校长的活动文化组织力、校长的课题文化研究力、校长的家校文化影响力。"领导力"和"执行力"是校长的两只"风火轮",踩住了它,学校发展就有了"加速器"。

"生命成长"之于课程,是课程价值定位——课程即生活;是课程架构设置——架构遵循科学性、合理性、地方与国家课程相结合的原则,设置既有分科课程,又有综合课程;是课程内容选择——注意课程内容的基础性和普及性,了解课程内容的预设性和生成性,关注学生、社会发展的现实性和长远性,注重学校、学生及学科的共同性和差异性;是课程评价构建——从课堂质量、教师发展、学生成长三个方面,关注生命的多样性与生成性,构建课程评价内容。课程价值定位是"发展至上"的,课程架构设置是"层次分明"的,课程内容选择是"适切儿童"的,课程评价构建是

"科学合理"的。

"生命成长"之于学生,是唤醒学生的课堂生命状态,是催生学生的课堂生命旺盛力,是丰盈学生的课堂生命美感,是彰显学生的课堂生命自信。学生拥有这样的"课堂生命",能不健康成长吗?

"生命成长"之于教师,是正视困境,找准制约教师发展的"瓶颈"——教师的学习和教育观念有待加强,方法在获取时还要加强方向感,教学课堂与真课堂有一定差距;是夯实路基,培育卓越教师成长——注重师德建设、提升职业品位,注重专业成长、提升队伍活力,注重教师研训、提升治教能力、注重考核评价、提升执教水平。成就教师"生命成长"走向卓越,名师群起不是梦。

"生命成长"之于立德树人,是育人先育己,是以生命影响生命,是立人德为先、厚德载物,是内化于心、外化于行,是家校合作共育新人,是绘制学校文化地图,是铺展生命成长的空间……浸润在这样的"生命成长"景观下的儿童,是多么幸福啊!

端坐电脑前,看着书稿,我在思考:一所学校可以是什么样态?我似乎有了新的感悟,她可以是一所让生命灵性生长的学校,可以是一所高位构建发展至上的学校,可以是一所诗意追求奔向未来的学校。

"儿童生命成长的教育生态"下的金安小学,就具备这种样态!

从"静待花开"到"花开了",我们看到了平地崛起的金安小学,走向未来的金安小学还要让"花更美"。"花之美"在于色,教育理想三原色奠定了学校发展的坚实基础;"花之美"在于香,书香墨香茶香咖啡香……香飘四溢,涵养气质;"花之美"在于形,体现为校园建筑之境、校园物语之情、校园师生之貌;"花之美"更在于韵,"韵"是内涵,"韵"是品质,"韵"是文化……

在追求"花更美"的路上,林校长一定会持续领跑,金安小学的师生们会积极奔跑,在奔向未来的路上,会有更多生命成长的新风景。

2020 年 6 月 9 日

生命因成长而美丽

潘清河

捧着林华强校长即将付梓的新书书稿,感觉是那样的沉甸甸且又有些滚烫,是啊,这是一部有温度的教育专著。

《儿童生命成长的教育生态》一书,是基于学校办学理念、创建学校教育特色、彰显学校办学风采的书。洋洋洒洒二十余万字,是厦门市金安小学六年办学历程的缩影,也是本书作者走过六年风雨的心路历程。

"生命教育"是当今教育的一个热点话题,不少学校将之作为办学特色。而"生命成长教育生态"则是一个新的课题,至少于我而言是新鲜的。

《儿童生命成长的教育生态》共有九章,"儿童生命成长的滋养""变革校长生命成长观""构筑生命成长新课程""感受生命成长真快乐""成就教师生长向卓越""立德树人,立生命景观""成就家校共治新样态""描绘生活致美新蓝图""构建教育生命共同体"。这九个篇章,都围绕着"儿童生命成长的教育生态"这一主题,涵盖了学校工作的林林总总,内容丰富而不失殷实;语言简洁而不失深刻;活动多样而不失精彩。字里行间,无不传递着孩子们生命成长的气息。

开篇引言:"我的生命成长观",是林华强校长对儿童生命成长的一种全新的理念。"教育生态""真教育""生命",这些看似不相关联的概念,通过作者的旁征博引、娓娓道来,给人一种如沐春风之感。就像书中所写的:"'生命'和'生态',指的是学生个体对于环境的适应。让教育看见生命、尊

潘清河,厦门三中语文高级教师、福建省作家协会会员、福建省语文学会会员,著有《校园放歌》《烛光里的遐思》《诗缘》等。

重生命、发展生命是教育的常识,常识也是最大的共识,也是最大的生态圈。在这一理念的指导下,我们认为:人是以生命的方式存在的,教育作为一种人生事业,必须关注人的成长与发展。学校教育应当让孩子们自主地学会生活,在生活中学习人生之道。完整生活就是完整学习的过程,是生命成长的过程,从'生命成长'到'教育生态',可以说是学生个人与教育大环境的相互适应、相互融合的关系。""学校是学生生命成长中一个极其重要的生态环境。学校的校园应该成为学生生命成长的生态园,富含生命成长的生态营养,通过管理、课堂、课程、活动等的组织变革,培植儿童生命成长的基本土壤,营造良好的教育生态氛围。"

毋庸置疑,林华强校长研究与探索的这一教育课题,具有一定的前瞻性和实用性。其不仅使学校的每一个肌体都能健全地发挥着其功能与实效,为儿童生命成长创造出良好的教育生态环境,而且也让每一个学生个体都能活出本真的自己,让生命成长更为精彩。正如于丹所言:"成长比成功更重要。"

著名教育家陶行知曾说:"校长是一个学校的灵魂,要评论一个学校,先要评论他的校长。"中国教育学会原会长顾明远也说过:"一所学校因为有一位好的校长而迅速崛起,也因为一位庸庸之辈而日落千丈,校长之于学校,犹如灵魂之于躯体。"显而易见,林华强校长就是金安小学的灵魂。魏书生说得好:"当你把学生看成天使,那你就生活在天堂里;当你把学生看成魔鬼,那你就天天生活在地狱里。"金安小学的学生个个都是小天使,而学校正是美丽的天堂。该校创办六年来,正是在他的带领下如旭日东升,生机勃发。他引领的团队也在学校教育与教学的岗位上取得了不俗的成绩。这从《儿童生命成长的教育生态》一书中可以得到充分的印证。

在教育生态面前,儿童宛若一粒种子,不但要发芽,长出叶片,开花结果,而且在任何阶段都需要充足的养分。为了给儿童生命成长提供滋养,金安小学以"红、黄、橙"作为学校教育理想的三原色,红色,追求至善;黄色,表示求真;橙色,寓意尚美。作为政治思想教育阵地的学校,无论是校长还是老师,都不忘继承红色的革命传统,时刻保持红色的本色,这样方能为儿童生命成长铺垫至善的基石。而从源头上打造一支保持红色至善的教师队伍,将对学生产生长远的影响,并在他们幼小的心里默默树立远大的理想,红色至善的思想种子已然在他们心中生根发芽、茁壮成长。

金安小学是福建省行知实验学校,陶行知的"求真"教育早已渗透在教育教学之中,根植于校长、教师的心田。不管教材如何变更、课堂怎样变革,求真求实始终是教育教学的一条主线,因为"教人求真""学做真人"是儿童生命成长的源头活水。"尚美"是学校开办以来一直坚持的做法,甚至融入了每一个学科中。"基于小学的生活美学创客校本课程开发与研究"是该校的省级研究课题。学校基于生活之美的创客校本课程,研发了一个以生活美学和创客相融合的校本课程体系。这种新颖的教育理念与特色办学模式,成为学校的文化品牌,让学生在认知与实践中,得到美的品格熏陶、美的文化滋养、美的生活体验,培养学生具有创客精神和生活情趣,提升美学美感和审美能力,从而达到"真教育唤醒美生活,美生活滋养真童年"的美好愿景。

透过"变革校长生命成长观",我似乎看到林华强校长正带领着金安小学的老师们在教育改革的浪潮中,不忘初心、砥砺前行。书中主要从"基于生命成长的变革性领导力"和"基于文化管理的校长执行力"这两个方面入手,深入浅出地阐述了作者对生命成长与文化管理的感悟与观点。当然,仅有理念和想法是不够的,还必须付诸行动和实践。林华强校长在关注孩子生命成长的同时,更是在从理念到行动的落实中集结学校的各方力量,让孩子生命成长的实施落到实处,成就斐然。书中还深化了校长课程领导力的内涵,或者说是基本要素,即"核心素养领悟力、课程价值理解力、课程体系整合力、课程研发引领力、课程实施组织力、课程评价指引力、课程文化构建力"。著名教育家雅斯贝尔斯说:"教育的本质意味着:一棵树摇动另一棵树,一朵云摇动另一朵云,一个灵魂唤醒另一个灵魂。"由此可见,林华强校长的"生命成长的变革性领导力"和"文化管理的校长执行力"如同一棵大树,繁衍出学校蓬勃发展的一片森林。

教育是一个润物无声、集腋成裘的过程,也是一种心灵的对话和敞亮、浸润和感染。在林华强校长的主持下,学校发起编写了一套(五种)生活美学创客校本课程系列丛书,让学生在《品茶》中感受茶文化的博大精深;在《染布》中感受扎染工艺的源远流长;在《赏花》中感受最美年华的色彩斑斓;在《玩纸》中感受传统剪纸的精湛技艺;在《黏土》中感受陶艺世界的精彩纷呈。华东师范大学博士生导师刘莉莉在这套丛书的"总序"中赞誉道:"金安小学基于生活之美的创客校本课程让孩子们在真实生活场域中体验生活的乐趣无疑是一种'真教育',让孩子们感知生命的真实,创造生命的精彩!"

在"构筑生命成长新课程"中,作者从"新课程价值定位""新课程架构设置""新课程内容选择""新课程评价策略"四个方面着重阐明了新课程在生命成长中所释放的能量,课程是学校教育质量的生命线。而课程与生命成长之间的关系,则是一个站位更为深远的课题,也是"现实+未来"的思考。诚如书中所言:"课程构建,不仅要遵循国家课程设置,也要结合地方校本课程,这样才能相互兼容,适合地方特色,适应各级人才培养的需要。丰富多彩的课程,不仅可以从感官上刺激学生的兴趣,还可以使孩童从更多的途径接受更为广阔的间接知识,在实践中积淀对周围事物的认识。"

让学生感受生命成长的真快乐,这是金安小学的教育宗旨。亚里士多德说:"生命的本质在于追求快乐。"诚然,校园是学生学习活动的乐园,应该成为学生喜欢来的场所,让学生找到一种归属感,到毕业后多年,依然成为他们最为眷恋的地方。本书以课堂生命为载体,"唤醒学生的课堂生命状态""催生学生的课堂生命旺盛力""丰盈学生的课堂生命美感""彰显学生的课堂生命自信"。众所周知,课堂生命状态,最能体现学生的生命力,因为它是学生最重要的人生活动,而且学生在学校的大多数时间是在课堂中,它既是知识授受的地方,又是知识生成的"绿地";既是文化传承的环境,又是文化创造的天地;既是生理生命和感性生命的家园,又是人的精神生命和人格生命养成的天堂;既是个人满足和社会适应的过程,又是实现自我和超越社会的过程。所以课堂的快乐与否,关系到孩子的生命成长与否。同时,我们还要追求学生的个性和谐全面发展,这就需要老师精准把握,倾听孩子的心声,让孩子们找到属于他们自己的童趣,给予孩子每一个角落的自信,这才是彰显儿童的生命自信课堂的真谛。

学校是一个具有生命力的场所,只有教师和学生一起成长,校长和学校一起成长,这所学校才能充满旺盛的活力,尤其是教师的成长与发展更为重要。就像作者在书中特别强调的:"生命成长教育的对象首先应该是教师,只有教师通过不断地学习、再学习,树立积极向上的教育理念,才能真正关爱生命,呵护正在绽放的生命之花。"教师队伍专业发展,是学校教育的核心,也是学校改革和发展的原动力,又是学校办学质量和效益的竞争力所在。良好的师德师风是体现一个学校办学实力和办学水平的重要标志,决定了一个校园的精神风貌和人文风格。所以,教师的自我提升与专业发展显得尤为重要。金安小学着力解决教师发展的瓶颈问题,激发教师自主发展的内驱力,转变教师"要我发展"为"我要发展",从而奋发有为、走向卓越。

德育工作是学校工作的灵魂。它致力于对学生思想品德和人格素质的培养,体现着学校教育的基本目的,贯穿德、智、体、美教育实践的各个方面,统领着整个学校教育。青少年德育教育的好坏,不仅关系到个体的未来成长,更是间接影响着整个民族素质的高低,乃至国家整体文明的优劣和续断。金安小学以"立德树人""立生命景观"为抓手,全方位、多层次地开展德育工作,党建、工会、德育科,甚至每一个学科都将思想道德融入其中,"内化于心,外化于行""育人先育己,以生命影响生命"。因为"教之道,德为先",是中国人的一贯主张,也是新时期社会主义精神文明建设的一种导向。德育工作既要仰望天空,又要脚踏实地,不能一味地空喊口号。有一位教育专家曾这样说:"一个学校的校长,如果把学生的品德教育放在第一位,才是一个真正做教育的人。"不可否认,林华强校长是一个真正做教育的人。

生命的高度在于生长,生命的意义在于修行。在"成就家校共育新样态"这个篇章里,作者谈到该校家庭教育的特点与成就,别具一格的家庭教育成为学校的一张特色名片,特别是"家长爱心志工护校队""金安家校教育成长共同体""创建温暖金安家校生态圈"等系列行动样态,均成为校园内外一道亮丽别致的风景线。家庭教育,作为现代教育不可或缺的三大支柱之一,它的地位和作用更加凸显。当然,家庭教育并不能只停留在纯理论的说教中,而是要卓有成效地付诸实践,让家教的内涵在某种程度上得到升华。在创建金安家校教育成长共同体品牌中,为了培养具有成长陪伴能力的家长团队,学校还组织了"家长阅读沙龙""家长网络沙龙""家长心理成长互助小组""金安小学终身教育家长素质提升项目'家长成长课程'"。学校通过家长素质的提高,来带动孩子一同成长,从而有的放矢地促进儿童生命成长。

教育至真,生活至美。金安小学从铺展孩子生命成长空间入手,为他们绘制出学校文化地图和未来理想蓝图。金安小学的孩子们是幸福的,因为他们每天都能在美丽的校园里感受教育生活和生命成长的温馨与芬芳。金安小学的老师们也是幸福的,因为他们每天都能与孩子们共同地快乐成长,与学校共同发展。他们就如习近平总书记所说的那样:"一个人遇到好的老师是人生的幸运,一个学校拥有好老师是学校的光荣,一个民族源源不断涌现出一批又一批好老师则是民族的希望。"

《儿童生命成长的教育生态》一书,是作者教育智慧的结晶。该书图文并茂,既有作者深思熟虑的理论知识,又有学校师生精彩生动的教育教学活动课例;既有一定的可读性,又有必要的推广性。相信每一位教师阅读后都能深受启发,并产生共鸣,毕竟教育是息息相通、润物无声的。

读《儿童生命成长的教育生态》，也让我对生命真谛和生命价值有了新思考。"假如生命是花，花开时是美好的，花落时也是美好的，我要把生命的花瓣，一瓣一瓣撒在人生的旅途上……假如生命是草，决不因此自卑，要毫不吝惜地向世界奉献出属于自己的一星浅绿，大地将因此而充满青春的活力。假如生命是树，要一心一意把根扎向大地深处。哪怕脚下是一片坚硬的岩石，也要锲而不舍地将根钻进石缝，汲取生活和荒泉……"散文家赵丽宏以诗一样的语言表达了他对生命意义与价值的思索。著名作家冰心在《谈生命》中这样写道："假如生命是无趣的，我怕有来生；假如生命是有趣的，今生已是满足的了。"所以，我们何不在有限的生命时光里，去做自己想做的事情，去实现自己想实现的愿望，这样，我们的生命才会绚丽多姿。

"苟得于道，无自而不可；失焉者，无自而可。"大道在心，无论走到哪里，都会畅通，倘若失去生命成长这条康庄大道，无论走到哪里都行不通。但愿每一个金安儿童的生命将会因为成长而变得更加美丽，也愿美丽的金安将因为儿童生命成长而变得更加精彩。

2020 年 8 月

目 录
CONTENTS

引　言

我的生命成长观

从走上讲台的那天起,我就一直在思考这样一个问题:教育究竟是什么?不少专家学者给出的答案也是见仁见智。鲁迅说:"教育是要立人。"陶行知说:"教育是依据生活,为了生活的'生活教育',培养有行动能力、思考能力和创造力的人。"蔡元培说:"教育是帮助被教育的人给他发展自己的能力,完成他的人格,于人类文化上能尽一分子的责任,不是把被教育的人造成一种特别器具。"钟启泉说:"教育是奠定'学生发展'与'人格成长'的基础。"朱永新说:"教育的本质就是培养学生的一种积极的心态。"这些教育名言,都有一个共识:人是教育的对象,脱离了人,教育便无从谈起。显而易见,学校教育的对象是学生,是为学生的生命成长奠基,是为提高人的生命质量而进行的社会活动,是以人为本的社会中最体现生命关怀的一种事业。教育的精神价值就是要关注人的生命成长。那么,如何让学生在学校的教育中更好地得到发展和成长呢?这也是我一直思考和关注的问题。在创办厦门市金安小学伊始,我就提出了"办一所让儿童生命成长落地的学校,营创良好的教育生态"的办学主张。

如何理解"儿童生命成长的教育生态"?我想以这样一则事例来解读。众所周知,大自然的生命是一个成长的过程,但人与动植物有所区分。动植物的生命成长需要有适合它的生态环境,可它们缺少人独有的教育和教育生态环境。譬如,鱼儿在水中生活,水自然是它依托的生态环境;树在土壤中成长,土是它生存的生态环境。然而,它们并不会像人那样有思想、会思维、能创造,哪怕"教育",也是一种训练而已。而人在生命成长的过程中因注入的是教育的养分,有了一个良好的教育生态,人才之所以为人。

为了明晰"教育生态""真教育""生命"这几个概念,我们用一些专家的论著或论述来进行诠释。

厦门大学学者乐爱国在《赞辅天地:朱熹生态伦理简论》中有这样一句

论述：朱熹继承儒家，讲人是万物之灵，既讲"天人合一"，又讲人的主体性，讲人在"天人合一"中处于中心的地位，是价值中心，而具有主导性、能动性，强调人对万物的尊重，人对万物的平等相待，尤其需要通过提高自身涵养和对于物的差异性的充分了解，实现人与自然的和谐发展。人是以生命的方式存在的，我们可以理解为：朱熹建构的以人与自然和谐为中心的生态观，既不是把人与天地自然万物完全等同起来，又超越了"人类中心主义"。

华东师范大学学者范国睿在《美英教育生态学研究述评》中这样论述：教育生态学是一门运用生态学的原理与方法研究教育现象的科学。生态学，较普遍的解释是研究有机体或有机群体与其周围环境的关系的科学。

教育生态学研究源于有关人类行为的生态学研究，该项工作始于20世纪40年代，70年代是国外教育生态研究的兴旺时期，各种研究趋向纷呈。八九十年代，教育生态学研究不仅范围更加拓宽，而且向纵深发展。

如此众多的研究趋向表明，教育生态学自产生以来，尚未形成统一的、科学的体系；或者可以说，人们的研究兴趣并不在于构建一个人所共认的教育生态学体系，而是只关注对一些现实问题的生态学研究。

一个行为环境是一个生态单位，一旦个体进入一个行为环境，其行为就会受到环境和行为程序的影响。教育生态系统至少可以分为三个层面：全国的教育生态系统、地方的教育生态系统（以地方教育局所辖范围为单位）和各个学校的教育生态系统，所以，教育环境不是单一的，而是多元的。不同的参与者（学生、家长、教师、行政人员、政治家等）所处的环境各不相同，每个人对教育生态环境的见解也不尽相同，因此，对这些问题的研究要彼此联系，唯其如此，才能发现各生态因子及其变化之间的内在联系。

从上面的论述中，我们可以清楚地了解到什么是"教育生态"。

关于"真教育"，中国教育学会原会长顾明远在《真教育，关注生命的质量与价值》中从陶行知关于"真教育"的理论谈到了他的三个认识："真教育要落实立德树人""真教育要关注生命的质量与价值""真教育要反对假教育与反教育"。

"教育至真，生活致美"是我校办学理论的核心。"真"在这里表示本性，本原，事物的形象。学校教育要善于将学生每天的一举一动，着力引向最高尚、最完备、最有精神地位的人，即向学、向上、向善、向好，让儿童成为自己身体、情绪、认知和精神的主人，在关爱儿童的同时看到儿童自我成长的力量，将其培育成为一个完整和健全的人，按照生命本来的样子，接受生命诞生，享受生命成长，感受生命旺盛。

由此可见，我们可以这样理解：教育生态和真教育都有回归本原的意思，都要求个体或知识与对象（环境）规则相一致。生命成长是针对个体而言，它是教育生态中的一小部分。生命其实不是一个抽象的概念，而是一个鲜活的个体，人的生命是出于一定社会环境关系中的具有自我意识的生物实体。

相对而言，"生命"是属于个体的，"生态"的研究对象则面向全体。"生命"和"生态"，指的是学生个体对于环境的适应。让教育看见生命、尊重生命、发展生命是教育的常识，常识也是最大的共识，也是最大的生态圈。在这一理念的指导下，我们认为：教育作为一种人生事业，必须关注人的成长与发展。学校教育应当让孩子们自主地学会生活，在生活中学习人生之道。完整生活就是完整学习的过程，是生命成长的过程，从"生命成长"到"教育生态"，可以说是学生个人与教育大环境的相互适应、相互融合。

成长是指事物走向成熟、摆脱稚嫩的过程，简而言之，就是自身不断变得成熟稳重的一个变化过程。学校是学生生命成长中一个极其重要的生态环境。学校的校园应该成为学生生命成长的生态园，富含生命成长的生态营养，通过管理、课堂、课程、活动等的变革，培植儿童生命成长的基本土壤，营造良好的教育生态氛围。

以上是我从真教育生态视野下的学校观、教师观、学生观、课程观、教学观等几个方面对"儿童生命成长的教育生态"的理解与具体阐述。

通过五年多的教育实践，我对儿童生命成长的教育生态已逐步形成了自己的基本观点：

——完整，不是完美。人无完人，也无须做到完人。完整，就是培育我们的孩子们成为一个丰满的、立体的、多层面完善发展的人。人的完整需要一个完整的成长、学习过程。而这个完整成长的过程即儿童自我创造、自我发展、自我成长的过程。

——孩子的成长需要阳光、雨露，教师就是播撒阳光雨露的人，就是培植孩子们成长沃土并浇水施肥的园丁。

——对儿童生命的尊重，是教师最基本的生情认识，也是完整成长的真正内涵。

——皮耶罗·费鲁齐说，为了尊重孩子的节奏，有时候就要放弃自己的节奏。"世界上不仅仅有我们自己的节奏——我们欲望的节奏，冲动的节奏，计划的节奏，还有更广阔、更和谐的节奏，比如大自然的节奏，我们更深的生命的节奏。"只有放慢节奏，欣赏缓慢，静待花开，我们的时间感才会扩展,更能体会到生命的美好。

——我们需要在学校教育体系与格局创立中,充分地考虑在儿童生命成长中如何调动他们的想象力、创造力和解决问题的能力,在思维意识萌芽的早期阶段,使孩子的天性得到很好的保护,顺应孩子天性发展的大脑思维网络,为孩子的成长打下一生的基础。

——通过学校顶层设计力、领导力的提升与变革,多培养一些有家国情怀、爱人爱己、心灵健全的孩子们,赋予他们生命成长的自觉。

总之,关注学生的生命成长,营造良好的教育生态环境,是校长义不容辞的职责;"教育至真,生活致美",则是我生命成长观的核心之一,也是我践行人性管理、人文教育的一个重要组成部分。

第一章

儿童生命成长的滋养

俗话说,万物都有自己的季节,春耕夏耘、秋收冬藏,是按照一定的自然规律生长发展的,正所谓:"夜来南风起,小麦覆陇黄。"一旦错过时节,失去播种、施肥的机会,可能就会陷入颗粒无收的境地。儿童的生命成长又何尝不是如此呢?儿童的生命正处于发芽、拔节,悄然生长的状态,正需要阳光雨露的滋养,我们就要给予他们更多的养分。

为了让儿童的生命成长得到滋养,绽放异彩,厦门市金安小学充分发掘、利用校园的每一处空间,"以孩子为中心"美化校园环境,赋予文化功效。学校师生共同参与校园文化建设,推动共生互融的班本文化建设,把班级建设成为一个学习场、生活场和精神场,努力培养学生的生命意识和良好品格,关注学生的生命成长及健全人格。真,是落实"立德树人"的根本要求,实现师生合作,进行共同探究与创造的真实的教与学;美,是将学科知识、德育与生活情境、社会情境和现实情境有机联系起来,生态化开展生活美学课程实践。而"真美"教育是学校践行德育为首理念的主要目标,学校德育工作以求真、向美为引领,创设"真美"亮点,践行有温度的德育。

第一节 教育理想三原色

学校是一个多彩的世界、缤纷的花园、孩子们的乐园。一所学校,只有色彩斑斓,才能充满旺盛的生命力。厦门市金安小学的校园文化以"红、蓝、橙"为教育理念的三原色(图1-1),嫁接生命成长课程要素,对学生生命成长进行潜移默化的浸染和滋润。红色表示热情与奔放,蓝色意味着清净与和平,橙色象征生命的成功与希望。红色为基,蓝色为媒,橙色为目标,三色互相联系,互相影响,追求求真、至善、向美的教育理想。学校以活动为载体,整合校园德育活动,通过开展"开学季、真美季、行知季、毕业季"四季主题德育文化活动,创设育人"三维"(图1-2)(学生主体、空间社区、文化价值)文化空间,架构"一体两翼"(图1-3)真教育体系,以此彰显办学理念,发展师生个性、陶冶师生情操。其中,"一体"指的是真教育,"两翼"指的是美生活和暖家园。真教育,即真爱浸润的环境,真教实学的课堂,真材实料的课程,真诚合作的体系。美生活,即培育美的德育构架,铺展美的活动空间,创造美的展示平台,实践美的创新视野。暖家园,即暖人的心灵课程,暖心的育人空间,暖家的无限潜能。

【红宝】   【蓝宝】   【橙宝】

求真   至善   向美

图1-1 教育理想三原色

孩子的眼光,家的温馨

学生主体

空间社区   文化价值

图1-2 育人文化"三维"空间

图 1-3　"一体两翼"真美教育体系

一、红至善——为生命成长厚实本色调

马崧鹤在《论〈红高粱家族〉中"红色"的象征意义》[1]中指出："在中国传统文化中，'红色'一直被人们视为心中最基本的崇尚色，并且被赋予了吉祥、激情、革命等多重内涵。"在汉语辞源中，"红色"是指火与血的颜色。在道家的五行学说中，"红色"是火所对应的颜色。在人类长期的发展历史中，"红色"深深扎根在传统的思想文化中，这展现了人们对生命的不懈追求、对自由的张扬与渴望，以及对民族的美好祝愿。红色不仅象征着喜庆与吉祥，更为重要的是，它还象征着传承与热血。可以说，红色点缀了我们整个人生，由最初迎接新的生命，到走进幸福的礼堂，最后再到生命的终结，我们始终在"红色"中成长。教育提倡红色为基石，因为红色代表着激情与活泼，这是孩子的本性所致。孩子的天性不容抹杀，保留了其本性，学习才有领悟力，目标追求亦才至善，这是根本。金安小学致力于打造"红色文化"，在校园内外，从教师到学生，处处洋溢的是一片至善向红的热烈气氛，为学生的生命成长厚实本色调。

（一）铸就红而至善的教师团队

学生成长，教师也必须成长。教师拥有一颗"红色"至善的心是育人的根本底色，是为儿童生命成长铺垫至善的基石。从源头上打造一支保持红色至善的教师队伍，将对学生成长具有长远的影响。金安小学每学年均会从传统文化影响、个人文明礼仪讲究、3分钟口头演说等方面，创新活动载体,做优自选动作,铸就红而至善的教师团队。

学校引入教育戏剧这一学习培训载体,试图打造一个合作共赢、红而向上的教师团队,推动教师对鲜活生命的具体感悟。2017 年 8 月 27 日,学校邀请厦门市城市职业学院、闽台儿童文学研究所所长陈世明教授来传授教育戏剧文化,活动通过一个个鲜活的案例,一张张戏剧现场的照片展示,一幕幕真实角色的体验,让教师们感受到了教育戏剧的多元魅力。因为教育戏剧是在具体情境演绎中,关注人格,实现美的教育,是一项实践与再创造的活动。在教育戏剧课堂上,教师们是学习共同体,每个人都很重要,都值得被尊重,教育戏剧实现了自己与他人、与角色的真实联结。大家从中学到了相互信任,互为补充。这里有团队思维的碰撞,这里可以找到胜任感、归属感和自主感。老师们改变了对自我和同伴关系的认知,改变了对活动效果的评价角度,改变了生命成长观。特别是在伙伴互评环节中,老师们或结合学科谈收获,或看到了彼此关系的改变,或增长了舞台经验,或反思自身表演过程中存在的问题……踊跃发言,形成了正向交流的能量圈,在这个正能量圈中,人人都发生了积极的改变。因此,今天和明天的教师队伍,更加富有自信、喜悦、激情。

定期对党员教师榜样力量进行锻造,也是我们不可缺少的内容。2019年 11 月,学校党支部深入学习贯彻习近平新时代中国特色社会主义思想,认真学习贯彻习近平总书记的重要讲话和重要指示批示精神,紧紧围绕"不忘初心、牢记使命"这一主题,围绕主题教育的根本任务和"守初心、担使命,找差距、抓落实"的总要求,组织党员教师赴同安区军营村高山党校研修学习。学校认真落实新时代党的建设总要求,以"真美党建"的党员暖心工程、党员个人能力提升工程、党员引领工程为平台,紧紧围绕"不忘初心、牢记使命"这一主题教育,为红色至善传承绵延。

教师凝聚力增加了,团队强大了,至善的目标也就有了基础。

(二)播撒红而至善的理想种子

促进儿童从小保持向善的本性,保持红色基调,是我们义不容辞的责任。每一个值得纪念的日子,每一个值得教育的机会,学校党政领导班子都会倍加珍惜,并抓住机遇,为儿童爱党、爱国、爱乡、爱校创设向上、向善的条件。在 2019 年中华人民共和国成立 70 周年之际,学校开展了"金安小学红色文化巡礼"主题系列活动,因地制宜地组织了学生实地参观历史教育及核心价值观主题基地——五通灯塔公园主题雕像。一座座历史的雕像,在灯塔公园鲜花盛开的背后,似乎也让他们看到了抗战时期英雄的厦门人民奋不顾身的身影。虽然昔日的硝烟早已湮灭,可红色基因却代代传承,让孩子们心中不仅滋生出祖国繁荣昌盛的自豪感,更是提醒他们铭记历史、砥砺前行的责任感。此外,厦门市金安小学党支部、金安社区党委、金安小学家校教育共同体还联合组织了全体师生礼赞祖国70华诞活动,一起共吟中华情,共抒中国梦,大手拉小手。国旗下,他们用歌声祝福祖国繁荣昌盛,共聚一堂向祖国表白,专程邀请了参加解放厦门战役的92岁抗战老兵孙朗静到现场,与少先队员们一起参加升旗仪式,回忆昔日的峥嵘岁月,激励全体学子争当新时代的好少年。当孩子们重温梁启超先生的《少年中国说》时,他们举起双手向祖国庄重承诺,在幼小的心灵里已默默树立起远大的理想,红色至善思想的种子已经在他们心中生根发芽。

二、蓝求真——赋予生命成长的真追求

蓝色,高贵典雅,寓意愉快、轻松的校园氛围,更体现了学校致力于打造适应未来的"新精神贵族"的理念,代表求真求实的高贵品质,这是我们教育的必经之路。张玉春在《汉英颜色词"蓝色"和"BLUE"象征意义分析》[2]中指出:中国人喜爱蓝色,它象征纯洁、悦目、怡心,给人带来无限美妙的遐想,碧海蓝天、蔚蓝如洗是很多人心中的向往。蓝色作为对宁静、博大的表述,在中国传统文化中,又成为表示长寿的颜色。只有长久阅尽天下事的长者,思想才能真正达到深邃,心胸才真正愈加宽广,而对时事的执着,也会彻底消失,变得宁静、安详。显而易见,这种纯洁带给人无限美好的遐想,要经过无数阅历,才会变得深邃,心胸才能真正更加宽广。我们把蓝色理解为求真,这种求真使学生从小具有"新精神贵族"的意识,阅天下事,做生活的主人,行高贵品质。

(一)量身定制适合孩子的真课程

求真就是赋予学生的课程要真实,让学生学着自己做主。为此,学校在不同的时段,视不同的情形量身定制适合孩子真实成长的学习课程。

2020年开春抗"疫"——在这场没有硝烟的战争中"停课不停学",就考虑到孩子的需要和他们的时代同频共振。生活即教育,"疫情"即课程。学校经过充分酝酿,开设独具金安小学特色的"战'疫'·成长"线上课堂,推出了按不同周次,以"战'疫'·成长"为主题的"生命教育、健康教育、责任与担当、敬畏之心"四大板块、囊括各学科27节课的主题教育课程,致力于将感恩、敬畏、担当、阅读连同学科实践能力的培养贯穿于线上课堂。主题

课程的设置,更是注重同一主题要突出学科间内容与目标相融合、形式与策略有延展、多学科覆盖、多角度呈现。

在主题教育周之"战'疫'·成长"课程中,孩子们一同感受人间的温暖,感知生命的珍贵,表达对伟大祖国的爱,为健康的行动、责任而感动,寻求到了真情实感。孩子们深有感触地说:"哪有什么岁月静好,只不过是有人为你负重前行","对于'抗疫'阻击战中这些心怀大爱的'逆行者'们,我们要从他们的大爱中学会感恩"。如何善待大自然,与大自然和谐相处,是每一个孩子当下亟须学习和认知的重要课题。对待大自然,我们要教给孩子们心存敬畏、敢于作为但不能为所欲为的意识;既要呼吸新鲜的空气、索取太阳的能量,又要日出而作、日落而息;既要食农耕而存、依山川而憩,又要对这何其美哉、何其壮哉的自然界常常保持一颗敬畏之心。

最有特色的是家长也在被感动中参与进来。他们认为陪伴就是对孩子最好的教育。学校每周特设"人人有话说——同学会与家长会"课程,让家校携手,回归生活课堂,各个亲子共读小组也遍地开花,争相展示自己本周内的所得与所悟。这一系列的做法,令学生、家长在生活这个大课堂里,实现了学习之回归,追寻到了蓝色的本源。

(二)与时俱进的学科教研真变革

采用特色学科教研,助力课堂旺盛求真是我们打造课程的主渠道。有道是:课上 10 分钟,台下 10 年功。学科教研决定着课堂的方向,决定着课堂的求真求实。学校的"特色教研"围绕四个目标开展:一是利用网上教研,各学科教师创新性地开展线上集体备课,主题研讨活动,保证备课质量和教研效果;二是变革课程教学方式,师生开展线上线下交互式学习,创设无处不在的学习场域;三是变革线上教学,促进新形势下教师教学能力的提升、教师素养的提高;四是充分发挥骨干引领作用,积极组织研讨活动,集思广益,研而有得,确保各项教学研讨活动有质量、有品位、有效果。在这一总目标的牵引下,对战"役"课堂这一特定时期的教研,学校就落实求真的不同举措,以战"疫"线上研、战"疫"思变革、战"疫"早筹划为三大教研主题,分板块、分时段,清晰、高效且精准。

在疫情期间,语文组以"超级演说家"和"最美朗读者"两个富有语文学科特色的形式,聚焦表达,以达到语用的目的。数学组借助"新型冠状病毒"实例变化、对比,融入数学元素,将生活知识数学化,激发学生的数学探究激情,提高学生对时事动态的关注,培养学生的爱国主义情怀。英语组开设了"国际驰援""保护动物"的线上课程,拓展了学生的国际视野,培养了爱国主义精神,帮助他们树立了"保护动物,地球是个生命共同体"的意识。体育组通过开展全校性的"线上运动会"挑战赛,让学生充分享受体育带来的乐趣,培养学生超越自我的优良品质,养成终身体育、天天坚持锻炼的习惯。美术组提出美术与实践相结合——利用身边常见的创作媒材。综合组在心理学科上制定了切实可行的学生心理健康辅导方案,努力减缓疫情带来的恐慌情绪,让学生以积极、乐观的心态面对疫情,以顽强的意志、坚定的信念战胜疫情。音乐组通过"玩转声势""律动课程",用肢体律动的热情开启孩子们积极参与的兴趣,所有金安学子都收到了来自音乐老师们的"特殊礼物"。疫情当前,隔离的是人与人空间上的距离,金安小学家校工作一直未曾停止过。家校办的团队成员早早行动起来,搭建特殊形势下不间断的、多元化的阅读平台,用云阅读的形式将宅在家的孩子们抱成团,形成了一种新的关系与联结。

学校、家长、学子们也从不因外在环境的变化而停止过自己学习的脚步,不疾不徐,撑起富足、快乐的精神家园。律回春晖渐,万象始更新。学科以特色教研为抓手,始终走在求真的道路上,从来没有按下思索的"暂停键"。孩子成长了,家长参与进来了,特色教研形成了,蓝色求真之路越走越稳健,越走越宽广。

三、橙尚美——夯实生命成长的美根基

橙色代表时尚、青春、动感,有一种让人活力四射、充满生机的感觉;炽烈之生命,犹如太阳光之橙色。

橙色是欢快活泼的光辉色彩,是暖色系中最温暖的色,它使人联想到金色的秋天,丰硕的果实,是一种富足、快乐而幸福的颜色;橙色亦是"浴火凤凰",富有激情,向往和平,渴望光明的未来,这是在红、蓝的基础上,教育需要达到的终极目标。乔安·埃克斯塔特在《橙色的奥秘》[3]中说过:过去曾有数千年的时间,橙色一直没有得到人们的认可。许多土著文化认为没必要给橙色一个属于自己的标签。其实,橙色始终都在,而且数量丰富,无论是以花朵、水果、蔬菜、动物的形式,还是日落时分的天空。长期以来,人们一直使用藏红花这样的天然色素来画画,为衣服染色。人们还用橙色象征民族、宗教认同,运动员的附属关系等。但是,就其在色彩中的地位而言,橙色与它相邻的红色一点都不接近。这可能与橙色作为一种可见色的性质有关:浅淡一些,橙色常被看作黄色;而暗深一些,就是棕色。橙色真正展示自身色彩的范围非常狭小,然而,在这狭小的范围内,橙色依然光彩熠熠。

金安小学文化中的"橙色",代表学习、做事的激情,还代表成功的喜悦与分享。在橙色尚美发展之路,学校致力于从形式向内涵式发展,利用多样化舞台,培养学生尚美探索的品质,脚踏实地,一步一个脚印,夯实美的根基。

(一)科技尚美

金安小学与厦门市科技馆携手开展的校园科技盛宴可谓形式多样、丰富多彩。金安小学的小创客们善于用其灵动的创意表达对智能生活的向往,他们从生活中发现问题,思考解决的方案。在"智创生活"活动中,他们运用人工智能机器人制作出了一件件本真的创客作品:楼道智能感应灯、梦想花园、智能穿戴、安全防盗灯、舒心睡眠灯等。

学生们根据自己的兴趣在太阳系折纸区、太阳系模型区、DIY星球模型区这三个活动区域体验宇宙的神奇之处。在太阳系折纸区,他们通过行星贴纸认识了太阳系中的八大行星,在制作折纸的过程中,他们了解了行星邻居间的距离。在太阳模型区,他们利用颜料太阳系模型了解太阳系中每个星球的大小差异、颜色差异,进一步认识了八大行星的独特之处。在DIY星球模型区,他们利用黏土和透明小球,做出了不同星球的模型,进一步了解到太阳系行星的色彩特点。教师用图文展板的形式,为学生们介绍了有关日环食天文奇观的知识。在这个活动中,学生们知道了日食是怎么形成的、日食的类型等相关知识,为接下来观测日食做好了充分准备。

2019年12月26日,恰逢难得一遇的日环食天文奇观,学校科技节充分利用这一罕见的天文奇观,组织全校师生进行观测,并邀请厦门科技馆的工作人员为校内学生进行观测指导。在天文观测活动前,为了保护孩子们的眼睛,厦门科技馆工作人员提前准备了专业工具,并向孩子们强调了安全注意事项。在他们的指导下,师生们借助日食观测镜对日环食进行观测。这次日偏食,让孩子们真正见到了被遮挡30%左右的"天狗食日"景象。

像这样的科技节系列活动,学校每年都极力推崇,也确实扎实地开展,推动了学生向科学殿堂的迈进,一次次引领学生去观察、思考、实践、创新,领略科学的广博和奥妙,让学生在积极投入生活、关注生活、解决生活中的问题上,拥有一个个尚美的智慧头脑。

(二)爱心尚美

打造一种拥有"爱心"的优良品质,也是尚美的必需举措。学校以"建校五周年"为契机,本着"分享、体验、感恩"的理念,通过旧物循环利用,以钱换物的方式,推广循环经济、生态环保的思想,以爱心格子传递站作为一种"献爱心"的创新活动载体,培养学生作为公民的使命感,大力弘扬社会主义核心价值观;同时也培养了学生不铺张浪费、节约资源、爱护环境的意识和良好劳动习惯,让学生们深切体验到"劳动快乐""公平买卖""资源共享""爱心互助"的优良品格与社会风尚。

(三)模范尚美

赠人玫瑰,手留余香。为推进学校治理体系和治理能力现代化,深入挖掘和发现在学校建设和发展中感人至深的人物事迹,展示学校、家庭、社会文明向上、开拓创新、共建和谐的教育生态圈风貌,学校开展了"金玫瑰"荣誉奖项评选颁授,隆重表彰一批为学校建设和发展做出贡献的模范人物;举行为期一周的"让课好起来"家长开放周暨金安小学教改示范项目课堂建设观摩活动,呈现出各教研组的教学研究方向,展现教师教学风采。此外,学校还通过开放课堂的形式,携手家长"零距离"感受学生在课堂中的生命成长,收获家校共育的成长果实。学校用多年的时间创造家校共育的温暖家校生态圈,家长参与教育、学习教育、助力教育,与学校一起用爱心滋养着孩子们的健康成长。

(四)家校共美

学校每年定期举行的志工文化节也融入了尚美之路。它分五大板块、五方亮点、五种相约,以"生活之美、学习之美、笑容之美、家庭之美、墨香之美"为主题的志工摄影大赛以及真情流露的家校情怀志工征文,展现了学校风貌和家长的精神面貌。

红、蓝、橙,教育理想的三原色丰富了,教育生态也就多彩了。是呀,生命的价值不在于一帆风顺,而在于为孩子们添加色彩,在于让孩子们享受生命成长快乐的历程,也让自己的生命得到"延续",生命之花得到绽放。

第二节　"现实＋未来"的教育生态建构:
为生活筑梦,为未来奠基

面对未来的维度,我们意识到未来不再停留在幻想的层面,而是现实的有机组成部分。教育也是如此,在人类历史上,从没有像今天一样对未来做出各种设想,这种设想不是一种浪漫的幻想,大多是基于对当前科学的认知。

孩子之所以是孩子,就因为他是一个未成熟的人。在走向成熟的道路上,如果我们为他们设想的幸福生活只是考取名牌大学,为此却失去作为人的那些部分,这是不是意味着教育另一种形式的失败?如果我们真爱孩子,就需要算算账,在帮助孩子达到理想目标的同时,在通向未来幸福生活的道路上,学校需要以怎样的价值观来引领孩子呢?让孩子拥有梦想比什么都重要,就像《小王子》的作者所说的,想让孩子造船,就要让他做大海的"梦"。要鼓励孩子成功,就先得允许他们做梦,继而树立榜样,凝成他心中一张"希望的脸"——所有梦想都是从"我也要成为这样的人"开始的。孩子寻找他想成为的榜样,在模仿和努力的过程中不断受到磨炼,就能持续接近美丽的梦想。

我们不应该把"成功"看得太狭隘、太功利。当孩子有梦想和志向时,学校最应该做的,就是允许孩子自由做梦,自由翱翔,然后引导孩子坚韧不拔地努力接近梦想。这样,理想才最终变得具体化,着眼未来,把美丽的教育梦想、生活理想送向更多稚嫩的幼小心灵里,这应该是我们共同的心愿和美好的愿景。

美是我们生命中不可或缺的东西,犹如生活中需要阳光雨露。而美育是培育健全人格不可或缺的教育,犹如维生素之于生命。凯洛夫也说过:"美育是学生全面发展的一个不可缺少的部分,它的本质在于自然和社会的美,理解人与人的相互关系的美,在于以艺术眼光来认识周围现实,也在于培养艺术上的美的创造力。"在追求美的同时,我们也不能忽略真和善,因为它们都是人类永远的理想追求,人类追求真善美,就是追求品位、追求觉悟、追求快乐的人生。因而,学校开展各项活动,并总是通过一些有意义的活动,让学生们感受生活(学习)之美、探究生活(学习)之善和创造生活(学习)之真。

一、感受生活(学习)之美

感受生活(学习)之美,为儿童提供生活感知的平台,是金安小学德育工作的重要思考。美是指美好的事物;感受是指接触外界事物得到的影响和体会。可以这样理解,它是指学校通过教育的内外交互,促使儿童感受到生活(学习)之美好。金安小学培育"当真人、做真事"的德育架构,就是着力通过德育来使学生在学习(生活)中感受到美对生活的影响。

《中小学德育工作指南》(以下简称《指南》)明确指出,小学德育的培养目标是:培养学生爱党爱国爱人民,增强国家意识和社会责任意识,教育学生理解、认同和拥护国家政治制度,了解中华优秀传统文化和革命文化、社会主义先进文化,增强中国特色社会主义道路自信、理论自信、制度自信、文化自信,引导学生准确理解和把握社会主义核心价值观的深刻内涵和实践要求,养成良好的政治素质、道德品质、法治意识和行为习惯,形成积极健康的人格和良好的心理品质,促进学生核心素养提升和全面发展,为学生一生的成长奠定坚实的思想基础。

学校以"时间内容清晰,主题特色凸显,课程意识增强"为德育主题活动的基本要求,嫁接、开展各类德育课程。2014 年,在学校创办之初,学校当即提出了以"四季四节"(表 1-1)为主线的思路,结合实际实现德育主题整合。到 2016 年,在"四季四节"的基础上,学校重新明确了每个月份的主题,有效整合开展各项德育活动,结合学校课改趋势,确定大德育观,建立以课程为主线进行的德育课程体系,在"四季四节"的基础上,用课程理念指导德育主题活动,让活动具有延续性,同时在活动中培养学生追求真善美的道德素养,促进学生的成长。

表 1-1　四季四节

红色真美季		金色成长季		绿色开学季		蓝色行知季	
三月	感友爱之美	五月	品艺术之美(艺术节)	九月	树习惯之美(读书节)	十一月	悟科技之美(科技节)
四月	享运动之美(体育节)	六月	畅成长之美	十月	传民族之美	十二月	扬品德之美

(一)以"四真"课程理念为引领,架构学生发展德育课程体系

金安小学在《指南》的引领下,以学校"四真"校本课程(育真、琢真、启真、求真)为引领,尝试以德育活动文化打造基于学生核心素养的生本化学生德育发展课程(表 1-2)。德育课程的落脚点是促进每一个孩子的个性化成长,实现德育课程和学科课程的优势互补,创设具有自主性、活动性、探究性、特色型、连续性等特点的德育课程全体系,从而实现全角度、全时空育人,倡导德育从"心育"开始,在孩子心中埋下理想的种子。

"四真"课程架构体系为:育真课程——培育健康生活之美;琢真课程——雕琢人文情怀之美;启真课程——开启责任品格之美;求真课程——探求科学创造之美。

表 1-2　"四真"德育课程总架构

课程类型	课程模块	课程内容
国家课程德育类	基础型德育	道德与法治
		综合实践
学校德育发展课程	文化传承课程	爱国主义课程
		革命传统课程
		美德教育课程
		传统节日课程
		核心价值观渗透课程
	安全教育课程	交通安全课程
		食品安全课程
		法制教育课程
		健康教育课程
	衔接发展课程	幼小衔接课程
		爱上小学课程
		毕业荣誉课程
		生涯规划课程
	心理健康课程	心理校本课程
		心理拓展课程
		学生成长轨迹
	研学体验课程	春季游学主题课程
		假期研学课程
	班本荣誉课程	班本文化课程
		红领巾上荣耀课程
		少先队荣誉课程
		班级亲子阅读
	运动发展课程	特色大课间课程
		主题性趣味运动课程
		运动特色夏令营
	金安美学课程	金安礼仪课程
		美学课程
	劳动教育课程	垃圾分类主题课程
		劳动教育课程
		农艺课程
		社区实践活动课程

（二）以"成长时空轴"为概念，重构学生发展德育课程目标

我们依据小学生的身心发展特点和成长规律，创造性地提出了"成长

时空轴"概念,即以时间、空间为主线对德育课程实施进行重构。学校根据学生身心水平的发展特点设置不同课程目标,安排不同课程,更加科学合理。

"成长时空轴"包括纵轴和横轴。

纵轴是一种宏观的时间设计,整体规划了一至六年级的德育课程(表1-3)。这条轴的两端分别是衔接发展课程中的"爱上小学"荣誉课程和毕业荣誉课程,分别在入学后和毕业前的学期进行;中间的部分则是发展性、体验性德育课程。学校根据不同年龄特点制定不同年级的德育课程目标。

表 1-3　德育课程

课程内容	年级	课程目标
劳动教育课程	一、二年级	初步培养爱劳动的观念,争做爱劳动的孩子: 1.自我服务:做好个人卫生、整理学习用品等 2.家务劳动:帮助父母做力所能及的家务事等 3.简单生产:学会折叠、剪切,为树木浇水等 4.公益劳动:做好班级值日工作等
	三、四年级	认识劳动光荣,做到自己的事情自己做,家庭的事情主动做,集体的事情积极做: 1.自我服务:自己洗澡洗头,叠放自己的衣被等 2.家务劳动:安全使用炉具,帮忙摘菜、洗菜等 3.简单生产:学会纸工、泥工,使用部分农具等 4.公益劳动:参加学校组织的社会实践活动等
	五、六年级	培养正确的劳动观念,良好的劳动习惯,勤劳俭朴、珍惜劳动成果;初步树立质量观念和环境保护意识: 1.自我服务:能洗自己的小件衣物、做好个人物品收纳等 2.家务劳动:能够做一两道家常菜等 3.简单生产:学会长期照顾植物等 4.公益劳动:走出校园,参加社会实践活动等

横轴是一种微观的时间设计,主要是针对纵轴中的德育课程,以学期为单位整体构建学习时间。

横轴是以学年开展的德育课程内容为基础,以 4 个时间节点来划分,可简称为"421"。"4"是指 4 个月,"2"是指 2 个假期,"1"是指 1 次展示。学校以一学年为周期,用 4 个月的时间,让德育课程进行交叉式开展和实施,在基础学科中进行德育融入和渗透;然后利用 2 个月的假期时间,开展课程体验及实践;最后利用一次夏令营等机会进行展示。

几年来,我校的德育活动以学生发展为根本,遵循学生的身心发展规律(表1-4),坚持科学性与实效性、感受性和体验性相结合的活动理念。我校根据学生身心发展的规律和特点,以培养自信求真、善思好学、向美担当的人为宗旨,切实以实现"真美"道德素养为目标,来组织和开展各项德育活动。

表 1-4　心理健康课程

课程内容	年级	课程目标
心理健康课程	一、二年级	1.帮助学生认识班级、学校、日常学习生活的环境和基本规则; 2.初步感受学习知识的乐趣,重点是学习习惯的培养与训练; 3.培养学生礼貌友好的交往品质,乐于与老师、同学交往,在谦让、友善的交往中感受友情; 4.使学生有安全感和归属感,初步学会自我控制; 5.帮助学生适应新环境、新集体和新的学习生活,树立纪律意识、时间意识和规则意识
	三、四年级	1.帮助学生了解自我,认识自我; 2.初步培养学生的学习能力,激发学习兴趣和探究精神,树立自信,乐于学习; 3.树立集体意识,善于与同学、老师交往,培养自主参与各种活动的能力,以及开朗、合群、自立的健康人格; 4.引导学生在学习生活中感受解决困难的快乐,学会体验情绪并表达自己的情绪; 5.帮助学生建立正确的角色意识,培养学生对不同社会角色的适应; 6.增强时间管理意识,帮助学生正确处理学习与兴趣、娱乐之间的矛盾
	五、六年级	1.帮助学生正确地认识自己的优缺点和兴趣爱好,在各种活动中悦纳自己; 2.着力培养学生的学习兴趣和学习能力,端正学习动机,调整学习心态,正确对待成绩,体验学习成功的乐趣; 3.开展初步的青春期教育,引导学生进行恰当的异性交往,建立和维持良好的异性伙伴关系,扩大人际交往的范围; 4.帮助学生克服学习困难,正确面对厌学等负面情绪,学会恰当地、正确地体验情绪和表达情绪; 5.积极促进学生的亲社会行为,逐步认识自己与社会、国家和世界的关系; 6.培养学生分析问题和解决问题的能力,为初中阶段的学习生活做好准备

（三）以德育主题为导向，创设富于生活之美的德育特色活动

1.研学活动感受生活（学习）之美

每年三月份，助人、温情、绿化、文明、安全等篇章，构成了活动的主题。孩子们在助人中，感受友爱，在为妈妈写悄悄话中，感受亲子之爱；在拥抱绿色中，学会做绿色小天使，传播垃圾分类的理念，倡导绿色生活；在文明伴我行中，孩子们争当"文明小白鹭"，将文明行为、文明理念传递给更多的人；在安全宣传周里，通过演练、问卷等形式让安全牢记于心。

游学活动，是孩子们每学年最期待的，每次在游学前，孩子们都会拿到一张游学卡，此前都要提前做好功课，了解游学地点的相关内容。游学时，孩子们要根据主题进行游学调研。游学后，孩子们要记录自己的游学感受。2015年，我们带着学生来到五通灯塔公园，让孩子们"走进春天"，在温暖的春光中感受生活美好的同时，触摸灯塔下的历史痕迹，通过追忆那段历史惨案，学习革命英烈的意志品质。2016年，我们领着孩子们走进万石植物园，让他们做一个"小小背包客"，感受春天里各种植物的生机与活力，背回了收获与希望。2017年，我们和孩子们来到观音山梦幻世界一起探险，让他们感觉仿佛步入了异彩纷呈的童话乐园，感受梦幻般的精彩。同时，我们也十分重视对孩子的文明培养，通过相关的活动，孩子们在游学中"做文明的旅行者"。2018年，我们带领孩子们走进厦门科技馆，深切感受高科技的无穷魅力，孩子们向"春天你好"张开双臂拥抱，让他们的想象力和创造力越过了太空，飞向了宇宙。2019年，我们组织孩子们来到极具闽南风情的老院子，了解闽南的风土人情、历史文化，感受"最美人间四月天"，一起邂逅了一场闽南风情的四月天。

在系列有序的活动后，孩子们每每重新翻看自己的游学卡，得到的都是收获满满，回忆满满。这些多姿多彩的活动，也许若干年后会成为他们一生中难以忘怀的记忆。

2.主题运动创造生活（学习）之美

每年四月份，学校都会开展主题性的学生运动会，在每个活力四射的开幕式上，孩子们以班级、年段为单位或以社团为单位进行展示，在展示中，他们绽放自我，发挥优势。在运动会上，他们驰骋跳跃，感受着体育的动感与魅力。在班级足球联赛、趣味运动项目、广播操风采展示中，可以感受到一个个热情似火的少年，他们正挥洒汗水，驰骋绿茵场，我们似乎可以看到孩子们眼里热情澎湃的"金安红"。

2015 年,以"大手牵小手　一起来运动"为主题的亲子运动会,学生、家长共同参与,拉近了家校的距离,孩子与家长的心灵美在运动中凝聚。2016 年,以"多彩运动会　出彩金安人"为主题的活动,模拟世界杯参赛国文化,孩子们了解了世界,感受了世界的大舞台呈现的文化特色。2017 年,以"出彩金安迎金砖　快乐体育伴我行"为主题的活动,更是与时俱进,引入金砖国家文化,让孩子们走出中国,认识了世界共同体的重要作用。2018 年,以"路的呼唤"为主题的活动,结合丝路文化进行全校大型团体操表演,孩子们认识了地域和地缘特色,了解了丝路文化的历程,融入了大时代的脉搏。2019 年,以"未来我来"为主题的活动,结合学校课改理念创新开幕形式,更是令孩子们知道了要为生命的质量奠基,为成长积累新的未来。

每一年进行的体育嘉年华,都是金安学子们期待的一场盛会。每一个主题,都是一次美的延续。生命在于运动,运动带来的美,将会让孩子们其乐融融、回味无穷。

3.融合艺术提升生活(学习)之美

因为金色与黄色如出一辙,黄色,是高贵的、典雅的,代表的是收获的季节。我们品析艺术,畅享成长,通过开设各类艺术课程,努力提升学生的核心素养,同时,在每年的金色成长季,借助金安学子毕业之际,学校和他们一起回顾这六年的成长与收获,致力于打造出更多适应未来社会的"新精神贵族"。正如我提出的学校教学方针"三会三好"("会玩玩好":倡导孩子的天性就是玩,希望孩子能释放天性,在玩的过程中学,在学的过程中思考,玩也要玩的有思想,将玩玩到"极致";"会读读好",即培养孩子的阅读兴趣和习惯,推动孩子的内心成长,在经典书籍中成长自我;"会学学好",即用好的、正确的学习方法轻松地学习,注重学习质量,提高学业成绩,形成未来生活的核心素养),即:让孩子们自主地学会生活,在生活中学习人生之道。

古人说的"不积跬步,无以至千里"的"至",我们认为是"到达"。"假舆马者,非利足也,而致千里",这里的"致"是"使……达到"。也就是说,一个是主动的,靠自己,如学校、家庭、老师、学生;而另一个是被动的,靠外力的,如社会资源、课程开发等。学校致力于从内而外、从主动到推动、从自我成长到集体成长,全方位构建有利于学生成长的学习资源生态。

艺术的天空,是一幅画;艺术的天空,是一首歌。校园有了艺术,才有深厚的底蕴;校园有了艺术,才有生动的灵气。几年来,学校以艺术节为契机,以"生活美学"为依托,坚持金安特色、以生为本,开展形式多样的艺术节活动。孩子们发挥艺术特长,展现自我。我们用艺术之美激发学生最淳朴的热情,提高学生最本真的品质。

做真教育,学美生活,是学校举办艺术节的宗旨。在"生活美学"(图1-4)的引领下,学校在活动中挖掘学生的艺术特长,在"寻找金安好声音""金安才艺达人秀""金安石头彩绘展""金安百米画卷""祖国我想对您说"等活动中,以艺载德、以艺促智,充分发挥艺术教育的育人功能,丰富校园的文化生活。

大爱厦门(碎纸贴画)　　　　纸时代城堡(纸箱拼画)

至美汉服　　　　五月荷香(纸绳烧画)　　　飞扬裙摆(报纸设计)

图1-4　生活美学艺术展示区作品(部分)

4.劳动实践彰显生活(学习)之美

"我是劳动小能手",幸福生活来创造。每年五一劳动节,学校都会开展劳动实践课程,组织"小小技能大比拼",分年段在班级里进行不同的技能比拼。每周三下午,学校都会有一批"小小路长"走进社区,开展劳动志愿服务活动,进小区、洁家园、创文明,学校小小志愿者与金安社区共建,开展洁净家园活动,共同推动小区的治理。小志愿者协助社区做好"五不"宣传,即"向烟头说不""向垃圾说不""向不文明行为说不""向流动摊贩说不""向乱停车说不"文明工作,将文明理念传递给小区居民,小到每个家庭,大到整个社会。文明从我做起,从自身的点滴做起。

5.乐活节日享受生活(学习)之美

在厦门市金安小学的校园里,"六一节"属于孩子,属于他们的狂欢,属于他们的天真烂漫。从2014年起,每年的"六一"活动,都是"我的节日我做主",让孩子们设计自己喜欢的活动形式,选择自己喜爱的活动主题,自我组织欢乐的体验活动。孩子们在属于自己的节日里尝试、实践、成长。

在"十二生肖闹金安""乘着六月的风""爱心格子传递站""美食分享会""做自己的王者""你好,新时代"等主题活动课程中,我们可以欣喜地看到孩子们绽放纯真而自信的笑容。正如秦文君所言:"教育应该是一扇门,推开它,满是阳光和鲜花,它能给小孩子带来自信、快乐。"我们就是通过形式多样的活动,让学生们充满自信,找到快乐。

在六月毕业季里,孩子们的成长,都有相聚的喜悦,伴着分离的悲伤,更怀着对未来的期待,我们会在这样一个特定的时间里,为这样一群即将离开小学校园的学子,举行为期一周的毕业荣誉课程:让孩子们回望过去,看看自己的成长;让他们在成为一名"准中学生"前,做好心理调适;让他们走进新学校,看看新的环境。我们还会带着他们,开展最后一次班集体拓展活动,以十足的能量向母校说再见,迎接新的学习生活。

从2017年的"夏至·未至"毕业生主题活动,到2018年的"遇见·预见"主题活动,再到2019年的"未来·我来"主题活动,每一个主题都是在固定的时期,每一场具有温度的毕业典礼,都成了孩子们成长道路上最难忘的回忆、最深刻的印记。

学校以上开展的"两季两节"一系列与美有关的活动,又何尝不会让学生得到美的熏陶、美的浸染呢,进而也提高了学生的审美能力和鉴赏水平。习近平总书记说:"追求真善美是文艺的永恒价值,艺术的最高境界就是让人动心,让人们的灵魂经受洗礼,让人们发现自然的美、生活的美、心灵的美。"所以,文学也好,艺术也罢,美是创作之魂,而我们的教育也是如此。我们在追求真善美的同时,也要让学生接受美的教育和洗礼,使学生的生命成长更加美丽、更加精彩,秀外而慧中。

二、探究生活(学习)之善

探究生活(学习)之善,为儿童创造生活探究的舞台,是我校育人工作的探索。探究,是探索研究、探寻追究之意。善的内涵可以理解为:善良,慈善,善行,良好,友好,熟悉,擅长。我校教育旨在教育孩子对生活向善,很多时候这要通过实践来直接感受。但是,通过学校学习这种间接的途径,也能让学生丰富地感受到探寻过程中的快乐,从而积累生活中的向善、向好的一面,而且记忆深刻,经久不忘。

（一）走好入学第一步

每一个新学年伊始，学校都会迎来一批富有朝气的新生，也会重新开启新的征程。

开学了，孩子入校了。长芽了，绿意萌生了。绿色是蓬勃青春的活力，是富有生命力的象征。绿色寓意希望、安全、自然、成长和生机。

因为生命总是在每一个仪式感中不断成长，从孩子们踏进金安小学的第一天起，我们对仪式感的培养从未落下。每个学年，学校都精心准备了不同主题的特色开学式，如"感恩父母情 成长更出色""我上小学啦""点亮心灯 向未来""礼赞中华 奋进金安"等主题。在每一个开学典礼上，由孩子的爸爸妈妈领孩子走进"入学门"，家长把孩子交给老师，这样一个交接仪式寓示着一份真诚，一份责任，一份担当。在开学典礼上，孩子和家长都会分别宣读入学誓词，这样浓浓的氛围和满满的仪式感，让孩子们产生了一份角色的认同，从而与幼儿园做个告别，投入到新的环境和新的学习生活中，开始养成新的行为习惯。

每一位新生踏入金安小学大门时，接触的第一节必修课是"爱上小学"，这是学校的入学荣誉课程活动。为期一周的"爱上小学"荣誉课程活动，坚持近、小、实的原则，从学生生活常规和日常行为几方面入手，老师会带着孩子们，以游戏的形式认识校园，以口诀的形式记住一日常规，以绘本的导入来认识新的学科，以学科特色的渗透教育，来了解小学要学习的课程，加强对新老师的认识。入学课程的设计，无形中让学生在感性上了解了学校、了解了班集体，使学生能够及早进入角色，适应学校的生活，为一年级小学生进入正常的学习生活做好了铺垫。

（二）上好开学第一周

其他年级的金安"老生"干什么呢？我们也会利用开学第一周的时间，进行常规训练的强化，让孩子们能够尽快从假期的"慢生活"中调整过来，以最快、最好的姿态投入到学习生活的正常轨道上。

学生入校后，接下来要做的最重要的事情就是学习，学习是从阅读开始的。阅读是提高国民文化素养的一种途径，习近平总书记对阅读也是高度重视，俄罗斯电视台主持人布里廖夫专访国家主席习近平时，习近平谈道："现在，我经常能做到的是读书，读书已成了我的一种生活方式。"[4]柳斌曾说过："一个不重视阅读的学生，是一个没有发展的学生；一个不重视阅读的家庭,是一个平庸的家庭;一个不重视阅读的民族,是一个没有希望的民族。"[5]无论是伟人,还是名人,或是普通人,他们的成就都少不了读书。孙中山曾说过:"我一生的嗜好,除了革命之外,只有好读书,我一天不读书,便不能够生活。"[6]几十年来,孙中山养成了一个好习惯,就是每天都要读些书,甚至在火线上也都带着书籍。郑振铎总结治学经历时说:"我的学问是从图书馆里来的。"他在《劫中得书》的序中称:"夕阳将下,微风吹衣,访得久觅方得之书,挟之而归,是一生一乐也!"严歌苓将阅读视为"补药",视为心灵的"避难所",她崇尚没有功利,并不立竿见影的"长线"阅读,并说自己就是从这样的阅读中受到滋养,得到快乐的,"用书籍来装帧自己的家居和心灵很美"。总之,一个民族如果坚持阅读,必然会有强烈的文化自信,这个民族的文化也必将会绵延传承。

阅读是滋养儿童生命成长的主要养分,也是儿童生命成长的重要阶梯。培养具有阅读能力的孩子,是学校教育一直的追求。朱永新说:"一个民族的精神高度和这个民族的阅读水平是紧密相连的。""一个人的精神发育史就是他的阅读史。既然成长更多地与心灵有关,与精神有关,阅读无疑是成长最重要的阶梯,帮助人们不断前行。只有通过不断阅读,才能形成独立思考,才会有自己的思想,才能不断成长。"[7]

(三)读好阅读这本书

我们带领孩子,从班级图书角到辣妈漂书俱乐部,再到图书馆;从班级阅读,到午读时光,再到假期的亲子阅读。阅读,已经成为金安学子生活中不可缺少的一部分,它提高了自身素养,更增进了亲子关系。金安小学也获得了湖里区"最美读书点"的称号。每年9月,是学校的读书节,为期一个月的活动,各班创造性地开展读书活动,亲近书本,学会读书,逐渐养成了热爱书籍的习惯,良好的读书氛围在不知不觉中潜移默化地形成。老师、学生和家长在阅读中也深刻地意识到,读书是一种灵魂自我修复和完善的方式,是一种没有功利目的的精神漫游和生活享受,是我们生命和生活中不可或缺的文化元素。朱永新认为:没有书香充溢的校园,就没有真正意义上的学校;没有书香飘逸的校园,只是一个教育训练的场所。

(四)举好人生小拳头

每年的国庆节,学校也会以最隆重的典礼庆祝祖国生日。不管是同唱一首爱国歌、共写一次爱国诗还是共上一堂爱国课的活动,校园始终热情洋溢,全体师生共吟中华情,共抒中国梦,让学生感受祖国的日益强大,感受我们美好的生活,并从小树立远大理想。

建队节来临,学校以此为契机,开展形式多样的少先队活动,有"红领巾相约中国梦""红色基因我们传承"为主题的建队节活动,有"争做新时代的好队员"大队委竞选活动,有以"做新时代光荣的少先队员"为主题的舞台剧,让孩子们在少先队活动中做自己的主人,在活动中培养他们的使命感和荣誉感。

"四季四节"中,蓝色是智慧的象征,是永恒的代表;蓝色赋予真理、蕴含温馨及希望。在一年辞旧迎新之际,我们会举办科技节、金光秀场以及家校办的志工文化节,一起回望过去,展望未来。

(五)过好节日新文化

每一次科技节活动,都能调动学生了解科学、热爱科学的热忱,激发学生的科学兴趣,在活动中提高师生的创新精神和实践能力,也为师生提供了更多展现自我才华与风采的空间与平台。科技引领未来,创新点亮教育。科技感十足的科技节活动,是孩子们最跃跃欲试的时刻,金安小学嗨客节点燃了孩子们科技的梦想。

每年 12 月,是金安小学志工文化节,金安小学用五年的时间,创造家校共育的温暖家校生态圈,家长参与教育、学习教育、助力教育,与学校一起,用爱心滋养孩子健康成长。志工摄影大赛,志工征文大赛,志工书法美术大赛,志工足球赛、篮球赛,都会在这一个月开展。孩子们可以在校园里一睹爸爸妈妈的风采,为父母所做的一切而感到无比的荣幸和骄傲。

(六)秀好展示靓舞台

我校努力搭建每一次展示的舞台,让孩子们在展示的平台中锻炼自己的意志,磨炼自己的品格,成就自己的才华。

每年辞旧迎新之时,就是金安小学最忙碌的时候。在金安的校园里,我们总能看到孩子们忙碌的身影。为了在"金光秀场"的舞台上展示最好的自己,他们忙碌地排练,不断地优化舞台节目;他们期待着在"金光秀场"的舞台上演绎,能够载歌载舞,自信满满,绽放光彩,热热闹闹,去迎接新的一年。

(七)玩好假期趣生活

假期来临,孩子对生活(学习)至善的探究移到了校外。我们也要因地制宜,根据学校"三会"的办学目标,假期里,怎样让办学方针"会玩玩好"的能力延伸到家庭户外呢? 其目的只有一个,让孩子们在假期里"学会玩"。因此,我们和孩子一同在"玩"前定主题,在"玩"时做计划,在"玩"中收体验,在"玩"后理感悟。这几年,学校做过了以"我的寒假这么过""我是绿海鸥 垃圾分类在行动""我是节能小达人"等为主题的假期实践作业。到下一年开学初,学校总能收获孩子们满满的作业单。在开学的第一节班会课上,班主任会组织孩子们分享自己的假期生活,以微视频、手抄报、游学日记等形式展现不一样的假期实践生活和不一样的假期风采,使学生真正能玩转假期。

探究生活(学习)之善,能够让学生保存一颗善心,有一腔仁爱的情怀,对大自然保有敬畏态度。有人说:"善是保持生命、促进生命,使可发展的生命实现其最高的价值;恶则是毁灭生命、伤害生命、压制生命发展。这是必然的、普遍的、绝对的伦理原则。"学校有责任对学生进行仁爱教育,举办慈善公益活动,有益于学生生命的成长。

三、创造生活(学习)之真

创造生活(学习)之真,为孩子们搭建展现奇思妙想与无限创意的空间,是我校课程建设空间的基本思路。创造是想出新方法、建立新理论、做出新的成绩或东西。真,真实,的确实在,清楚事实,本性,本原。学校教育,旨在使学生在学习中,发掘事物以及生活本原,能创造或改进生活,从而有利于个体乃至群体的发展。我们开展班本文化课程、红领巾上的荣誉课程、特色夏令营的特色品牌活动,在创造生活之真的道路上不断成长。

(一)班本课程演绎学生精彩

孩子进入学校学习,经常在一起学习生活的地点一定是班级、教室。我们思考:

课程为了谁?

我们制定的课程满足了学生的需要了吗?

谁是最贴近学生的人？

"班级"去哪儿了？

教室是发生奇迹的地方，一间教室也是可以长大的；一间间教室的品质汇聚成学校的品质，一位位老师也会成长为学校的"雷夫"。孩子的学习生活创造就从班级开始发生吧。于是，班本课程（班级微型课程）应运而生。

班本课程是相对于校本课程而言的一个新的班级文化生态概念。它基于自己的班，发生于自己的班，服务于自己的班，具有主题小、时间短、内容精的特点。

经过几年的努力，我们做到了，班本活动已成为学校的特色课程，新生的课程正在校园内蓬勃生长。金安的每个班级，都有着属于自己班级的植物图腾。他们根据所选的植物开展班本文化课程，开展属于自己班级的独特文化。学校已经有了"七色花"的国学班本文化，他们共读一部国学经典，重新演绎国学经典故事；有"爬山虎"的植物观察班本文化，他们每天向上一小步，以此激励学生一步一个脚印，积极向上；有"向日葵"做更好的自己的班本文化；有"满天星"的接纳每一个人的班本文化；有寓意生机与活力的"绿萝"班本文化……班本课程让班级每天都处于动态之中，每天都充满鲜活的元素，每天都以学生为主角。36个班，每一个班都在演绎着自己的精彩，每一天都在为成为更好的自己努力着。生活即教育，社会大学校。班本学习满足了学生生命成长的需求，丰富了学生生命成长的经历，培育了班级课程特色，补充了学校的生命成长课程体系。班本活动延展了学习时空，营建了新教室最为核心的要素：把教室建设成为一个学习场、生活场与精神场，构筑了随时随地发生的学习场域。

（二）升旗仪式演化学生舞台

每周一的升旗仪式，是学校开展德育教育的重要途径之一，是学生思想教育的有效手段。为了展现班级风姿、班本风采，让更多的学生直接参与，为每个孩子的特长展示提供平台，同时也为了让国旗下展示的形式多样，丰富多彩，建校以来，学校的升旗仪式经过了几次变革，现在的升旗仪式中"红领巾上的荣耀"已经成了"金安"的品牌，这已经成了展示班级文化的平台，成了孩子们荣耀的时刻。七色花班，在红领巾上的荣耀上展示国学班本，老师和孩子们一起诵读这一学期以来他们共读的诗篇，一起去演绎国学魅力。孩子们全员参与，享受其中，锻炼自己。铃兰花班，在红领巾上的荣耀上演绎"垃圾分类"小故事,他们把一学年以来在推动班级垃圾分类过程中遇到的问题,通过小品的形式表演出来,极力倡导环保理念,共同缔造城市美好的环境。

（三）假期生活扮演快乐嗨客

从 2014 年起,每年的暑假,金安的校园可谓热闹非凡,类似"嗨皮来了"的夏令营,我们都会在每年以各种形式如火如荼地开展。学校创设开放性夏令营课堂,目的是吸引更多外校的学生关注并参与到金安夏令营中来,有意识地把学生带回到真实的生活中,去观察、体验、思考,通过夏令营的实践来生成学习资源,使知识回归生活,凸显教育的真本质,生活致美。

我校还利用学校美育特色课,根据小学德育工作指南的方向,开展生活美学系列创客课程:"品茶""染布""赏花""黏土""玩纸"等课程都在学校集结,在夏令营中精彩绽放,孩子们听茶史、品茶香,调色泽、展布艺,纸为媒、玩创意中,在感知日常物质生活、亲近大自然、培养生活情趣中,陶冶情操、滋养心灵,享受童年快乐,实现育真课程目标,培育健康生活之美。

生活美学系列创客课带给孩子们的创造之美是无穷的,孩子们在茶道课程中品茶香、习茶礼、学茶道,走进色彩斑斓的茶世界,探索茶文化的真谛。在花道课程中,我们借助花的语言、媒材、技艺,引导孩子进入美的世界,引导孩子运用正确的方式去了解花语、感受插花艺术、体验插花创作、布置艺术环境等。在扎染课程中,体验扎布、染布、煮布、晾晒、熨平等步骤,让学生化繁为简,从染布中体悟匠心,飞扬创意。在黏土课程中,孩子们通过自己动手进行体验,创作了多肉盆栽、京剧脸谱、黏土楼房等精品黏土课,它不仅提高了孩子的创造力及动手能力,也对自信心的塑造及兴趣有益。在纸艺课程中,我们有锡纸银饰创作、纸绳绕画等,以纸为媒,带着学生"玩纸",将纸赋予生活之味、意境之美、童真童趣,这不仅是传承传统民间艺术的媒介,更在创新的创客行动中,成为涌动心潮的美。

我们要让孩子们有一个健康的体魄、健全的人格,正如教育家蔡元培先生所说的:决定孩子一生的是健全的人格修养。你看,在运动场上,总能遇到一群驰骋奔跑的少年,那就是我校"创客体育夏令营",我们针对不同学段、不同兴趣的学生进行有针对性的训练。在夏令营的训练中,孩子们体会到了运动的艰辛与快乐,学会了篮球和足球的技能与技巧,同时身体素质也得到了锻炼。孩子们在各个球类教练的带领下,努力克服困难,勇于拼搏,尽情享受运动、奔跑带来的快乐,在大汗淋漓时感受运动的魅力!

在教练的悉心教导下,很多学生都学会了独立,获得了成长,也更加坚强,咬着牙坚持,不要停下脚步,意志力不断增强,为实现自己强身健体的运动梦想……

以"四季四节"为主线,以德育课程为依托开展德育活动,这就是我们的金安德育品牌。我们的目的是,搭建形式多样的展示平台,挖掘学生的内在潜能,让学生在活动中发挥优势,展现自己。在活动中,我们已经能看见一个个的孩子最本真、灵动的成长,学校的每一个孩子都能昂首踏步成长。

(四)美学创客探索无限可能

我校树立的真美文化育人景观,虽然是无形的,但孩子们所取得的成绩是有形的、实实在在的,至少在我们看来,那是沉甸甸的!

我们欣喜地看到,学校常规活动闪耀着"真美"的亮点。学校每每以重大节日和纪念日为契机,精心策划并组织丰富多彩的主题实践活动,关注学生在实践活动中的体验感悟。在新中国成立 70 周年之际,学校就以《我和我的祖国》唱响爱国颂歌。让熟悉的旋律在师生耳畔响起,鲜艳的五星红旗在空中飘扬,一群群手拿国旗的师生唱着歌曲在"金光大道"上汇聚,唱出了对祖国的热爱与祝福,向祖国深情表白。

我们欣喜地看到,种子行动引领"寻美"方向。学校在各年段推出"种子班级"行动计划,就是在每一学年中,评选出的年段中学风、班风、班貌做得好的优秀班级,其他班级师生向这个班级看齐,以这个班级的各项事务为标准,树立标杆,强化规范,使全校各个班级的德育常规形成一道靓丽的景观,营造一种整体向上向美的教育生态氛围。

我们欣喜地看到,阳光体育凸显"健美"品格。阳光,德育的另一种表达。学校以"阳光体育　活力课间　动感健康　快乐成长"为主题的大课间活动,把师生阳光长跑,自编艺术操、心理放松操结合在一起,打造了健康活力的大课间,彰显着金安学子阳光自信的精气神,展示了学校德育养成的成果。

我们欣喜地看到,学校首创了国内小学"生活美学研究中心"。根据地域和学校实际,将生活美学、经典文化与礼仪修养有机结合,我们开展了"生活美学创客校本体系"研究,设立了40多门生活美学课程,每个孩子都可以根据自己的爱好,挑选其中一门课程进行学习,学生"美"的素养得到了熏陶,美育无处不在。2019 年 7 月,由我主编的《生活美学创客校本体系》系列丛书正式出版了,得到了众多教育研究者的首肯,也受到了学生们的青睐。

真善美,是儿童生命成长的灵魂,也是学校教育的三重奏。王国维认为,人只有当他具备审美能力时,才是"完全的人",教育就是要培育出"完全的人"。我们教育的目的就是让我们的孩子成为一个诚实、善良、完美的人,践行陶行知先生所倡导的"千教万教,教人求真;千学万学,学做真人"的教育理想。讲真话、做真人、写真文,始终是我们教育学生的目的。著名作家冰心说,她的童年是梦中的真,真中的梦,是回忆时含泪的微笑。换言之,作为教育工作者,我们更应该遵循陶行知老先生的话,教育教学更不能弄虚作假、流于形式,而是要扎扎实实地做事,实实在在地做人,做一个品行优秀、业务精良、职业道德高尚的人民教师,因为教师是善良的使者、挚爱的化身和人类灵魂的工程师。

第二章

变革校长生命成长观

一个好校长就是一所好学校,有什么样的校长就有什么样的学校。一棵树摇动一片林,说的就是校长的影响力。因为校长自身的专业成长,是儿童生命成长的重要力量源。因此,校长的领导力也是一种特殊的影响力,一种教育的生命力。

校长是领导一所学校在知识的海洋里航行的舵手,是能左右一所学校的运行方向和运行速度的舵手。校长是学校的"掌门人",综合管理学校的重要校务。对学生的生命成长关注,决定了学校培养人的最终目标,也是校长管理学校的一项工作目标。关注,不是仅仅注意,而是要从理念到行动落实,生根发芽,抓铁成印,踏石留痕。儿童的生命成长,不仅是个体自然的肉体成长,更是个体灵魂的孕育,乃至成熟的过程。而这一过程,需要的便是学校的办学定位,需要的便是校长及其团队的能力总的转变。人之所以为人,需要培育,而育人,重在育生命成长。这样才能让儿童更好地成长,让他们拥有更积极、更昂扬的学习、生活状态。

纷繁复杂的情境中,教育究竟是为了陈述过去的经验还是面向未来的发展需求?在时代变化面前,我们手中的"旧船票"还能否引领学生登上未来的"新航船"?教育究竟要面对什么?改变什么?成就什么?教育是否最终真的实现了对人的生命培养……每代人都要寻找属于自己的"确定性"。

教育"确定性"的获得要回归到内在的规律和常识。我们不断询问自己,教育的规律何在?校长怎样关注儿童的生命成长?在我们看来,教育的规律离不开儿童发展规律,离不开人的身心成长规律,离不开社会发展规律。做"真"教育,学"美"生活,"真美"教育,这就是学校的总课题。校长所关注的,就是要从"真美"的可能性与必然性中去思考、研究,而实现这一转变要从变革领导力入手,变革学校管理结构、学校制度架构、学校活动地图,"不变"之中有融合,"变化"之中显和谐。我们的价值定位是以寻找童心为责任,以发现儿童为担当,以儿童生命成长为重任,基于课程文化领导力、活动文化组织力、课程文化研究力的形式,着眼儿童的生命成长。我们从儿童的世界里眺望教育的美好,展望诗和远方,从校长的视野出发实现儿童生命成长的价值取向。

第一节 基于生命成长的变革性领导力

变革,是改变事物的本质。校长领导力,就是校长对职位权力的妥善应用。这里指的是,领导力均需指向儿童的生命成长。衡量校长领导力的最佳标准是影响力,特别是教育对生命成长的影响力。"妥善应用权力"的根本在于,校长借用职位和组织赋予的权力提升自身在业内外的影响力,校长领导力的成功就在于推动他人成长,并且能够调动自己能力范围内的一切影响力助推,这包括变革管理结构、变革制度结构、变革活动地图的内容。校长带领全校教职工一起致力于学生的学业提升和素养发展,增进生命的成长发展,推动学校可持续发展。

一、学校管理结构变革

学校管理,既是一门技术,也是一门艺术。有人说,学校管理决定着一所学校的发展趋势和学校的未来,而管理者,应该是举旗人,而不是举鞭人。所谓管理,主要分为两个层面:一是管事,二是管人。其侧重点应在理,因为学校是以人为主体的场所,所以,"以人为本"历来就是学校管理的理念和原则。因此,只有尊重人的行为主体性,理顺各种各样的关系,学校才能和谐、健康地发展。

我对学校过程管理的要求是:用心于起点,精心于过程,赏心于结果。用心是最为基本的,精心是对过程的精细化标准,赏心是对结果的完美展现,这是一个递进的关系。在推进课堂教育教学改革、组织师生活动的过程中,传统的学校组织结构由于条块单一、相对封闭等问题,往往很难支撑这些工作。如何高效地协调多个部门人力,充分调动多方资源,既保证课改组织管理的规范性、科学性,又保证学校各项工作的有序推进?为此,学校积极探索建设课改项目化学术制、团队服务中心制,在提高校本课程研发品质、推动课堂教育教学改革的同时,也有力地推进了学校组织结构变革和教师专业发展。

学校管理结构(图 2-1)改变了传统模式,实行去行政化管理、扁平式管理、学术性管理、民主化管理、项目化管理、情感化管理,使管理的模式更为灵活高效。

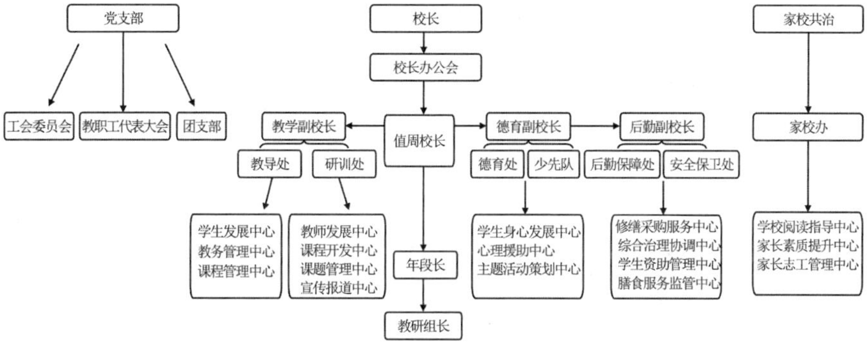

图 2-1　学校管理结构图

(一)变革管理结构,成为管理的援助者

为了实现向未来学校的转型,快速适应当前教育新形态,学校的组织架构必须相应地进行转变,更好地提高运作效率。

学校管理者必须转变管理思想,应该从关注权利转移到关注组织中的"人",高度重视组织目标、愿景,高度重视和发掘教职员工潜能。管理者要学会以援助者、训练者的角色来代替管理者的角色。学校由原来偏垂直的部门管理转向横向的系列管理,以实现组织架构的扁平化,使学校管理结构整体通透、明了、顺畅;管理层次的确定,有助于提高信息传递效率,使远距离现场管理成为现实。现代科技手段和办公软件以及便捷智能的数据、管理系统的应用(图 2-2),促进了信息流的传递和畅通,使信息处理变得轻而易举,足以实现内部信息的畅通和组织的高效运转。

我校在扁平化组织架构改革中,合理控制管理层次,去除仅仅起到传递作用的中间管理层,形成了最快最便捷的指挥链,增强了信息的判断和实效,决策和落实之间的时间差减少,信息真实性增大,提高了决策效率和准确性,学校上下的直接信息联系得到加强。管理重心下移,管理权力下放,一线的目标管理得到了自主化,提高了决策民主化和决策效率,提升了

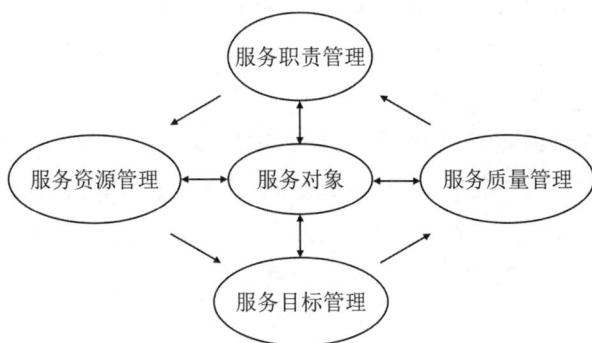

注：—→　　代表管理运行线
　　←—→　　代表管理控制线

图 2-2　学校管理运行图

全局意识和协作意识,团队精神得到了发扬。

扁平化组织架构扩大了管理幅度,其所隐含的人性假设是"自我实现人"。该假设认为,人除了有社会需求外,还有一种想充分表现自己能力、发挥自己潜力的欲望。基于这样的人性假设,我们建立了较为分权的决策参与制度,选择具有挑战性的工作,满足自我实现的需要,使广大一线教师有较大的自主性、积极性和满足感,促成了多样性学习型组织的形成,有助于学习和创新,有助于提高工作的积极性和效率,有助于构建内部学习氛围,有助于优秀的人才快速成长。

实行扁平化管理,能够使学校管理者直接了解教育教学第一线师生的需求与问题,进而为其提供有效指导与管理。举个例子来说,在推进课程改革的过程中,语文"四问＋"课程,每一个课例的课程结构均包括前置问题、新生问题、解决问题、拓展问题四个基本环节。课例研发小组在编写课程的过程中发现,不同课例的"解决问题"环节多是"学生朗读""老师追问""学生分组讨论""教师讲评"的形式,而"拓展延伸"环节多采用补充资料、朗读链接的方法,形式较单一。针对所反馈的问题,课程建设领导小组及时协调有关学科教师,提供多种形式的活动素材,丰富了研究案例,增加了语文课堂的趣味性。

（二）变革管理身份,成为管理学术者

有人说过,实行学术性管理,指的是课堂教育教学改革小组在管理层级上表现为,项目组为基础,教研组为带动,年级组为传达,在课程改革小组的直接领导下,在课程专委会指导下自主开展课例研发。课改领导小组主要提供行政保障,如经费、管理、政策、资源等;课程专家委员会主要提供专业支持和具体指导。[8]

导师工作室属于学术性组织,对于学术性组织的管理则强调学术性。首先,工作室负责人是课题项目研发的首席专家,而不是行政领导(部分有学术权威的行政领导作为负责人时,更强调其学术身份)。其次,在进行过程管理与成果管理时,遵循工作室的运行逻辑,而不是行政管理逻辑。再次,倡导形成研讨交流、质疑探究的学术氛围,从而改变学校行政取向的组织生态,形成浓厚的研究文化。在工作室开展的过程中,我们注重开展有针对性的理论培训,促进教师更新观念、习得方法;针对研发过程中出现的问题,注重引导教师从学术的角度进行思考。

(三)变革管理方式,成为管理民主者

民主化管理,是一种强调沟通的管理方式,学校应该注重听取各个层面人员的建议与心声,并提供尽可能的支持。许多教师都表示,在参与课程研发时缺乏相应的知识与能力,于是在调研的基础上,我们聚焦教师关注的问题,邀请市内外专家进行有针对性的指导,着力提升教师的课程研发能力,促其开阔视野,进一步提高学术素养。在对课改研发小组等项目化学术团队进行民主管理的同时,我们更将其延展为学校整体治理的民主化,注重校务委员会、教代会、家长委员会、少先队、学生社团等组织的建设,实现学校治理主体多元化;注重协商与沟通,积极听取教师、学生的建议,实现学校治理过程民主化。

(四)变革管理样态,成为管理推广者

项目化管理,是一门复杂的科学,沟通环节非常重要。在学校里,每个课例研发任务都是一个项目,教育教学工作也可以形成一个个项目组,每个小组都有需要完成的目标和任务,有具体任务成果的质量要求,以及启动、计划、实施、总结提炼等流程与时间要求,因此都需要进行任务管理、人员管理、资源管理、时间管理、成本管理等。在有限的时间、成本与资源下,课程课例研发小组需要完成课例内容研发、资源包研发、专家修订、课程实施反思修订等流程,当一个课例及其资源包得到专家、学生、学校的好评而固化后,该课例研发小组的历史使命也就得以完成了。

在这个过程中,学校需要通过对各个小组进行项目化管理探索,并以训练者的姿态,扶持项目研究进程、积累项目管理经验,并将其运用到其他项目管理中,以突破学校单一的运营性管理的不足,使学校管理方式更加灵活。

（五）变革管理态度,成为管理情感者

常言道:感人心者,莫过于情。情感化管理,指的是校长在学校管理中要善于投入感情,以心换心,以情感人,用情感管理的手段去调动老师的积极性。在学校管理中,我们要做到政策暖人、感情留人、行动感人、管理激人。不仅对老师是这样,对学生也是如此。无论是教书,还是育人,给学生多一分关爱、多一分鼓励、多一分宽容、多一分赏识,对学生的生命成长都十分有利。校长在学校管理实践中,应该多主动关心教师,解决教师工作上的困难和生活中的后顾之忧,为教师创造成长的环境,尤其对教师日常工作生活中的细微小事,多一些情感的沟通。帕金森曾说:"注意小节有时候能点石成金"。因而,校长重视情感管理,体现了人性关爱,有利于协调学校工作,化解工作矛盾,激发教师热情;有利于充分调动老师的积极性,更好地开展教育教学工作。

二、学校制度架构变革

制度是历史性存在的用于调节社会交往关系且具有权威性的规则系统。每个人都生活在特定的社会制度、政治制度、经济制度和文化制度中,制度无时无刻不影响和规范着人们的生活与行为。党的十八届四中全会审议通过了《中共中央关于全面推进依法治国若干重大问题的决定》,落实到教育层面,建立和完善"依法办学,自主管理,民主监督,社会参与"的现代学校制度已成为中小学教育体制改革的重要方向。现代学校制度建设的核心是让直接利益相关方行使管理权,重建学校与政府、教师、学生、家长、社区之间的合作治理关系,由此解放学校利益相关方的创造性力量,造就向上、向善的教育。校长必须革新自己的权力观和领导观,学会让渡和分享权力,要建立一种新的集体主义的领导观,组建团队领导体制。为此,我们编了《真教育行动式——金安小学知行美约》(图 2-3),与时俱进,开拓创新,结合学校实际,从七个方

图 2-3　真教育行动式

面细化内容和要求,让全体师生知晓,从根本上变革学校制度架构。

(一)职责管理行动式

主要目标是有职有责,适度分工,各司其职,协作共赢。共赢,是从古至今社会生存的基本法则。内容包括从校长、支部书记到教务处、年段长、班主任等42个岗位的职责,它给每个岗位先明确了需要履行的职责。

(二)人力资源管理行动式

主要目标是以人为本,建立规范,求真求善,厚积薄发,突出人文主题,人与法相糅合。内容有教师职务年度考评实施细则、精神文明创建工作、师德规范基本要求、生活美学建设实施方案、垃圾分类管理制度等52项,从人力资源上入手管理行动。

(三)教学常规管理行动式

主要目标是守望初心,规矩方圆,智慧执教,提升素养。提升学生的素养是最终目标。内容主要围绕课程改革、教学教研常规工作、课程评价制度、语言文字规范要求等20个方面,对教学常规进行细化和明确要求。

(四)教师发展管理行动式

主要目标是立足校本,虚心学习,引领超越,成就骄傲。内容围绕课程管理、教师专业发展、教师个人成长档案、课题研究管理等10余项,希望老师立足自身实际、加强学习、勤于科研,做一名学术型的专业教师。

(五)专用科室管理行动式

主要目标是井然有序,规范操作,彰显特色,提升品质。内容围绕教室管理、学生阅览室管理、校园网络安全管理等30余项,要求师生做到有序而文明,规范而精细,提高学习的品质。

(六)校园安全管理行动式

主要目标是居安思危,防微杜渐,筑牢意识,保护成长。内容从教师到学生,从教室到操场,围绕饮食、卫生、信息网络近60项,安全无小事,防范重于泰山。

(七)民主监督管理行动式

主要目标是民主办学,廉洁从教,立规立矩,和谐共生。内容涉及支部组织设置、发展党员、工会积极分子、党建工会公开制度等 40 余项,学校事务要做到透明而有法则,理与情交织,民主公开。

三、学校活动地图变革

地图,是说明地球表面的事物和现象分布情况的图,上面标着符号和文字,有时也着上颜色。学校活动地图,指的是学校生活中的儿童空间实践样态,学校空间是师生开展教育实践活动的物理基础,也是儿童在校生活的"栖居之所"。改革开放 40 年以来,我国中小学校活动空间建设逐步走向特色化、课程化、信息化和现代化。学校活动空间的教育功能和文化功能越来越受到重视,尤其是对活动空间中儿童声音的关注越来越重视。"儿童立场",尤其是儿童生命成长空间,成了当前我国中小学活动空间建设的旗帜。

学生活动的范围,不能仅局限于教室、操场,还可以涉及更广泛的地方。只要与学生的生命成长有关的项目,都可以给它们标出符号,着上颜色,校长在这方面视野也要广阔,广为涉猎,着眼未来,着眼变革。因为创新人才的培养,离不开学生的主动参与。学校校长应充分认识到学生活动的重要价值,并提供和创造相应的政策和制度环境,变革学校活动地图,让学生做到自主、自理、自评,积极参与学校开展的各项活动。

基于此,我校的教育实践是在幸福教育的路途上寻找"儿童生命成长教育"的因子,并赋予实践行动。我们的校园活动空间着力将儿童置于学校的中央,让儿童和活动空间建立起密切的联系。总的来说,学校的活动空间围绕以下方面展开设计并加以完善:

(一)构筑"会读读好"的空间

"会读读好":培养孩子的阅读兴趣和习惯,推动孩子的内心成长,在经典书籍中成长自我;读包括书本、生活,以及孩子眼睛所接触到的一切可以感知的事物。

学校的文化环境设计充满童趣和童真,让儿童体验到校园和家园本质上没有区别,是一个值得向往的地方;让儿童恋恋不舍,愿意到学校来学习,愿意为学校贡献出自己的力量;让校园成为儿童精神的家园。如一进校门,右侧是一座陶行知引领孩子读书的雕像;因地制宜的辣妈漂书俱乐部阳光书屋;充满童真童趣的阅览室、图书馆,为学生提供了充满活力的阅读学习空间。廊道上学生们的手工制作,各个区角的阅读小屋,为儿童提供了展示的空间,空间与儿童的生活紧密联系,有孩子喜欢的蜻蜓、蝴蝶塑像等,儿童愿意来到学校。正如教育专家所说的,学校应该成为儿童最喜欢来的场所。

儿童之所以为儿童,就是因为儿童区别于成人的庄重和严肃,儿童的天性就是直接表现自己的喜怒哀乐,表露出自己的真情实感。所以,儿童要真正成为校园的主人,需要有随时随地能够让他们躺下来看天空、躺下来伸展四肢、躺下来放飞自我的空间和可能。我校校区2号楼的空中花园,地面上的小花圃、小公园、乒乓球桌、羽毛球场,让儿童随时可以嬉戏、休息、休闲。也许若干年后,他们最值得怀念的就是这些承载着他们曾经欢乐的地方。

读的兴趣和习惯培养着眼点是,每天早上进校即读、入室晨读,午休期间亲子阅读教室开放,午间各班级课前15分钟阅读。低年级进行绘本阅读,高年级进行经典书籍阅读,根据孩子年龄特点各有侧重,各取所需。班级里、学校图书馆中,每周均有各个年段的学生在每个固定的时段进行书籍借阅。此外,学校还开创性地指导各科任教师开展学科领域阅读活动,它就是指学科特有的、广泛涉猎的,又相互融合的、领会式的某一学科知识获得有关能力的阅读。这进一步加深了"读好"用好的可能,为孩子成长创设了阅读的活动空间,开阔了视野,增长了见识。

(二)构筑"会学学好"的空间

"会学学好":用好的、正确的学习方法轻松地学习,注重学习质量,提高学业成绩,形成未来生活的核心素养。

儿童是学校的主体,但不是任由儿童在校园内随意任性,我们要求儿童具有一种内在认识的发展,即儿童外在的生活环境和文化熏陶要对儿童内在的学习认识起到促进作用。儿童在校园中生活的主要意义是通过"学"来改变自己,从而改变班级的学习状态,进而改变学校的文化状态,儿童的内部和外部发生统一的变化,即儿童的自我成长和儿童的知识积累保持同步发展。好的正确的学习方法,指的是课堂上各班打破传统的"插秧式"座位方法,适时采用小组合作学习共同体的方式,学生在问题探讨的时候,能够将"会学"的知识,通过交流探讨共同获得,教师只是知识学习的合作者、引导者,这样的学习效果,为"学好"创造了可能。存余的问题,孩子们在生活中加以实践探究,通过学校植物农场劳动、纸艺手工、剧本演出等丰富的活动,自我解决,自我总结提高,这样的学习质量,往往是成人意想不到的,甚至影响孩子终身的潜移默化的素养的形成。我校连廊、各个教室、学习空间为儿童提供了"学"的展示平台:儿童展示榜张贴各个年段各个时期的个性画像,促进儿童自主学习和展示;儿童竞赛榜张贴涵盖儿童生活、学习各个时段的个性画展,促进儿童选择和积累;儿童主题榜张贴他们成长的轨迹画像,促进儿童校内学习和校外学习的联系。学校应该成为儿童学习的乐园,只有他们感到快乐,才有学习的兴趣,因为兴趣是最好的老师。

(三)构筑"会玩玩好"的空间

"会玩玩好":孩子的天性就是玩,希望孩子能释放天性,在玩的过程中学,在学的过程中思考,玩也要玩的有思想,将玩玩到"极致"。

儿童生活在校园中,不仅获得了环境参与的身体之乐,而且也获得了精神成长的心灵之乐,让儿童乐起来,就是要具有这两者的共同呈现,不可偏废。从学校文化的视角来看,让儿童乐起来是让儿童获得认同感和愉悦感,这就是文化的意义触角触及儿童的心灵价值所在。这一层面在儿童的价值共享和关系建设两个维度上,学校更是高度关注。我校每年有计划、循序渐进地开展各种主题活动,张扬了学生的个性,增长了孩子的见闻。只有"玩中学,学中玩",才能让孩子真正喜欢学习,才能使他们的生命能够健康快乐地成长。爱玩手机游戏的孩子,我们引导他们学机器人创意、编程;爱玩纸飞机的孩子,我们组织他们开展航模、船模、纸模创意活动;爱玩轮滑的孩子,我们培养他们学习旱地冰球……为此,我们每周因地制宜地开设"金安学苑"活动课程空间,如陶艺制作、少年武术操、舞龙舞狮等,参加中央电视台的"教育大课堂"演出活动,每年还带领全校学生走近大自然,开展"游学"活动,在"游学"过程中学习,在学习的过程中,素养得到发展,创造力得到张扬,玩出了个性。

在教育这一宏观系统中,学校活动空间主题并没有成为当下教育人关注的重点,人们更多地将活动空间视为固化的、静态的产物,对教育主体儿童和空间的关联与互动,只是刚刚开始研究,对此话题的关注必将带来对儿童教育更广度的认知和更深度的理解。

质量是企业的生命线,也是学校立校的命脉和学校品牌的核心。作为校长,除了要懂得管理外,还应善于学习,将孩子活动的空间,绘就一幅美丽的图画,成为一个学习者,一个绘画者。"校长要做到学识渊博、精通教学、有效管理、善于经营,就要不断学习、持续创新、自我修炼,成为终身学习的典范、复合型人才的榜样。"教育名家任勇如是说。

第二节 基于文化管理的校长执行力

文化,是人类在社会历史发展过程中所创造的物质财富和精神财富的总和,特指精神财富,教育也算其中一项内容。文化管理则是对科学管理的新发展,是管理适应现代社会经济发展大趋势的必然选择,管理实践应当充分体现文化管理的基本精神。而这里的文化管理,也可以说是教育管理。教育管理的优劣,校长的执行力尤为重要。执行力在某种程度上,可以说是行动、落实。理念需要行动落实,教育管理需要校长的执行力去提高。实践是检验真理的唯一标准。基于文化管理的校长执行力,我们特从四个方面说起,即课程文化领导力、活动文化组织力、课题文化研究力、家校文化影响力。这四个方面,后者以前者为基础,前者为后者服务,这个过程,也是从校内到校外的延伸,理解范畴从小到大,它们相互影响,互为促进。

一、校长的课程文化领导力

我们知道,课程是指学校教学的科目和进程。课程文化,是指课程教育。学校文化是一所学校的核心要素,直接影响着学校的各项工作,并成为学校一切教育活动内在的、深层的程序和取向。学校文化孕育出各类课程,同时,校长的课程理念及课程领导力,决定了一所学校的文化品位和高度。在课程建设和文化建设的一体化设计过程中,课程建设和文化重构的和谐共生直接体现了校长的课程领导力。

在课程改革的背景下,校长课程文化领导力问题,成为教育工作者研究的一个热点。研究的实质是在课程改革过程中,在国家提出"立德树人"的教育理念和"发展学生核心素养"教育理论的背景下,如何在国家、地方、学校三级课程管理的条件下发挥校长的主观能动性,提高校长的课程领导能力,实施真正的校长课程领导。

（一）基于学校的校长课程校本领导力理解

要提高校长的课程校本领导力,先说说我们对课程建设的理解。

每一名专注教育的工作者都知道,从上至下的政策规定有:《基础教育课程改革实施纲要(试行)》《地方课程管理指南(讨论稿)》《教育部学校课程管理指南(讨论稿)》。这些文件尽管有的在试行,有的还是讨论稿,但它们不同程度地规范了学校课程建设的基本要求。三级课程体系基本共同构成了我国基础教育的课程整体,它们拥有共同的培养目标,实现不同的课程价值,承担不同的任务,履行不同的责任。国家课程侧重体现国家意志,地方课程侧重反映地域特点,校本课程侧重满足学生差异。所以,改变课程管理过于集中的状况,实行国家、地方、学校三级课程管理,增强课程对地区、学校及学生的适应性,形成课程的地方特色和学校特色,很有必要,也是符合实际需要的。

从广义理解,课程是指学生在学校获得的全部经验,其中包括有目的、有计划的学科设置、教学活动、教学进程、课外活动以及学校环境和氛围的影响。从狭义理解,课程是指各级各类学校为了实现培养目标而开设的学科及其目的、内容、范围、活动、进程等的总和,其主要体现在教学计划、教学大纲(课程标准)和教科书中。

这里所说的课程校本领导力即校长对狭义的课程建设的领导力。此项校本领导力应该包含三个方面的要素:一是基于学校现实,为了改进学校教学教育变革实践、解决学校当下所面临的问题;二是表现在学校中,关注学校自身教育教学变革所需要解决的问题,由学校的团队来面对、分析、创设与解决,所形成的解决方案要能在学校中有效实施;三是为了学校发展,指要从学校的实际出发,面向未来,面向人的生命成长,触动学校的深层次变革的需要。

而我们的校本课程开发的目标,是促进学生个性发展,这里强调全面而有个性;是促进教师专业发展,这里强调课程意识,课程开发的能力;是促进学校特色发展,这里强调项目特色、学科特色、学校特色。

校长的课程校本领导力,简单理解,就是校长是校本课程开发的第一责任人。校长承担着课程领导的责任,必须履行好五种角色:

校长应该是教育理想的顶层设计者;

校长应该是教育教学系统的改革者；

校长应该是课程建设与实施的协同合作者；

校长应该是课程建设与推广的公开支持者；

校长应该是课程体系建构的探索者。

课程领导的内涵可概括为：澄清学校课程哲学；设计学校课程方案；实施转型的教学；再造学校结构和文化；教育社区的结成与发展；加强课程研究。校长（包括教师）作为校本课程开发的主体，应具有一定的学校课程建设与管理能力，这种能力主要包括：（1）具备相关的专业品格。有一种有容乃大的教育观念，一种开放与民主的专业态度，一种善于合作、敢于负责、勇于创新的精神。（2）具有适当的知识与经验背景。特别是关于课程开发的一些概念，关于儿童发展的一些知识以及一定的课程开发的经验。（3）拥有必需的课程技能。包括确认学校的培养目标，识别情景中的课程需要，知道合作者的课程技能与任务，目标的确定与陈述，内容的选择与组织，实施的技巧与创新，评价的使用和改进，现场资源的利用与开发，做出合理的课程决策，以及进行必要的对话与沟通等技能。

校本课程开发的关键是以"学生发展为本"、以"学校发展为本"。国家新课程改革的基本理念：以学生发展为本。它要求关心、理解、信任每一个学生，尊重学生的独特个性，注重激发每个学生的创造潜能，发展每个学生的个性。个性化教育是教育内在的、本质的终极追求。

校本课程的出发点和最终追求是学生的个性能得到充分而自由的全面发展；要确实提高课程的适应性、针对性、指导性，促进学生的个性成长。教师发展或学校发展，其最终都是为了学生的发展；学生的发展必将反哺学校发展。

（二）课程校本领导力的内涵和提升策略

基于上述认识，对课程领导力的内涵，我认为可以用七个构成要素来归纳，即核心素养领悟力、课程价值理解力、课程体系整合力、课程研发引领力、课程实施组织力、课程评价指引力、课程文化构建力。

在调查研究的基础上，我们分析了现状，即：核心素养的关注度很高；课程领导价值的认识度不准；课程体系的整合度不够；课程研发的创新度不足；课程实施的运行度不强；课程评价的监控度缺位；课程文化的营造度缺失。由此可见，校长自身和外部环境两个方面，是影响课程领导力提升的原因。

为此,校长应该从自身和外部环境两个方面,强化校长课程文化领导力的提升策略。一是自身原因方面,即强化"立德树人"的教育观念;树立"核心素养、关键能力"的课程理念;整合"指向核心素养、关键能力"的课程体系;引领"激发核心素养、关键能力"的课程研发;组织"生成核心素养、关键能力"的课程实施;调适"倡导核心素养、关键能力"的课程评价;营造"孕育核心素养、关键能力"的课程文化。二是外部原因方面,即加强和促进课程领导的政策指导;研制基于核心素养的课程标准;形成校长治校的课程领导环境。[9]

(三)我校基于生长点的"四真"校本课程体系探索

为了使校长课程文化领导力扎实有效,更有针对性,我提出了基于生长点的"四真"课程核心概念,而且也在六年来的实践中,不断完善。

德育成长课程是课程文化领导力的重要体现。

我们在《中小学德育工作指南》的引领下,在"四真"校本课程的基础上,尝试以德育活动文化为引领,打造金安德育课程;基础课程和校本课程优势互补,创设具有自主性、活动性、探究性、特色型、连续性等特点的德育课程,从而实现全角度、全时空育人。

依据小学生身心发展特点和成长规律,我们创造性地提出"成长时空轴"的概念,即以时间、空间为主线对德育课程实施进行重构。根据学生身心水平的发展特点设置不同的课程目标,安排不同的课程,这样会更加科学合理。"成长时空轴"包括纵轴和横轴。

纵轴是一种宏观的时间设计,整体规划了一至六年级的德育课程。这条轴的两端分别是衔接发展课程中的"爱上小学"荣誉课程和毕业荣誉课程,分别在入学后和毕业前的学期进行;中间的部分则是发展性、体验性德育课程。我们根据不同儿童年龄特点制定不同年级的德育课程目标。

横轴是一种微观的时间设计,主要是针对纵轴中的德育课程,以学期为单位整体构建学习时间。

横轴以学年开展的德育课程内容为基础,以4个时间节点来划分,可简称为"421"。"4"是指4个月,"2"是指2个假期,"1"是指1次展示。学校以一学年为周期,用4个月的时间,将德育课程进行交叉式开展和实施,在基础学科中进行德育融入和渗透;然后利用2个月的假期时间,开展课程体验及实践;最后利用1次夏令营机会进行展示。

几年来,我校致力于"当真人,做真事"的德育构架,让每个学生都朝气蓬勃地抬起头来走路,开设了儿童心灵成长空间,设置心理咨询室、访谈沙盘室、宣泄室、心理走廊、悄悄话小屋、多彩涂鸦墙、心情回音壁、自我成长吧,让孩子们进入后获得暖心的体验,激活了孩子们心性的真成长。成长课程,让每个孩子明白了"我知道你眼睛里的色彩"。

学校开展了诸如爱心格子传递、新时代少先队员、金光秀场、主题体育、经典诵读、誓词宣读、我是新主播、"一带一路"、梦想起航等个人德育活动,诸如快乐开学季、足球嘉年华、十二生肖闹金安游园活动、学生足球联赛、游学、玩转假期秀出精彩等集体活动,课程涵盖"四季四节"、课内课外,多彩德育唤醒了校园真活力。

二、校长的活动文化组织力

活动,是为达到某种目的而采取的行动。这里指的是学校为引领儿童生命成长而开展的课堂内外的行动。组织力,是指安排分散的人或事物使其具有一定的系统性和整体性,按照一定的宗旨和系统建立起来的集体力量所在。组织落实课堂教学活动文化、创建特色班级活动文化、致力于打造课外活动文化,是这项工作的主要内容。

(一)落实课堂教学活动文化,让课堂不再是学生的"囚笼"

组织落实课堂教学活动文化时,认识什么是课堂教学很重要。课堂教学是学校教育教学的主阵地,是深入推进素质教育的主渠道。在新课改背景下,课堂教学需要进行相应的改革。学校应强化活动文化在课堂上的功能发挥和实践运用,有效调动学生课堂活动参与的积极性,对课堂教学文化进行重新构建,真正使课堂成为学生学习进步、生命成长的"文化场",促进学生的全面健康发展,最大限度地提高课堂教学效果。

我校结合校情实际开展了一系列的"真课堂"活动。

在学校总课题"学习场视域下构建'六真课堂'行动研究"的指导下,学校实施"聚焦'学习力',构建真课堂"教改工作,课堂教学形态从原本的常规课堂逐步向真课堂转变。

构建真课堂着眼于师生核心素养的培养,着眼于课堂教学效率的提高,以真教实学的课堂,达到提升学生学习力的目标。教学成为一种动态生成的过程。学校以教师主动变革、学生主动学习为课堂教学改革的重点,推行"课堂革命",让更多的"生活味""学习味"回归课堂,让课堂与生活

"联通",让课堂教学与学生生活"融通",让老师站在新的思维水平上与学生对话,建构"多元目标 多维互动 动态生成"的教与学的新行动。

学校各教研组组织各学科各年级老师制定适合本年级的教学策略,将"真设计"落实于教师的教案之中,精心备好每一节课,设计高效的教学活动。确定每节课的知识能与学生的生活联系起来,在生活中学习;设计有价值的"真问题",引发学生的思考,提高学生的思维能力;在学习活动中,培养学生互助合作的学习能力,结合年级特点确定两人或者四人学习合作小组,组建"真互助"的学习共同体。每节课设置一到两个学习交流环节,促进师生交流、生本交流、生生交流,提高学生的表达能力,让学生在课堂上"真交流"。学生在教学中既学习了"这是什么",又理解了"为什么学这个",做到内容与表达兼顾,并将学到的方法用之于生活,做到"真训练"。课堂教学聚焦学生的"学力"提质增值,教师成为学习知识的引导者,担任知识设计、知识牵引、知识评价的角色;学生成为学习知识的主动者,通过先学质疑、合作探究、交流创造,学会并厘清知识学习的过程,建立完整、清晰的知识脉络。

课堂教学活动文化的落地,促进了课堂学习场景观的真实建构,课堂不再是学生的"囚笼",而是一处处灵动的学习空间。

(二)建设特色班本活动文化,让"生活在于练习"的理念扎根

学校力推特色班本文化建设,努力延展学习场域,提供学习张力。

班本特色文化是指围绕班级的教育、教学活动所开展的展现价值取向、行为方式、语言习惯、制度体系、班级风气等综合性内容的文化活动。适当的班级活动文化开展,有助于促进学生的全面发展,张扬学生的个性,提升学生的实践动手能力,丰富学生的精神生活,其对学生德育素养的提升也有着积极正面的影响。

开展建设表层班级活动文化,营造良好的班级文化氛围,是我们首抓的任务。我们要求教师要注重对教室的布置,在进行教室环境布置时,应当符合学生的年龄特征,尽可能符合学生的审美需求,结合学生的生理和心理特点,以便为后期的班级活动文化开展奠定良好的基础。像主题明确、设计美观的阵地角,"三角梅""雏鹰争章""真美行"等,都能够带动学生的积极情绪,让学生投入到活动中去。我们也彰显竞争机制,营造一些具有竞争特色及意识的班级活动文化。如可以设置评比栏,每周在班级里评选"学习之星""五好少年""真美少年"等。这些活动不仅能够激发学生的

竞争意识,还能在潜移默化中提升学生的德育素养。我们统一整齐而有个性化的标志,在班级、小队中设计班旗、小队徽章,不但增强了凝聚力,还体现出各个小队的特色及精神风貌。

表层的文化氛围创设了,我们还要重视幔层的班级活动文化,形成富有特色的班级公约。我校建立了一套比较合理的规章制度,并认真地贯彻和落实,其对培养学生们的良好行为习惯、确保学生工作的正常开展都有着较为积极的促进作用,而且良好的规章制度还能督促学生顺利地开展班级活动文化。如早读时间5～10分钟经典诵读,午间10～15分钟名著阅读;或者在"雷锋日"开展学习雷锋活动,培养学生乐于助人的德育精神,明确具体要求,规范具体行为,这也是组织力的体现。

学校还应着力培育深层班级活动文化,推动班级文化健康可持续发展。班级活动文化开展,主要表现在班集体理想信念、核心价值观念、校内外文化延续等的形成。我们把这样的班级文化称为"班本课程",它是相对于校本课程而言的一个新的班级文化生态概念。我们认为,班本文化是以班级为平台,充分利用班级资源(老师自身特点、学生的兴趣和需要、家长与社区的教育力量),以满足班级学生发展需要为宗旨,由班级教师和学生共同开发的班级微型课程。

班本文化课程是与班集体共生互融的课程,基于自己的班,发生于自己的班,服务于自己的班。它要能满足学生需求,丰富学习经历;培育课程特色,完善课程体系;提升教学品质,促进文化学习;善于资源发掘,实现资源优化。教室是发生奇迹的地方,一间间教室也是可以长大的;一间间教室的品质汇聚成学校的品质,一位位老师也可以成长为学校的"雷夫",最终把教室建设成为一个个学习场、生活场与精神场。

种子行动是金安小学班本文化课程的创新模式。"生活在于练习"是种子行动的活动宗旨。种子行动围绕网络沙龙讨论话题中的科学教育理念,进行生活中的练习,实施一段时间后通过种子行动的座谈或网谈形式进行效果反馈。大家围绕对话题的认知、生活中是否进行练习、练习后的感受效果等展开讨论。

由种子行动建立稳固的班级家长团队,创建班级亲子共读体。"让孩子与一群爱阅读的孩子一起长大"是亲子共读体建立的理念。周末,金安小学各班以植物命名的亲子共读班旗飘扬在厦门市的各大咖啡馆、公园、书城,以及小区的某个角落,我们到处都能看到一群孩子围在爸爸妈妈身边一起共读的场景。

班级亲子共读体的建立不仅是培养了孩子们的阅读兴趣,在阅读设计中以多元视角进行文本解读、精读,训练孩子们的阅读能力,更是在这样的活动中建立了"关系":首先是亲子关系的建立,让父母放下手机和繁忙的工作,抽出固定的时间与孩子一起徜徉在书的世界中,通过阅读这种特殊的语言沟通渠道建立亲密的亲子关系;建立有素质有涵养的同伴关系,孩子们在这样的阅读环境中,找到了一群爱阅读的小伙伴,通过阅读交流、讨论,树立良好的价值观,形成正向成长的朋友圈;和谐家校关系的建立,家长与老师共同组织亲子阅读活动,彼此信任,家长们在这样的活动中找到了理念相同的家长伙伴,班级凝聚力因这样的相聚更显浓厚。

不少班级以亲子共读活动的开展带动班本文化的建设。有些班级遵循儿童大脑发展规律,制订了有利于儿童成长的阅读计划;有些班级以中国传统文化为核心引领学生在亲子共读中去触碰历史的文明与古人的智慧;有些班级做主题式的阅读,如以植物生长为研究对象,去探索生命的意义和奥妙。

各班每学期初制订一学期的阅读计划,学期末由亲子共读团队做详尽的各班数据统计,通过数据分析制订下一年的阅读计划,以此形成良好的大阅读循环,建立起一个个稳固的亲子互学式共同体,推动了班本文化的活跃与固化。

(三)打造社团活动文化,让生命获得滋养、活力绽放

中国教育,历来不缺乏理论的引导,缺乏的是学生的教学实践能力。"教学做合一"是陶行知生活教育理论的教学论,强调实践是获取知识的途径。陶行知教育理论还强调创造教育"六大解放"的观点。社团活动是培养学生个性特长、丰富生命体验的重要途径,也是践行陶行知教育思想的有效活动形式。

在教育生态面前,儿童宛若一粒种子,他不但要发芽,长出叶片,开花结果,而且在任何阶段都需要充足的养分。陶行知先生对"学生"二字这样定义过:"学",要自己去学,而不是坐而受教;"生",即生活或者生存。

我们认为,"教人求真""学做真人"是儿童生命成长的源头活水,让孩子们自主地学会生活,在生活中学习人生之道。完整生活就是完整学习的过程。我们致力于打造课外活动文化,积极为课堂教学、班级活动文化做好延伸服务。

"尚美"是学校开办以来一直坚持的做法,融入了每一门学科中。省级

研究课题"基于小学的生活美学创客校本课程开发与研究",以基于生活之美的创客校本课程,研发一个以生活美学和创客相融合的校本课程体系,让传统经典、现代礼仪、创客教育、生活体验有机融合,让学生在认知与实践中,得到美的品格熏陶、美的文化滋养、美的生活体验,培养学生具有创客精神和生活情趣,提升美学美感和审美能力,从而达到"真教育唤醒美生活,美生活滋养真童年"的美好愿景。

我校推进社团建设的三大理念,让艺术弥漫校园、让艺术走进生活、让美学成就人生;还挖掘生态文化,结合生命成长需要,开展了系列特色社团活动,张扬生命个性,彰显学生特长,促进生命的健康成长,使生态教育内容落到实处、校本活动绽放新绿。学校开设了足球、扎纸、泥塑、剪纸、琵琶等40多个多姿多彩的生活美学中心,给予了学子绽放活力的舞台。

"四季四节"校园节日是我校的特色品牌活动,它们丰富着校园的文化生活。它将学科教学、校本课程与德育活动进行巧妙链接,将课内知识与课外活动进行有机结合,实现跨学科之间的融合,更好地调动了孩子们的积极性,让他们增长了知识、拓宽了视野,在活动中更好地认识自我、展现个性。

学校文化建设是学校文化生态主体与生态环境相互作用、双向建构的过程,在这个过程中,生态主体是起支配、决定、主导作用的因素。作为校长,要让学校的师生员工了解学校的文化语言、符号、形式、过程,把握学校的使命、理念、核心价值观以及行为准则;要带领大家共同研究,构建精准、系统的学校文化;要将文化准确、清晰、系统地表述出来,合理地整合学校文化传播网络,提高文化传播的效果;要善于总结学校的文化故事,使学校教职员工能通过文化故事去感知学校的信念和价值观。

三、校长的课题文化研究力

做一名具有科研眼光的学者型教师始终是作为校长的我的梦想与追求。作为一手操办新建校金安小学的校长,在阅读—思考—研究中不断地丰富自己,构想"科研兴校"和"质量强校"的责任感、紧迫感、使命感犹在。于是,以一名校长的教育科研情怀,进行精细化管理为契机,锐意进取。研训处将结合学校教改的总体方向,加强金安小学校本培训,以课题研究为抓手,促进教师师能的发展,引领教师团队稳步成长,从而推动科研整体深化,提高科研的综合联动效益,使教师、学生、学校真正受益,真正做到"研之有理,寻根有据"。

"他山之石可以攻玉"。教育情怀与高校团队的碰撞,借助华东师大刘莉莉教授团队几年来的智囊相授,高屋建瓴的指导,不断升级迭代的教育科研课题方向,取得了丰硕的成果。"根植教育生态,构建儿童生命成长的真教育"这一总体思路达成,也为我校作为福建省第二批教改建设性示范学校提升了新的教育科研高度和水平,较好地发挥了教科研对教育教学改革的促进与落实。

情怀、专家、实干,以课题文化提升教育科研研究力,我始终坚持身先士卒,潜移默化地引领教师在教育科研上提升,将教育科研课题作为一种文化的推动力,加强和完善学校教科研课题的管理,使课题研究的管理规范化、制度化、科学化。我主持的福建省教改建设性示范学校的教改总课题:学习场视域下的六真课堂行动研究,就是基于教改研究,遵循超前性、创造性和实效性原则,更好地为教育教学服务。根据学校特色课程的发展,为了紧跟大美育观的趋势,从本校的实际出发,我主持的福建省"十三五"中小学名师名校长培养工程专项课题"基于生活之美的小学生成长体验研究",就是结合学校"教育至真 生活致美"的理念,对小学美育的融合目标、管理、课程、教材、教学方法、教学手段、教学组织形式进行校本教材的研发和实验。

（一）机制引领 文化研究

如何加强课题管理机制,借助课题研究,提升文化研究力?

我们的目的,是将学校教育发展与改革纳入教育科研轨道上来,形成不间断的改革和创新的局面。我们也坚持"常规体系"高速运行,同时建构未来教育的框架。立项—开题—中期—结题,我们及时记录各级课题资料,并进行及时的阶段性归档,让每位课题组老师树立"人人都是研究者"的意识,在日常教学中将理论层面与操作层面有机结合,在教学实际中发现问题并提出问题。我们要求每位课题组成员要扎实有效地开展研究,在实效上下功夫,认真记录活动过程,做好课题资料、个案研究、论文撰写工作,让教师的素质在"教"中得到提高,在"研"中得到完善。学期初,研训处先制订了详细的课题研究指导计划,各个课题组以个案研究、观察记录、课题研究展示课、活动汇报等多种形式,做阶段汇报。期末,我们严格回收检查课题组的阶段总结,活动记录,整理归档各项资料。由于狠抓课题研究的过程管理,我们保证了课题研究扎实、有效地开展。

（二）课题引领　教研合一

目的明确了,我们便开始扎实课题常规研究。夯实"行动研究"内涵,清晰研究方法和步骤。学校课题研究强调四个内涵:一是"行动者的研究",即研究的主体是教育教学实践的实施者;二是"为了行动的研究",即研究目的不是验证或构建某种教育理论,而是改进教育教学实践,并促进教师的专业发展;三是"对行动的研究",即研究对象是行动者自己实践中存在的问题,而不是抽象的理论问题或者他人实践中存在的问题;四是"在行动中研究",即研究过程与行动过程同时推进,相伴相随,但并非合二为一。我们从校级课题入手,紧紧围绕学校总的课题研究方案,按照课题管理制度履行课题研究。校级课题虽小,却"五脏俱全",融通了各学科的不同特点。在学校总课题的大方向下,我们落实日常教育教学工作,将研究通过教研组、备课组的合力参与,使其标准化、科学化。

作为2014年建校从零开始的新校,到2016学年、2017学年这两个学年不断递增立项的课题,也说明教师专业发展一直在路上。学校也不断地鼓励教师进行课题研究,从市级、省级向国家级迈进。从2017年开始,研训处成立了课题研究中心,围绕我校生活美学创客课程体系的研究,以国家级重点课题、人大附中的"人才培养模式的国际经验及改革研究"大课题为引领,在福建省"十三五"中小学名师名校长培养工程专项课题"基于小学的生活美学创客校本课程开发与研究"的带动下,福建省教改示范性建设学校的课题"学习场视域下的'六真课堂'行动研究"等系列课题的引领下,为四真课程提供了研究的平台与深度研究的空间。2017年以来,我校省市区级的课题贯穿了所有学科,带着问题去研究,带着研究去发展,全面推进课题促教学,形成了教学共研讨的学术氛围。

（三）价值引领　长远规划

"凡事预则立,不预则废"。根据不同级别的课题,进行教师专业发展的梯队建构,让课题研究真正为教育科学服务,充分发挥教育科研的价值引领。科研氛围营造起来了,我们深化开展学校整体课题的研究,采用双线并行的方式进行总体规划。学校确立总目标、建立规划、研训提升、展示总结、绩效奖励等一系列措施,更好地谋教师发展的长远规划。

学校以福建省义务教育教改示范学校课题"学习场视域下的'六真课堂'行动研究"为引领,打造学习是无处不在的学习场。美育特色强化立德树人的正确导向,以福建省"十三五"中小学名师名校长培养工程专项课题"基于生活之美的小学生成长体验研究"为引领,进行育人模式的研究。诚然,课题已经为学校全盘架构服务了,也为老师的专业发展打开了一扇门窗。

对于一所学校的教育而言,科研课题就像一根隐形的钢丝,将散落在校园角落的教研组的珠子串联起来,形成合力。在"学习场视域下的'六真课堂'行动研究"这样的省级课题的引领下,全校教研组动起来了,从课堂景观改变到师生关系改变、课桌椅摆放改变、教案书写模式改变等,课题的全盘架构包含了教育教学的每一个环节,课堂已然成为无处不在的学习场,已成为促进教育教学质量提高的有力保障。

正是因为基于课题文化研究的"基于生活之美的小学生成长体验研究"扎实有效地开展,深入到学生的生命成长,让"优雅与你同行"成为一项深入人心的研究。该项目获得 2019 年湖里区首届教研成果一等奖,同时获得 2019 年厦门市首届教研成果二等奖。

高位的课题引领并不是一朝一夕的。如我校美术学科汤美霞老师主持的福建省教育科学"十三五"规划 2017 年度课题:互联网＋背景下的纸艺课程的开发与实践研究。其在学校"教育至真 生活致美"的生活美学理念的引领下,进行跨校纸艺教学研究,立足于厦门市金安小学的纸艺创客课程的开发与研究。作为美术教师用专业带动课题研究,促进了教师的科研能力的成长。作为美育特色,用纸艺工作坊的建构进行课程校本化的研究。该项目以扎实的行动、丰富的成果、有效的研究,获得了 2020 年湖里区教育科研成果一等奖,实现了美育特色的辐射与引领。长远地规划一个课题,一定是要 5 年到 10 年的积淀,一点一滴地去扎实研究。该课题结题的同时,汤老师又继续开启了纸立体绘本的课题研究,在原有的纸艺创客的基础上进行深度研究。

一位校长的教育科研意识,直指学校的教育科学方向。以课题带动研究,才能够用国家、省市区级课题始终引领着学校教改、德育、美育等方面的建设。路漫漫其修远兮,沿着教育科研的坚实步伐,相信我们会走得更远更好。

四、校长的家校文化影响力

习近平总书记在不同场合多次强调:坚定文化自信,是事关国运兴衰、事关文化安全、事关民族精神独立性的大问题。文化是一种社会现象,也是一个国家、一个民族的灵魂。同样,学校文化就是学校工作的灵魂,是衡量学校办学品位的主要尺度,是学校在发展进程中的一种文化积淀,是办学理念的一种外显。然而学校文化起于学校,却限于校园之中,助推力仅限于师生,未能充分发挥其文化影响力。以"家校合作"为重要载体,为学校文化的助推力"添柴",方可促进育人高效化、持久化。催化"家校合作"这道"润滑剂",校长的家校文化影响力尤为重要。

作为一校之长,我始终强调家庭教育、家校携手合作的重要性,大力倡导以学校文化为载体,活化家校合作的源泉,引领家校合作的理念,创新家校合作可操作的方式,使家校合作效果显著,使教育实现多赢。

（一）部门设置前沿化

金安小学创校之初,率先创立了独特的内设行政部门——家校办。家校办是一座桥,是一个家,是一个教育成长共同体。家校办将引领科学的家庭教育摆在首位,对家校有效沟通、解决家校矛盾、家校共同成长起到了重要的桥梁和引领作用。家校办于 2014 年 10 月成立了"厦门市金安小学家校教育成长共同体",着力打造教师、家长共同进步的成长团体,通过共读经典的形式成长自我,探求教学、教育的真谛。家校办帮助教师建立成长需求,寻找职业幸福感,并培养具有成长陪伴能力的家长群体。

我校定期召开家委会例会,每学期至少两次。除校家委会委员本人,家校办各职能部门总负责人均须列席会议,与家委会成员共商教育大计。

我们以班级、段级、校级为单位,定期组织家校活动,如亲子共读、家长阅读沙龙、种子行动以及周末阅读专场等。

（二）管理方式网格化

做实网络管理平台,以企业化管理模式建立家校办组织机构,形成网格化管理方式,开拓家校联系的新局面;进一步完善校园网建设,及时更新各类信息,使家委会成员及全体家长能通过校园网及时了解学校的发展状况。

组建家委会 QQ 群、功能性微信群,充分利用网上家校平台,组织"周二话题讨论",开创厦门市家长学校新模式;充分发挥现代信息技术在家校沟通中方便、快捷的重要作用,及时与家委会委员进行沟通与交流,提高沟通的效率。

我们把家校办家长委员会分为学校级家长委员会与班级家长委员会。班级家长委员会由家长自愿报名,在校学生的家长,要求能坚持四项基本原则,热心公益服务,为人正直,有一定的家庭教育、学校教育或社会教育经验。具备以上品质的人均可通过家长自荐、家长互荐、学校推荐的方式成为班级家长委员会委员,每班 5 人以上。学校家长委员会委员原则上每班 1 人,在班级家长委员会成员中选举产生,经学校审核通过后方能正式当选。

家校办各职能部门负责人由有资源、有特长、有奉献精神的家长自荐,或家校办经审核推荐当选。

家校办的工作职能定位为,把家委会办成联络学校与家庭的桥梁,指导家长认真担负起教育子女的责任,积极支持学校改善办学条件,协助学校做好各方面工作的评估,组织特色主题活动,带动学校文化的发展。

家校办的工作是,与学校紧密协作,发动家长配合学校做好各项教育工作。配合学校教育思想,宣传家庭教育的重要性,传播、交流家庭教育的科学知识和经验,促进家长创设有利于孩子学习、成长的家庭环境。对所在社区家庭教育进行咨询,提高家长的认识,树立新时代的家长形象,使家长在家庭教育中起积极作用,做孩子的表率、典范。协调学校与社会、家庭的关系,增强教育的合力。动员所有家长,积极学习教育知识,参与学校组织的家长活动和家长培训。通过参与学校的重大活动或组织听课等,关心、了解学校工作,对学校的办学方向、教育质量、教师工作、行政管理等方面提出建设性意见,做出适当的评价,实行必要的监督。组建家长膳食委员会,代表全体家长对学校食堂工作进行监督和管理,有权利对食堂卫生、食品来源提出质疑和整改意见。结合实际情况,组织家长协助解决学校、年级在教育教学中出现的具体问题。每学期召开两次以上工作会议,提出并研究一学期的工作计划,期末以数据化形式做出工作总结。不定期召开与活动相关的研讨会。

(三)活动形式项目化

家校办以企业管理模式为模版,建立完善的家委会组织结构。学校以家校办为核心领导力,创设两个功能属性不同的志工管理部,管理部主任分管不同项目组或项目活动。各项目组根据项目要求设置相应的管理责任部门,如有项目策划、召集部、记录部、数据组等。

各项目组在学期初制订学期计划,活动过程中注重过程性资料的收集,如图片、文字以及班级参与人数、活动期数、父母参与比例等数据的收集;学期末由各项目组中的数据组进行数据信息分析,对学期内活动开展的情况进行评估和总结。

我校创办了千人 QQ 大群"金安家校教育共同体",大群的目的是共同讨论家校文化建设、解决家校冲突与矛盾问题、宣传金安小学办校理念、家庭教育话题讨论等。大群以严格的管理方式营造安全、纯净、纯粹的交流场域,宣传正能量,宣传家长的榜样行为,让家校情感在此流动起来。

活动采用线上线下相结合的方式。线上多为话题讨论、理念宣传等。线下活动多为亲子活动、家长阅读沙龙等。"见面亲如一家人"已是金安小学家长间的常态,每月定期的线下活动拉近了家长间的距离。结合本校大多数学生家庭住在同一社区的情况,孩子在校内是同学,校外因各项有品质的亲子活动彼此成了拥有成长中美好回忆的"发小",家长间的凝聚力也因此得到稳固和提升。家长们愿意为了孩子而积极紧密地联系在一起,成为生命中的最为单纯的伙伴关系。

我校家校办于 2014 年创校初建立起家长团队,建立起由自我认知到自我学习,最终达到自我成长的家校教育齿轮式循环体系(图 2-4 为家长团队建设齿轮图)。家长们在五年里由服务型家长逐渐向自我觉知型发展,并在坚持不断的学习中,提升素养,蜕变为自我成长型的家长;至 2018 年,不少家长已脱颖而出,向着领航员式的家长类型迈进,领航员们用所学所得回馈学校,引领更多的家长形成学习共同体,协同合作,共同成长。

父母的生命状态直接影响着孩子的成长环境;老师的职业素养关乎孩子生命潜能的开发。家校办从儿童发展心理学的角度,引导老师和家长从"做父母的本质"与"教育的本质"两方面进行学习,在实际案例中帮助老师和家长从尊重学生生命个体的人格发展角度,为学生建构具有滋养空间的生命成长环境。

家校办以沉浸式的家庭教育指导方式,以线下或网络咨询的方式"入驻"问题学生的家庭,跟踪学生的日常家庭生活,从家庭语言建构开始,到家庭环境的建设以及家庭关系的调整,再到父母自我效能感的建立,帮助父母建立教育自信,继而产生"我要改变"的动力和需求,在学习中改变自我认知,在生活中练习自我成长;家校办以能看见的方式陪伴青年教师在具体案例中完成个人成长,帮助教师挖掘个人潜能,看到教育的真实意义,掌握有效沟通的技巧,用智慧去赢得与家长之间的信任关系,以倾听去赢得与学生之间有爱的师生关系,用温润的语言和柔软的身姿去架构学生的成长环境。老师们通过一个个鲜活案例的解决,在自我认同与自我完整上得到了提升,并有能力成为孩子生命中的重要他人,让教师这份职业具有幸福感。

综上所言,文化是一个民族的精神和灵魂,没有文化,人就没有精神追求。对学校而言,亦是如此。因为一所学校不能没有文化支撑,不能没有精神追求。我校建校伊始,就始终以文化治校、以文化育人,以学校文化引领家校合作,将德育工作与家庭、社会紧密结合,对青少年的活动时空、环境,对家长的家庭教育进行整体优化,就能形成学校、家庭、社会教育的合力,最终实现学生身心和谐发展、家长教育自觉、家庭和谐美满的目标。

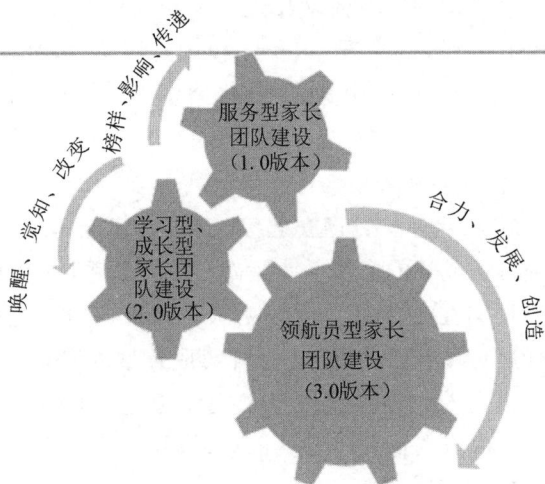

图 2-4　家长团队建设齿轮图

―――第三章―――

构筑生命成长新课程

何谓课程？

课程，广义上是指学生在学校获得的全部经验，其中包括有目的、有计划的学科设置、教学活动、教学进程、课外活动以及学校环境和氛围的影响。（包括制度的和非制度的）。

狭义上，课程是指各级各类学校为了实现培养目标而开设的学科及其目的、内容、范围、活动、进程等的总和，主要体现在教学计划、教学大纲（课程标准）和教科书中。而我所说的课程，是指狭义的课程。

构筑，即建构与生成。课程与生命成长之间的关系，这是一个站位更为深远的课题，也是"现实＋未来"的思考。课程构建，不仅要遵循国家课程设置，也要结合地方校本课程的实际，这样才能兼容，适合地方特色，适应各级人才培养的需要。丰富多彩的课程，不仅可以从感官上刺激学生的兴趣，还可以使孩童从更多的途径，接受更为广阔的间接知识，在实践中积淀对周围事物的认识。

好学校一定有独特的课程。课程是学校的心脏，是学校文化的载体，是学生生命成长的土壤。好的课程引领师生走向"教育的乐园"，寻求教育本真。在课程的引领下，学校的办学愿景以及培养目标会成为一种活跃的教育力量，彰显在学校的气息之中，学校独有的精神气息也将随之被释放出来，促进师生的发展成长。

所以说，构筑丰富多彩的生命成长的体验课程，指向核心素养，培育关键能力，也是教育生态场的建构思考。现从课程价值定位、课程架构设置、课程内容选择、课程评价构建四个方面思考，我们认为，课程即生活，生活即课程，生命成长离不开生活实践，新课程内容体现了生命教育的现实性和体验性，课程内容选择、课程架构、课程评价均要围绕如何生活来考虑。价值定位是"山峰"，课程架构设置是"梯子"，课程内容选择是"粮食"，课程评价构建是"催化剂",四个方面相依相成,互为影响。

学校通过多路径实施,并延展国家基础课程,活动文化引领校本课程、普及班级文化课程、探索荣誉课程体系等方式,重塑了"四真"课程架构。在课程的重组设置上,学校注重在基础、校本、班本、荣誉"四级"课程的相互交往中,形成课程变革的"共同体",设置"有广度、有维度、有深度"的德智体美劳全方位的教改课程体系。

第一节　生命成长课程的价值定位

一、课程的价值定位

我在学校创办之初就提出,要优化重组国家课程,创造性地实施地方课程,个性化地塑造校本课程。在教学过程中,教师是课程的执行者、诠释者、建设者、研究者。课程价值,是学校教学的科目和进程的用途和积极作用。如何把课程放在当前儿童生命成长这个适当的地位中并作出某种评价,这就是课程价值的定位。课程价值问题作为课程理论研究的逻辑起点,一直是学术界探讨的热点。然而,本土化的课程研究倾向,迫切地呼唤打破课程价值研究西化的桎梏,以传统文化为依托来重新审视课程价值问题。发展学生核心素养应当成为学校课程价值取向的新定位。我们的课程价值定位是,课程即生活,生活即课程,国家规定设置的课程、地方课程、校本课程都要围绕生活中的核心素养来进行。

二、校长的角色履行定位

认清课程价值才能"行近致远"。课程价值定位,先要拥有课程开发应有的理念。这个理念应该考虑学校、校长、教师、学生以及他们之间的合作、探究、共享。

校长承担着课程领导的责任,应该要履行五种角色:教育理想家,系统的改革者,协同合作者,公开支持者,建构的求知者。这里是说,学校决策者既要高瞻远瞩,也要上下思考,实践研发,所以说校长是课程开发的第一责任人。

三、学校的角色履行定位

那学校在课程价值定位中,扮演什么角色呢?

先看看学校实施校本课程开发需具备的基本条件:明确而独特的学校教育哲学(指学校的办学理念),民主开放的学校组织结构,体现学校教育哲学的教学系统,学校内部评价和改进机制,教师的工作时间与专业技能。这里是说,学校既要考虑科学性、合理性,也要兼顾公平性,所以说,学校是课程开发的主体。教师则在课程开发的主体中处于"核心地位"。可以这样形象地比喻,教师的角色是从"消费者"到"生产者",从"点菜者"到"菜单提供者",从"独奏者"到"伴奏者"。从"教师"到"导师",在"教师"的理念之下,教师司"教"之职;在"导师"的理念下,教师负"导"之责,在不断调节变化中,演绎"核心地位"。

新课程改革的基本理念是以学生发展为本。它指的是关心、理解、信任每一个学生,尊重学生的独特个性,注重激发每个学生的创造潜能,发展每个学生的个性。因此,个性化教育,是教育内在的、本质的终极追求。所以说,学生是课程开发的关键。

合作、探究、共享是课程开发的重要策略。因为课程需要综合各方面的考虑,如邀请课程专家、社区代表、教师、学生、家长以及教育行政等人员成立"课程开发共同体",进行内部合作,共同开发;进行校际合作,学校联盟,合作开发,实现资源共享。

课程目标定位准了,我们开始行走在课程改革之路上,呼吸新鲜的空气充盈课改的"肺活量";接下去,是如何达成课程实施运行的高度。

四、课程实施运行的高度

当前进行的基础教育新课程改革,其课程目标高度体现了生命教育价值观,新课程内容体现了生命教育的现实性和体验性,新课程的实施体现了生命过程的自主性和创造性。学校课程目标,我们从贯彻落实行动指南、新课程的实施运行开始,明白指向的正确路线,关注生命价值、体验生命的存在、追求生命意义的高度融合。

什么是教育？苏霍姆林斯基说："教育首先是关心备至地、深思熟虑地、小心翼翼地去触及年轻的心灵。"教育就是培养人。我们需要什么样的人，希望成为什么样的人，教育就培养什么样的人。很难说，教育就一定能培养"完人"，但教育一定要尽可能回避造就有明显缺陷的人。夸美纽斯认为："一切生而为人的人，生来都有一个同样的目的，就是他们要成为人，即要成为理性的动物。"因此，教育的本质就是立德树人。我们的行动指南是，根据《基础教育课程改革纲要（试行）》和教育部印发的《义务教育课程设置实施方案》的精神，深入学习贯彻党的十八大以来习近平总书记关于教育的重要论述，以新时代中国特色社会主义教育理论体系为指导，以学校"学习场视域下的'六真课堂'行动研究"的总课题为行动指南，搭建真材实料的课程体系，构建丰实立体的四级课程体系，凸显生命意识，培育儿童生命成长的教育生态，努力开创新时代教育工作新局面。

五、学校课程运用研究

学校课程运行是指课程在学校中具体落实的过程，是一个伴随着学校课程决策、学校课程咨询、学校课程实施、学校课程监控以及学校课程评价的动态过程。学校课程运行是学校教育工作的重要内容，也是学校各项教育活动中一个不可或缺的组成部分，更是学校课程工作的"着陆过程"。

研究学校课程运行有助于发现学校课程运行存在的问题，推进学校课程运行问题的研究，促进课程理论的发展。学校自 2014 年开办以来，在校长的直接领导及主管教学副校长的带领下，运用管理科学和教学论的原理与方法，充分发挥计划、组织、协调、控制等管理职能，对教学过程各要素加以统筹，实施新课程的目标，着力于教育学生从小养成必要的危机意识、避险能力，选择健康的生活方式，学会自我心理调整、自我控制的方法，关爱社会、他人与自然，勇敢地面对现实，增强抗挫折承受力，在任何情况下，都不做出危害他人、危害社会以及危害自身的行为，全方位提高教育教学质量。教务处在其中承担着学校的教学管理工作，涉及教学计划管理、教学组织管理、教学质量管理等基本环节。

新课程改革突出地把情感、态度和价值观作为学生发展最重要的目标列在首位。这种课程价值取向表明，教育不仅应该促进学生认知的自由发展，而且应该促进学生的情感、意志等的自由发展。从生命教育的视角来看，课程价值观的树立应做好课程价值取向、学科课程有所侧重两个方面的工作,定位才会精准且符合学生生命成长特点。

六、立足学校特色课程建设

课程建设为了谁?课程建设贴近学生了吗?课程建设满足了学生的需要了吗?课程建设对孩子的生命成长有什么影响?

我们先来看看 2014 级学生的发展表现。这是从 2014 年学校开办之初,在金安小学走完六年小学学习生涯的一届学生,在学校践行的课程价值观的影响下,像播音主持范怡萱、阅读能手张静怡、爵士鼓鼓手张敏等学生茁壮成长,他们不仅才艺出众,而且成绩优异,他们只是受学校倡导和践行的课程价值观影响的一个个平凡而又含苞待放的"花朵",课程行动的种子,孕育出自然、灵动、本真而又多彩的一个个生命个体。

纵观我国中小学课程价值政策导向,课程价值总体呈现出从知识取向到能力取向再到综合素养取向过渡与发展的趋向。援引台湾中正大学教育学院蔡清田教授对"核心素养"的理解,它是指一个人为适应现在的生活、面对未来挑战,所应具备的知识能力与态度的展现。确切地说,"适应生活""能力与态度的展现"就是指孩子在生活中学会融合,在随时随地的学习中提升自己的知识,生命的态度得以自我改善,就像我经常强调的内容一般:真教育唤醒美世界,美生活滋养真童年。"核心素养"强调培养以人为本的终身学习者。课程重塑是为课堂改革服务的,更是为学生素养发展服务的,其主要职责就是发现不同学生个体智力构成方面的区别,发掘其优势、长处或潜能,即学生发展的"生长点"。基于"生长点"的教育才能让学生乐学、会学、学会,从而催生自己的成长潜能,主动建构知识,让学生成为"活动式探究者""知识建构者"。学校管理过程,无论是着眼于人文管理,还是着眼于科学管理,都必须凸显生命教育意识,更何况当下的新课程改革与生命教育,在内涵上达到了高度统一。

如何搭建真材实料的课程体系,实现课程的价值影响力,我一直在想,特色课程,是需要做好这三点的:立足本色、彰显特色、坚守底色是课程建设的根基;系统规划、整体设计、特色多彩是课程建设的方略;多方协同、分工合作、共同构建是课程建设的行动纲领。

结合学校地域特色、学生特点,我提出搭建真材实料的课程体系:适性助推,实现校本课程真增值;权利下移,实现班本课程真特色;多元开放,实现荣誉课程真拓展;延展时空,实现学科课程真回归。以上四个方面,目的是让基础课程、校本课程、班本课程、荣誉课程"四级"课程在相互交往中形成课程变革的"共同体""变奏曲",从而将其设置成"有广度、有维度、有深度"的课程建设与管理体系。

第二节　生命成长课程的架构设置

一、课程结构分类认识

设置课程架构,先认识课程结构分类。其按核心地位来分有核心课程、特色必需课程、选修课程;其按管理体制来分,有国家课程、地方课程、校本课程;其按课程功能来分,有基础性、拓展性、研究型课程;其按知识类别来分,有人文课程、社会课程、科技课程、身心课程;其按课程形态来分,有学科课程、活动课程、综合课程。

学生只接受国家课程或者单一的知识类别课程,不能满足自己的需求,怎么办? 设置科学合理、满足个性化的学习课程,是摆在我们面前的首要任务。

二、优化设置多级衔接的课程架构

杜牧曾有诗云:睫在眼前长不见,道非身外更何求。陆游也有诗云:"纸上得来终觉浅,绝知此事要躬行。""睫在眼前长不见,道非身外更何求",这是诗人杜牧对那些诗艺之高,有道在身,而不必向别处追求的人的称颂,说明了学习的技巧其实就在你的手上,不要刻意地到处寻找。"纸上得来终觉浅,绝知此事要躬行",诗人陆游就知识的获取,从两方面谈了自己的看法:一是要花气力,一是"要躬行"。这不仅是诗人勤奋学习的经验总结,也是在激励后生不要片面满足于书本知识,而应在实践中夯实和进一步获得升华。这里,可以这样理解学生对课程学习的方式,知识是要在真材实料的环境中,才能理解深刻、掌握牢固。

所以,我们优化重组国家课程,创造性地实施地方课程,个性化塑造校本课程。课程架构遵循科学性、合理性、地方与国家课程相结合的原则,既符合儿童的年龄特点,遵循孩子身心发展规律,又统筹安排,周全考虑了各个学科的特点,是适性助推,实现校本课程真增值。(图 3-1)

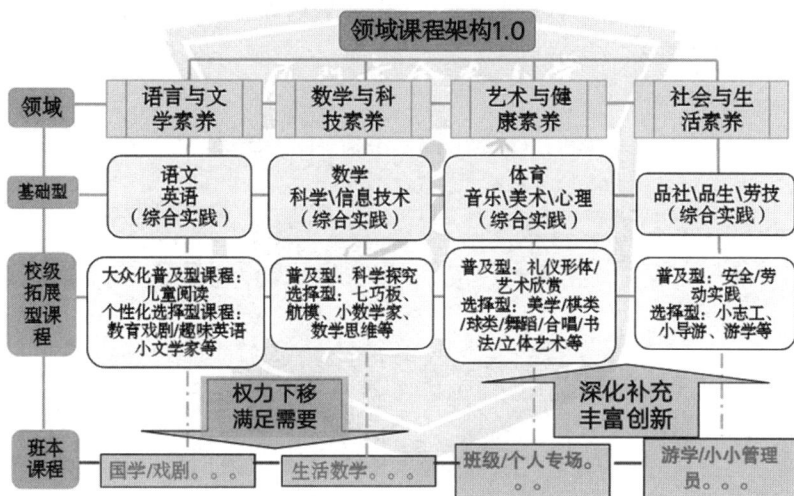

图 3-1　1.0 版领域课程架构图

怎么理解权力下移,满足需要?

从领域的内容语言与文学素养,到基础型的语文、英语综合实践课程,我们创新地开展校级拓展型课程,推行大众化普及性课程,如儿童阅读,个性化选择性课程,如教育戏剧、趣味英语、小文学家课程,这时,这些课程如何在班级这个特殊的教育生态场域实现呢?答案是可以通过班级中学生自学国学、教育戏剧等课程实现。

课程权力下移了,学生需要得到了满足,又可以怎样深化补充,实现课程发展的迭代,丰富创新课程架构呢?

学生学习了自己需要的课程,开始在班级以个人专场展现,或者进行游学等补充拓展,如开展普及型的课程活动,如安全劳动实践,进行选择型的课程实践,如小志工、小导游等,在实践中提高基础型课程的学习能力,这样学生的社会与生活素养领域又得到了拓宽。

我还记得,2016 级学生刚入学半年,叶晓藜老师就发挥作为老师开发课程的核心地位的作用,与家长团队共同引领整个班孩子读国学、演国学,实施“风信子”国学班本课程,学校也为其提供了可演绎的场所,我和班子成员还参与了这个班的班本课程策划与指导,几年下来,这个班的学生和家长,学习成绩优异,学风良好,家长师生温文尔雅,正是在这种课程权力下移、满足需要的情况下,课程丰富而创新,学生的课程内容得到了深化补充。

事物总是在不断变化完善中进步的,为了不断推进课堂改革,引领课程文化的领导力,达到教改的全覆盖,我以学校办学目标为基,重塑了"四真"课程架构(图 3-2)。

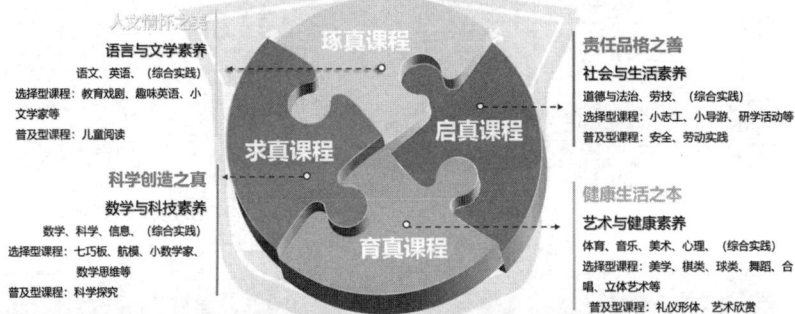

"四真课程":基于儿童生命成长的小学生成长体验课程(跑道、支点)

人文情怀之美

语言与文学素养
语文、英语、(综合实践)
选择型课程:教育戏剧、趣味英语、小文学家等
普及型课程:儿童阅读

琢真课程

责任品格之善
社会与生活素养
道德与法治、劳技、(综合实践)
选择型课程:小志工、小导游、研学活动等
普及型课程:安全、劳动实践

求真课程 启真课程

科学创造之真
数学与科技素养
数学、科学、信息、(综合实践)
选择型课程:七巧板、航模、小数学家、数学思维等
普及型课程:科学探究

育真课程

健康生活之本
艺术与健康素养
体育、音乐、美术、心理、(综合实践)
选择型课程:美学、棋类、球类、舞蹈、合唱、立体艺术等
普及型课程:礼仪形体、艺术欣赏

形成基础、校本、班本、荣誉"四级"课程变革的"共同体"

图 3-2　2.0 版本"四真"课程架构图

育真课程,旨在培育健康生活之美。它涵盖艺术与健康素养,体育、音乐、美术、心理及综合实践。选择型课程有美学、棋类、球类、舞蹈、合唱、立体艺术等。普及型课程有礼仪形体、艺术欣赏。

琢真课程,旨在雕琢人文情怀之美。它涵盖语言与文学素养,语文、英语及综合实践。选择型课程有教育戏剧、趣味英语、小文学家等,普及型课程有儿童阅读。

启真课程,旨在开启责任品格之美。它涵盖社会与生活素养,品社、品生、劳技及综合实践。选择型课程有小志工、小导游、研学活动等。普及型课程有安全、劳动实践。

求真课程,旨在探求科学创造之美。它涵盖数学与科技素养,数学、科学、信息及综合实践。选择型课程有七巧板、航模、小数学家、数学思维等。普及型课程有科学探究。

就我们的育真课程来说,金安小学和畦棋亲子社团是厦门市棋类协会和畦棋专业委员会的推广示范点,为国内第一个和畦棋亲子社团,致力于亲子智力游戏项目、竞赛项目以及数学范畴的学术项目的开发,正是因为具有这样的课程,学生的健康生活之美得到了培育和发展。

在课程的重组设置上,基于生活之美的小学生成长体验,注重在基础、校本、班本、荣誉"四级"课程的相互交往中形成课程变革的"共同体",设置"有广度、有维度、有深度"的教改课程,注重教师在课程改革中发挥主体作用,使其成为课程的建设者和开发者;同时,尝试活动文化引领,使国家课程和地方课程在校本实施中不断增值,不断丰富,不断完善,实现课程校本化、班本化、体系化。

三、探索以校为基、以生为本的社团课程开发

诚然,探索多路径实施,有利于国家课程的校本化。我们以学生发展为着眼点,以国家课程为着力点,打破国家课程结构乃至课程门类等,根据学生发展的需要重新整合各种课程,建构新的课程形态和体系。近年来,我校分步推进课程整合,逐步实现学科内整合、多学科整合、跨学科整合和超学科整合,将国家课程向校本课程延伸,实行五年段体育大课,针对体育学科进行了四项体育基本技能训练的整合尝试。一二年级体育武术、全校体育足球、书法、阅读课等就是国家课程校本化的尝试。

我校自 2014 年以来创办了以"生活美学"为基础的学生社团活动体系,命名为"金安学苑"。苑的意思即学术、文艺荟萃的地方。学苑有阅读中心、心理中心、美学中心等,立足于特色课程与课堂课程的融合,奠定了基于未来的基本素养。

在国家课程基础上,学校围绕着生活美学总课题,对课程硬件软件双加强,时间空间两保障,建构特色课程,科学规划,特色建设,精细管理,开发了金安学苑系列校本课程,让学生在鉴赏美、展示美、创造美的特色课程学习中,促进其拥有道德情操、创造能力及艺术涵养。金安学苑系列校本课程(图 3-3)分两大课程、共开设 6 大板块(少年文学苑、少年诺贝尔学苑、少年书画苑、少年歌舞剧苑、少年国学苑、少年奥林匹克学苑),目前已开发了茶道、花艺、古琴、中药、陶艺等 37 项 53 个班的金安学苑活动课程。

对于一所学校的美育特色而言,一个名为"基于生活之美的小学生成长体验研究"的德育与美育相结合的课题,正切合了中央提出的教育是"培养什么人"的首要问题。我国是中国共产党领导的社会主义国家,这就决定了我们的教育必须把培养社会主义建设者和接班人作为根本任务。学校秉承立

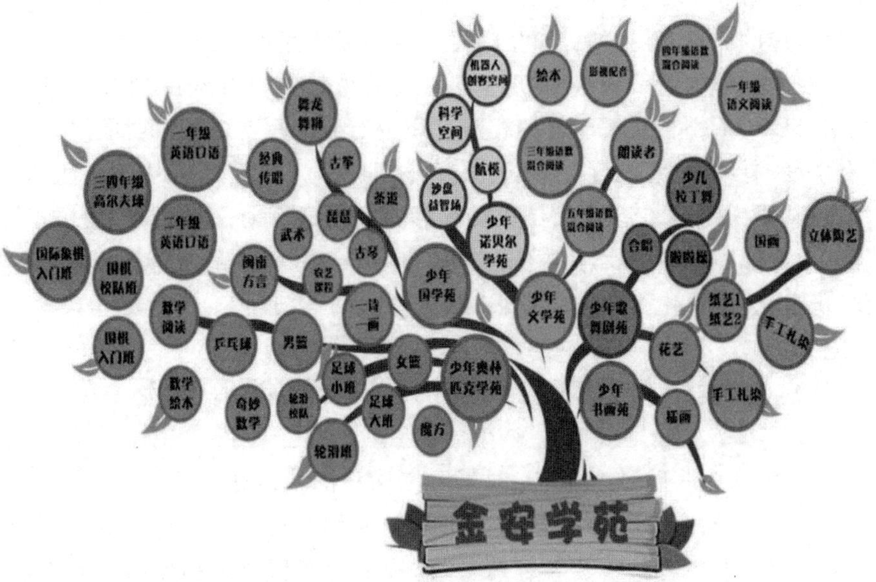

图 3-3　金安学苑(社团)

德树人的宗旨,培养学生的综合能力,培育具有生活之美的小学生。

　　为此,我校成立了生活美学创客校本课程研发中心,以我为校本课程研发核心,优先选拔有能力、有创意、有责任心的教师,成立精品教师社团为核心成员的课题研究团队,以生活美学特色为载体,通过课程、活动、教学、展示评价等实践性研究,及生活美学创客活动进行教学展示、阶段性成果汇报。在实践中总结,在总结中提升,经过一次次的修订完善,从内容到排版,从文字斟酌到拍摄印制,一点点、一步步,历时近两年,凝聚师生共同智慧和汗水的生活美学创客课程的校本课程初显风采。

　　我们把办学特色和生活美学创客教育特色课程相结合,作为学校的特色课程建设之一。学校课程建设以生活美学文化为引领,推进了校本课程特色化。

　　从 2014 年建校开始我们就着力打造生活美学创客空间,无论从装修风格、还是文化建设、校本特色课程的启动与研究,前期花了整整三年多的时间建设。教学楼已经完善好生活美学创客空间(花艺、茶道、陶艺、纸艺、扎染、黏土),环境布局材料全部来自师生平时的作品,环境的布置全部由师生通过对各自空间理念的学习和理解动手完成,文化布置格调高雅、富有美感,各具风格、特色。生活美学在校园文化的积淀中起着重要的作用。

　　我们紧紧围绕"建设一所美丽、现代、有温度的学校"的办学总目标,在办学中,追求创特色发展的新内涵,自 2014 年开办以来,就致力于将生活美学创客教育作为学校特色文化的方向。生活美学的理念和创客课程特色结合,是以美育为基础,以生活美学为切入口,进行校本特色文化挖掘的。

几年来,学校不断探索生活美学校本文化艺术课程的实践与开发,目前以生活美学精品社团作为特色校本文化进行开展的有 6 项:纸艺、花道、茶艺、扎染、陶艺、黏土。

在实践中总结,在总结中提升,经过一次次的修订完善,学校生活美学创客系列校本教材已于 2020 年 6 月由中国旅游出版社出版,首次发行的 5本书分别有《品茶》《赏花》《玩纸》《染布》《黏土》。

1.《品茶》——一片叶子的魅力

茶是中华民族贡献给人类的上好饮料。这本书是针对青少年的普及型茶文化教材,根据儿童生理、心理发展特点,循序渐进地将系统茶文化学习趣味化、技能训练分散化、理论内容故事化、品德教育在茶事活动中感悟内化。

在这本书的浸润、影响、引领下,孩子们走进色彩斑斓的茶世界,探索茶文化的真谛,在成为茶文化的薪火传人的同时,以茶润心,事茶养礼,借茶去认知更广阔的世界!

2.《染布》——凡结处皆有原色

蜡染扎染古称扎缬、绞缬,是中华民族特殊的文化象征和民族传统艺术的标徽。这本书化繁为简,引领孩子们从染布中体悟匠心,飞扬创意。更可喜的是,孩子们学到了专心、学会了眼到手到心到,修行了礼貌与品德,了解了规划与创意,让染艺为未来生活增添美的创意。

3.《赏花》——枝枝叶叶绽翠英

花艺课程借助花的语言、媒材、技艺,引导孩子进入美的世界,优游在艺术的殿堂。这本书引导孩子们运用正确的方式去创造所想要的结果,这是我们乐见的。在花艺创客学习的过程中,我们将真、善、美的元素加入,给孩子带来质的改变。

4.《玩纸》——涌动心潮的意境

纸源于中华民族的千年智慧。这本书以纸为媒,包括传统剪纸创新、综合媒材创意、主题环保创作,带着学生"玩纸",将纸赋予生活之味、意境之美、童真童趣,不仅是传承传统民间艺术的媒介,更在创新的创客行动中,成为涌动心潮的美。

5.《黏土》——善于百变的小世界

这本书将黏土与陶艺课程相融合,创造性地开展陶土创意课程。它从美食创客篇、生活创客篇、文化创客篇三个方面将生活美学、传统文化与礼仪修养结合起来，为学生的创意思维打开了一扇生活之美的窗，让指尖上的黏土，在玩转中百变造型。

我们欣喜地看到，精选的生活美学精品创客课程的研究符合孩子的形象性思维特点，激活了孩子的想象，有利于孩子创造力的培养，符合新形势小学美育学习的提升。对生活美学深入的教学探索，除能充分地引导学生学习了解茶文化、纸文化、陶文化、染文化等内容和知识外，更多是通过生活美学的传承，将富有小学生想象特点的美育融入生活美学的创作中去，让孩子们不再只是普通的学习参与者，而是成为生活美学学习的"创造者"，成为拥有创造人格、善于创造思维、勇于创造实践的主人，能将"奇思妙想"变为现实的生活美学创客家。

我们欣喜地看到，学校的生活美学创客校本课程，给学生创造出一种生活之美、创客之美，构建出生活美学创客的校本课程架构，系统规划相对超前，立意新颖，是目前国内较具创新和前瞻性的校本课程。课程通过生活美学的创客教育理念给学生以"生活即教育"的学习，以生活美学为载体，把握茶道、花艺、扎染、黏土、纸艺等中华民族传统文化的丰富内涵，让传统文化得到传承和绵延，同时还突出了礼仪习惯、传统文化渗透、创新创造、评价展示、综合探索等环节，让校本教材更好地传达生活美学的主旨，更好地让学生研习传统文化，体验文化之美、艺术之美、人文之美、创造之美。

我们欣喜地看到，学校以"生活与艺术的结合"作为主要对象，让学生在活动课程中发现美、创造美、体验美、传递美，从小培养学生对生活的审美能力和审美情趣，有一双发现美的眼睛，用手、用心创造着自己的生活、自己的艺术品，让美融入我们的生活，让我们的生活充满美，着力从小培育学生"美"的素养，提高美的气质和审美能力。

我们从孩子们生活中随手可及的创意制作与生活体验出发，感知生活情趣。纸、土、布、花、茶无不充益着孩子们的生活，可很多时候孩子们都因为学习压力而无暇顾及。我们的教师们开发了品茶、染布、赏花、黏土、玩纸等课程，让孩子们听茶史、品茶香，调色泽、展布艺，纸为媒、玩创意，在感知日常物质生活、亲近大自然、培养生活情趣中陶冶情操，滋养心灵，享受童年快乐，实现育真课程目标，培育健康生活之美。

四、培育以班为基、共生互融的班本课程

推出班级文化课程，更是有利于班本课程的普及化。班本课程是相对

于校本课程而言的一个新的班级文化生态概念。其基本特点是基于自己的班,发生于自己的班,服务于自己的班。它主题小、时间短、内容精。我们一开始就提出,开发班本课程,建设新教室最为核心的要素,就是要把教室建设成为一个学习场、生活场与精神场,让学习能随时随地发生。班本课程的建设总目标定位为:满足学生需求,丰富学习经历;培育课程特色,完善课程体系;提升教学品质,促进课堂有效;促进资源发掘,实现资源优化。班本课程是与班集体共生互融的课程。学校在充分考虑本班师生、家长和智库(学校领导、科任教师、辅导员⋯⋯)的交叉影响下,以满足班级学生发展需要为宗旨,推出符合各班特性的班级文化课程,特色的有 2016 级4 班的国学班本文化、2014 级 6 班的农艺班本文化、2018 级 1 班的绿萝兰班本文化。

探索特色的荣誉课程体系,也是利于实现课程改革的举措。班本荣誉课程是相对于校本课程而言的一个新的班级文化生态概念,是由校本课程演化而来的。我们认为,班本荣誉课程是以班级为平台,充分利用班级资源(老师自身特点、学生的兴趣和需要),以满足班级学生发展需要为宗旨,由班级教师和学生共同开发的课程(班级微型课程)。

课程的改革要遵循教育规律和学生成长规律,要培养学生的创新精神和实践能力,要培养学生终身学习的愿望和能力。因此,学校结合实际,努力探索开发系列有利于学生发展的课程,像幼小衔接的成长课程、中小衔接的"引桥课程"以及依据《中小学综合实践活动课程指导纲要》的"综合课程"。

幼小衔接的成长课程目的是帮助大班的小朋友们从幼儿园到小学阶段的平稳过渡。每年幼儿园大班的小朋友们,都会在大班毕业阶段开启金安小学校园生活的探索之旅。"幼小衔接"活动,让幼儿园大班的小朋友们通过亲眼观察、亲耳聆听、亲身体验,对小学校园以及小学生活环境有了初步认识,也为小朋友们顺利进入小学阶段的学习生活奠定了良好的基础。

每年 9 月,一年级新生入学之初,学校入学荣誉课程(表 3-1)进一步强化幼小衔接,以适应课程、规则课程、阅读课程三大部分强化衔接,充分关注一年级新生入学的心理特点,将绘本阅读、游戏、游学等形式进行整合,避免了枯燥、重复的讲解和训练,使孩子们在欢声笑语中顺利地实现了角色的转变,更加自信从容地向一年级出发。

六年级毕业升学荣誉课程,是我们近两年为我校毕业生推出的。2019年 6 月底,金安小学为 2019 届全体毕业班的学生开设了为期七天的以"遇见·预见"为主题的毕业荣誉课程(表 3-2)。

一、课程安排

表 3-1 金安"我要爱上小学"入学荣誉课程

课程主题	课程内容	课程目的	课程时间	课程地点	课程负责人	课程准备	备注
前期准备	我美我班	通过教室环境氛围的布置,让孩子们对一年级有种强烈的新鲜感	9月1日(周五)前	各教室	班主任、配班	八仙过海、各显神通	
一、爱上好习惯(规则课程)	1.入学仪式后,绘本阅读《小阿力的大学校》	消除孩子们对一年级的紧张、焦虑感,滋生趣味感		各教室	班主任	备课	
	2.生活习惯:金安小学一日常规,进校礼仪,同好,就餐(课间)和午餐、如厕等文明礼仪。(可以观看德育常规视频,也可以邀请高年级学生进行示范)	培养学生良好的生活习惯,养成一定的生活自理能力;培养积极的学习态度,科学的学习方法,为今后终身学习打下下基础。让孩子明了是非,强化孩子的纪律观念和集体主义观念,养成自觉的良好的行为规范	9月1日(周五)上午	学校大门口、教室、餐厅等	班主任、配班等	德育室准备文字和视频等材料,规划安排	
	3.学习习惯:整理书包和课桌、坐姿握笔,倾听、发言、作业等。(可以观看德育常规视频,也可以邀请高年级学生进行示范)		9月1日(周五)下午	各教室	班主任、数学老师、配班等	要求尽量统一,简单、好记,合理规划安排	

续表

课程主题	课程内容	课程目的	课程时间	课程地点	课程负责人	课程准备	备注
二、爱上真阅读（阅读课程）	1.升旗仪式	培养孩子的阅读兴趣，帮助孩子学习语言，学会寻找规律，数学思维，陶冶孩子的艺术情操	9月4日（周一）上午	操场	全体老师	一年级衣着要整洁	
	2.儿歌诵读，语文绘本《小魔怪要上学》（语文学科上课及作业要求，学会专注、安静阅读）			各教室	语文老师	备课	
	3.游戏启智，数学绘本《乱七八糟魔女城》（数学学科上课及作业要求）			各教室	数学老师	备课	
	4.肢体律动，音乐绘本《彼得与狼》（音乐课堂要求，学习口令）		9月4日（周一）下午	音乐教室	音乐老师	备课	
	5.心理关注，美术绘本《眼泪的海洋》（美术课堂要求，需要准备的物品）			美术教室	美术老师	备课	
三、爱上小学啦	开学第一课（按课表上课）	正式与小学一年级课程学习接轨，幼小顺利衔接	9月5日（周二）一天	各教室	各任课教师	入学课程开始前选好课题，进行备课，并上报教务处。	

续表

课程主题	课程内容	课程目的	课程时间	课程地点	课程负责人	课程准备	备注
四、爱上美校园（适应校园课程）	1.参观校园文化、校园初体验。画画校园印象。校园寻宝——提前给学生"校园地图"，标示出需要寻找的"宝物"如：操场、厕所、图书馆之类，参观后进行分享	让孩子更快更好地适应新的学习成长环境	9月6日（周三）一天	校园	佳得智团队、班主任、配班等	佳得智团团队人员要提前熟悉学校环境等

二、课程理念

本次入学课程主要分为适应课程、规则课程、阅读课程三大部分。

适应课程主要让学生做好心理调适，消除孩子们对一年级新生活的紧张、焦虑感，对即将开启的小学生生活做好心理准备。通过教室环境的布置、仪式感的建立、绘本阅读，团队建立等形式开展课程活动。

规则课程主要是围绕学生在校一日常规、队列队形训练、文明礼仪体验、午间用餐习惯、学科课堂及作业要求、考试常规等方面开展课程活动。

阅读课程主要是培养孩子的阅读兴趣，帮助孩子学习语言、初步学会寻找规律、数学思维，陶冶孩子的艺术情操。

三、课程特色

课程设计贴近本阅读、避免枯燥、重复的讲解和训练，将绘本阅读、游戏、讲座、游学等形式进行整合。

四、课程评价

为期一周的课程中，班主任及课程老师要在过程中进行学生的表现评定，评选出"适应小达人""校园小主人""金安未来星"等，以此激励学生积极参与到课程中。

表 3-2 "遇见·预见"毕业荣誉课程

课程主题	课程内容	课程目的	课程时间	课程地点	课程负责人	课程准备
遇见	1. "你画我猜"趣味比赛	培养我是小小绘画家美术素养	6月19日上午(8:30—10:00)	多功能厅	魏仙仙等	班主任组织学生
	2. 电影欣赏《音乐之声》	培养我是小小音乐家欣赏素养	6月19日上午(10:30—12:00)	多功能厅	郑晓菁等	班主任组织学生
	3. 英语沙龙，主题：Past and Future	培养我是小小外交家英语素养	6月20日上午(8:30—10:00)	多功能厅	钟文静、刘雅玲等	
	4. 语文朗诵，主题：怀感恩之心留成长之美	培养我是小小朗诵家语文素养	6月20日上午(10:30—12:00)	多功能厅	金颖、王琳、钟晶晶、周荣学	
	5. 精品学苑课程体验——泥塑、陶艺、古琴、花道、茶道、围棋、高尔夫球、乒乓球等	鼓励孩子做一个亲近母校、热爱生活的人	6月20日下午(3:25—4:55)	学苑课程地点，围棋改在4号楼三楼	王婉玲、教务处人员和相关学苑负责老师	班主任协助让孩子报名，每个学苑20人以内，其中乒乓球10人为宜。
	6. 毕业创意照	鼓励孩子做一个有审美素养，不忘母校的人	6月21日上午(8:30—11:30)	校园	刘明辉、邓爱丽、颜文倩、小庄、煌耀等	
	7. 团队拓展，趣味游戏	鼓励孩子做一个热爱运动，有团队精神的人	6月21日下午(3:25—4:55)	操场	何全庆、张明明等	

续表

课程主题	课程内容	课程目的	课程时间	课程地点	课程负责人	课程准备
预见	1.小升初心理辅导（请阮婧老师帮忙）	帮助孩子做好中小衔接的心理调适	6月19日下午（2:30—3:30）	多功能厅	阮婧、班主任等班主任组织学生	
	2.阅读讲座（关于阅读的主题，请蔡可老师帮忙）		6月19日下午（3:45—4:45）	多功能厅	蔡老师，班主任等	
	3.研学旅行，走进厦大	了解和探索厦门大学优美的学习环境和积极向上的学习生活氛围，研学厦大校史、近代文学大学史，体验大学社团活动，为自己的大学梦种下一颗美好的种子	6月22日全天	厦大	班主任、任课老师等	1.厦大研学申请函：张舒；2.年段长协调组织安排
	4.毕业典礼创意收官	增强学生的光荣感、仪式感，使认识自己、总结自己、展示自己的机会	闭学式当天	多功能厅	德育处和少先队组织	班主任组织学生

短暂的学习,无限的收获。扎实、丰富的语数英中小衔接课程,为毕业生的未来新征程助力,促进了中小学教学衔接的有效性,缩小了中小学授课差距,为中小衔接无缝沟通奠定了良好的基础。知海、爱海的厦门大学海洋研学,为毕业生的未来成长助力。因为,海洋研学的最终目标是培养青少年的世界观、人生观、价值观的连续性、综合性、全局性与整合力的建立。蕴金安情、行成长礼的毕业典礼,为毕业生的未来人生绘制出一幅美好的蓝图。

行远需要梦想领航,行远需要优秀相伴,行远需要实践创新。毕业不是意味结束,而是又一个新的开始,是继续,是行远。金安小学的毕业荣誉课程以孩子们的学习力和成长力为核心,培养孩子们具备"人文底蕴、科学精神、学会学习、健康生活、实践创新"的未来精神,并架起了一座孩子们通往未来的坚实桥梁。

第三节　生命成长课程的内容选择

长期以来,传统的课程论者都将课程内容理解为仅仅是各学科中的知识、技能和技巧,甚至很多人将其等同于教材内容、教学内容或学习内容。《基础教育课程改革纲要(试行)》中对课程内容的改革给新课程内容的选择提供了些许参考。因此,课程内容的确定要考虑知识、学习者、社会三个因素,体现生命成长教育的现实性和体验性。

一、课程内容选择

注意课程内容的基础性和普及性,因为基础教育是满足全体公民基本学习的教育,基础性和普及性是其主要特性。这也就要求课程内容具有基础性和普及性。

了解课程内容的预设性和生成性,因为"学生来到课堂里不仅带来了眼睛、耳朵和良好的记忆力,而且也带来了不知从生活的什么地方所获得的大量缄默的知识",这些都对课程内容的选择产生了一定的影响。预设性和生成性两者是互补的。因此,在选择课程内容、厘定预设性的合理限度时,我们还应留出生成性存在的领地和空间。

关注学生、社会发展的现实性和长远性。因为学生是动态、有生命的学习主体,并不是静态、呆板的接受机器,所以课程内容的选择必须要考虑学生发展的需要。基础教育不仅要对学生的升学考试负责,更要对学生一生的幸福负责。因此课程内容不仅要为学生现在的学习生活打下基础,更应该关注学生将来的发展;不仅要培养满足现代社会发展的公民,更应该培养出让未来社会得以良好发展的人才。

注重学校、学生及学科的共同性和差异性。因为处于不同地域的学校可以恰当地抓住这个机遇,充分挖掘本地资源,选择适合本校开展、学生易于接受的课程内容。处于不同年龄的学生在认识力、理解力、创造力等方面存在着不同的特点。因此,课程内容应具有多样性、选择性,便于教师充分发挥其创造性,因材施教,为学生全面而富有个性的发展提供展示的平台。

2016年4月,华东师大指导团队和厦门市湖里区小学展开同课异构活动,就六年级语文课《凤辣子初见林黛玉》一节课,有一情节我还记忆犹新,备课组磨课中预设的王熙凤出场这一情节,本来打算让学生通过朗读来体会"未见其人先闻其声"的人物特点,突显其泼辣的一面,可实际在学生课堂举手的时候,这名学生忍不住说要当众演一演人物,还要学一学京剧情节唱一唱,执教的周老师觉得不错,赶紧让几名学生配合用教育戏剧的方式,这为当堂听课的师生赢得了一个惊喜,而且课堂生成效果出乎意料地好。所以说,学生的课程学习是一种个性化行为,学生在主动积极的思维和情感活动中,加深了理解和体验,有所感悟和思考,享受了审美情趣,拓展了思维空间,提高了阅读的质量。

正是基于课程内容的有效选择,我们的老师,也非常注重学生及学科的共同性和差异性,因材施教,为学生提供全面而富有个性的发展课程,提供展示的平台。

教学工作是学校的中心工作,有效的科学管理方法是促进教学工作良好运行,推动教学质量提高的重要保证。但我们应该认识到,教学是师生共同经历的一个教育过程,对师生而言,生命教育的意义非常重大,体现生命教育的现实性和体验性,也成为学校课程内容新的特点。

劳动教育是新时期党对教育的新要求,是中国特色社会主义教育制度的重要内容。2020年3月,中共中央、国务院发布了《关于全面加强新时代大中小学劳动教育的意见》,对劳动教育的目标、内涵以及学校、家庭、社会各方的责任等提出了明确要求,特别强调了要"整体优化学校课程设置,构建劳动教育课程体系"。课程是学生得以成长成才的基础,是落实劳动教育的重要载体。积极构建新时代劳动教育与课程体系,能够增强劳动教育的实效性,落实立德树人根本任务,培养德智体美劳全面发展的社会主义建设者和接班人。

厦门市金安小学
基于生命成长的劳动课程体系

一、课程内涵与体系建构

劳动是人类不可或缺的社会活动,劳动是创造物质财富和精神财富的过程,劳动是人类社会生存和发展的基础,是人维持自我生存和自我发展的唯一手段。新时代劳动教育及其课程要求"劳动首先是人和自然之间的过程,是人以自身的活动来中介、调整和控制人和自然之间的物质变换的过程"。新时代劳动教育是国民教育体系的重要内容,具有树德、增智、强体、育美的综合育人价值。劳动教育课程重点指向在系统的文化知识学习之外,有目的、有计划地组织学生参加的日常生活劳动、生产劳动和服务性劳动,以让学生动手实践、出力流汗,接受锻炼、磨炼意志,培养正确的劳动价值观和良好的劳动品质为目标。

在我校基于生命成长的教育新生态的办学思想的指导下,追求回归本源下对人精神底色的滋养。我校落实"求真　尚美　向善　永爱"的育人目标为出发点,旨在平时的教育教学过程中让学生绽放个人色彩,根据年龄特点,分析小学生的劳动意识、劳动技能、劳动习惯、劳动态度等现状,有目的有计划地将劳动教育课程融入学生一日生活的各个环节,生成劳动元素、滋长可能;让学生在课程中建构正确的劳动价值观和良好劳动品质。

我校在推进课程改革与特色发展的过程中,构建了较为完善的"四真"课程体系,以更多样课程融合形式,让学生在开放的平台上,以体验的方式进行综合性学习。劳动教育不再借助某个学科,或以某项技能训练为主要目的,德智体美劳全面发展成为学校育人的价值追求。

经过一年多的探索,初步搭建了以三大课程群、七大模块、若干主题构成学校劳动教育课程体系(图 3-4)。

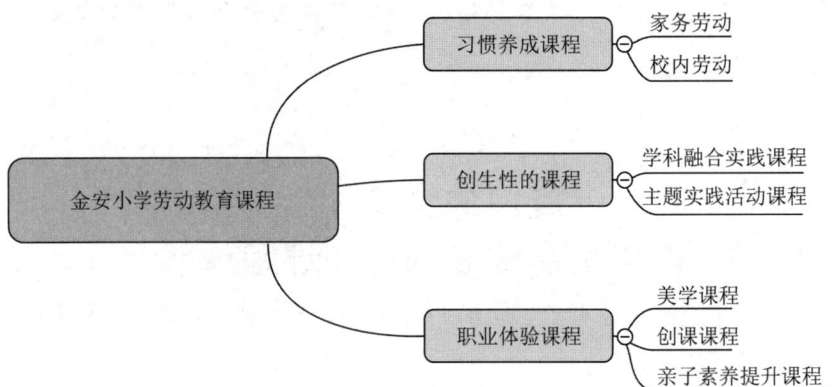

图 3-4 金安小学劳动教育课程

二、课程目标与实施路径

(一)课程目标

通过劳动教育,牢固树立劳动最光荣、劳动最崇高、劳动最伟大、劳动最美丽的观念;体会劳动创造美好生活,体会劳动不分贵贱,热爱劳动,尊重普通劳动者,培养勤俭、奋斗、创新、奉献的劳动精神;具备满足生存发展需要的基本劳动能力,形成良好劳动习惯。

我校在总结劳动教育经验的基础上,对劳动教育课程进行了顶层设计,系统化构建基于生命成长色彩的劳动课程体系,利于实现从课堂育人走向活动育人,从书本育人走向生活育人,从知识育人走向实践育人的转变。课程中我们以培养学生的劳动素养为总目标,建构六大课程模块,按照"自己的事情自己做,家庭的事情帮着做,社会的事情参与做"的原则,结合学生年龄特点,将课程目标及任务清单分年段进行设置。

(二)实施路径

劳动教育课程是学校整个课程体系的有机组成部分,要落实好劳动教育课程,并将劳动教育课程与学校其他课程进行融合,推动家庭、学校、社会相互配合,整合实施,提高实效。

一是:开齐开足劳动教育课程,确保劳动教育课程底线要求,提高学生的认知水平。

二是:加强与学科融合,丰富劳动教育实施渠道。通过常规学科教学进行劳动教育,设计跨学科劳动教育主题单元,开展项目式学习。

三是:整合主题活动,强化实践育人。包括研学、社会服务、职业体验等。让学生在各种专题教育中增加生活体验、实践反思,接受劳动教育。

四是:以学校为主,形成家庭—学校—社会协同育人格局。拓宽实施渠道,将劳动教育有机融入社会,成为一个开展劳动教育的大课堂。

三、课程内容与组织形式

(一)习惯养成课程

1.家务劳动

我们会根据学生的年龄特点制定适合他们实际情况的家务劳动清单;通过家校配合,在一个学年里,完成清单内容。例如:一年级的家务劳动清单包含表 3-3 所示内容。

表 3-3　一年级家务劳动清单

班级:　　　姓名:　　　学号:	评价
(1)在家能做到垃圾分类	
(2)学洗袜子、红领巾,学习折衣服、裤子、袜子等小物件	
(3)学习使用扫把扫地,会用畚箕	
(4)饭前盛饭、摆碗筷,饭后把碗筷放入水池	
(5)周末能和家人一起买菜、择菜、洗菜	
(6)会整理自己的书包,坚持每天自己背书包上下学	
(7)能够学会为自己挑选第二天穿的衣服	
(8)学会开关家里门锁	
(9)能够整理好自己的书桌、玩具等	
(10)当客人来访时,学会烧水、倒水招待客人	

★每一个项目能够做到就得到 1 个劳动印章,重复或坚持 5 次以上得 2 个劳动印章。做到 10 次以上得 3 个劳动印章。

★以上内容没有时间上的要求,只要在一年级结束时能够掌握以上 10 项技能就行。

★每位同学可以根据自己的印章数兑换奖品,印章越多奖品就会越高级。

当然,在校内劳动清单的指导下,我们还会创设不同的活动和场景,让学生成为校园小主人,积极主动地参与到各项活动中。如:垃圾分类督导、午餐自主管理、洁净家园、劳动技能大比拼等途径来开展。

我们也正在尝试编辑一套适合我校的校本教材,通过校本教材的使用提高学生的劳动技能。

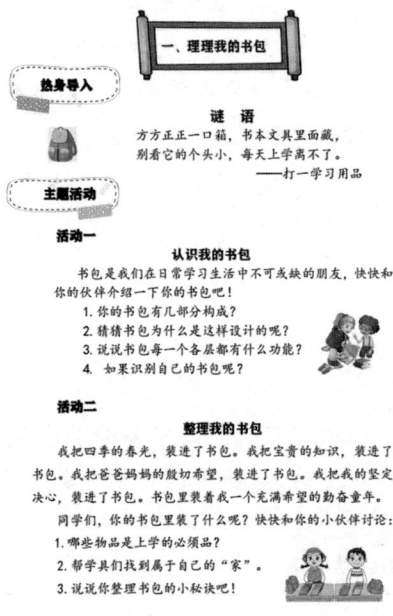

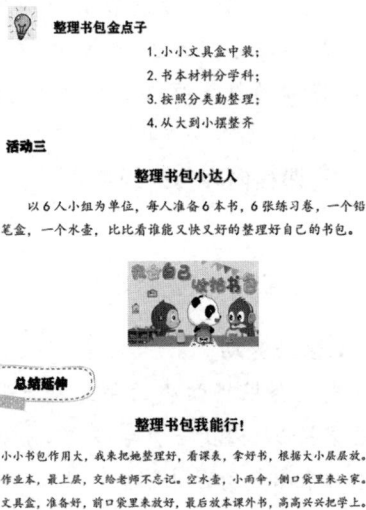

图 3-6　劳动校本教材示意

同时我们也将利用假期,让老师来录制一系列清洁微课程包含《讲台缝隙别忘记》《洗洗拖把更干净》《我会整理小书包》《我来整理小书桌》《我会擦黑板》《对齐桌椅我最棒》等。

午餐自主管理也成为我校校内劳动的必修内容,班级内设置了"纪律小管家、文明小天使、午餐小班长"三个岗位,在午间用餐时段对班级用餐纪律和秩序进行管理,轮流进行分餐服务,尽量保证每学年让班级内的每个孩子都能参加到此项劳动中。

我校垃圾分类工作成效良好,通过垃圾分类班会课、每日一问的形式不定期地宣传垃圾分类知识,班级里也设有垃圾分类督导员,他们行使自己的使命,督促同伴正确分类,及时做好宣传与纠正。

在校园里,我们倡导班级事务"人人有事做,事事有人做",每个孩子都有一份主人翁意识;每月一次的洁净家园活动,全校同学都动起来清洁卫生,人人有事做,事事有人做。在校园管理岗位上,我们也尽可能多地为学生提供体验岗位,例如:文明礼仪岗、课间督导岗、辣妈俱乐部小志工等。

（二）创生性的课程

1. 学科融合实践课程

在学科教学中,我们会将培养学生劳动意识写进我们的教学目标中,授课过程中进行劳动教育的渗透,实现学科融合。例如数学学科中的"植树问题""测量校园"等课程,老师会将知识引申到课堂外,让孩子们实地测量等;例如音乐课中学习《劳动最光荣》《剪羊毛》等系列歌曲,在歌曲中树立学生的劳动精神,培养劳动习惯。在美术课堂中,带着孩子们认识"战疫英雄",学习他们无私的劳动奉献精神。在体育课上,从器材的准备到收纳都由孩子们来完成,在学科教学中渗透劳动教育。

在综合实践课中,我们会开展主题探究活动;通过前期准备,学生在老师的指导下组成小组,用问卷、采访、收集资料等形式来确定研究主题。例如"校园植物牌的制作",从认识植物、查找资料、制作标识牌、寻找植物等都交由孩子们自主进行,当然还包括"绒球玩具制作"等等主题。活动准备过程中增强了学生的劳动技能,在活动开展中学生体会到通过劳动带来的快乐和知识,增强了会劳动、善劳动的能力。

在我校特色班本课程中,每个班级选择一种植物作为班级独特的文化,借助班本课程来开展相关劳动实践课程,有"爬山虎"的植物观察班本文化,他们通过班本文化的开展引导学生种植植物、观察植物生长、撰写观察报告等。

2. 主题教育实践课程

参与社区绣党旗、每年举办一次"爱心格子传递站"、亲子素质拓展活动。我们将劳动教育与传统节日课程相结合,5月是劳动教育月,我们开展"我是劳动小达人""金安小当家"活动制作水果拼盘、包水饺等,一个人一项技能比拼;在春节,我们开展"玩转假期我做主",做一道拿手菜、亲手做与家人一起品尝;在厚植中国文化中弘扬传统文化的同时培养劳动品质,培育新时代中国范。

（三）职业体验课程

我校的职业体验课程主要是通过金安学苑的社团活动和延时特色课程来开展,我们开设的课程有特色中草药班、剪纸、茶道、农艺课程、陶艺课程、花艺、创客等。通过社团活动和特色延时课程来拓宽学生劳动课程的宽度和广度。借助我校出版的《生活美学创客校本体系》系列丛分别从玩纸、染布、赏花、品茶、黏土等方面开展劳动实践活动,例如,染布课程中,从染前处理布料、浆料的准备,到捆扎染色,染后去洗布料、晾干熨平等,学生都能在老师的指导下独立完成。这些看似枯燥的机械的劳动技能的学习,化为创作中的劳作、在劳作中提升劳动技能、感悟劳动之美,从而提升学生在劳动中对"美"的认识,增强劳动意识,促进学生身心健康发展。

图 3-7 职业体验课程

除此之外,在职业体验课程中我们还通过"亲子素养"提升系列课程来丰富劳动教育的内容和形式,例如:开展亲子财商课程,帮助学生走上社会,对一些职业有初步了解。

我们将劳动教育以课程群的形式进行统整,让课程学习链接真实生活;校内校外空间广泛延伸,拓展劳动教育实践空间;家庭社会资源联动,拓展课程实施渠道。

四、课程评价与成长轨迹

我们知道评价的核心价值在于促进学生的全面发展,实现劳动教育的综合育人动能,利用评价的过程记录学生的成长轨迹。我校的课程评价主要实施多元评价策略来提升学生劳动素养,建立学校、家庭、社会、学生四位一体的评价机制,通过学生自评、互评;教师和家长的评价、学校评定、参与课外时间评价等评价方式,进行"导向性、激励性、促进性"评价,建立起"全维度、过程性、全方位"的劳动教育评价体系。

每学年初,我们发给孩子一份"劳动素养评价表"(表 3-5),通过一个学年的劳动技能学习,及时记录学生的学习情况,促进每一个学生的劳动意识和劳动行为落实,进而实现立德树人的目标。评价的目的是让孩子们的劳动过程能够被看见并获得及时的评价和反馈,让孩子的成长留下轨迹,在劳动实践中绽放自己的个人色彩。

表3-5 厦门市金安小学学生素养评价表

班级: 姓名:

		获得印章数量	我掌握最娴熟的一项技能	评价		
劳动素养	家务劳动			父母说:		
	校内劳动			老师说		
	职业体验	这学年,我有过( )次职业体验,分别是:				
		印象最深刻				
	主题实践	"人人有事做,事事有人做"	我是:	同伴说:		
				教师评价:(等级)		
	劳动特长	解锁新技能				
	获得荣誉	项目时间	项目名称	项目内容及获奖情况	审核人	

我校劳动教育课程体系的构建,为学校劳动教育规范、有序、高效的实施奠定了扎实的基础,我们将进一步通过劳动教育的过程优化、策略探寻、经验梳理提升劳动教育的实践效能。

新课程体系要求我们通过优良的教育方式唤醒生命意义,启迪精神世界,使学生成为充满活力、具有健全人格、鲜明个性、掌握创造智慧的人,其意义无疑是十分重大的。生命教育的目标在于教育学生认识生命,引导学生欣赏生命,期许学生尊重生命,鼓励学生爱惜生命。因为人是以生命的方式存在的。生命存在是实现人生价值和理想的前提条件,所以生命是教育的基础。教育必须关注人的成长和发展,可见生命又是教育的归宿。着力培植生命意识,深度弘扬生命情怀,对我们文化和国民性的改造,无疑是十分必要的。一个健康和谐的社会必然会以一种博爱的精神将所有生命看得高于一切。新课程改革担起了对生命教育的历史重任,因而,凸显生命意识并以此为抓手,对学校课程管理而言,也就十分必要了。

二、课程变革历程

课程内容的选择很重要,课程改革尤为关键。

五年间,学校教务处通过实地调研,发现当前课堂教学的不足,提出了课堂教学结构改革的设想,牵头学校教研组、研修团队思考与实践,践行课堂改革举措,通过"先改带后改",在一部分课改先进教师的带动下,我们已经经历了从助力课堂到真课堂,再到六真学习场的三个阶段的课堂改革历程。

这里,有必要解释何为"助力课堂"。

助力课堂(图 3-6),即质性的童年学习力。核心是学科的学习力,基础是精选学习内容,实施过程中,充分还"学"于"生"。我们坚信,课改,从改课开始。质性,既是学业质量,更是学习素养。

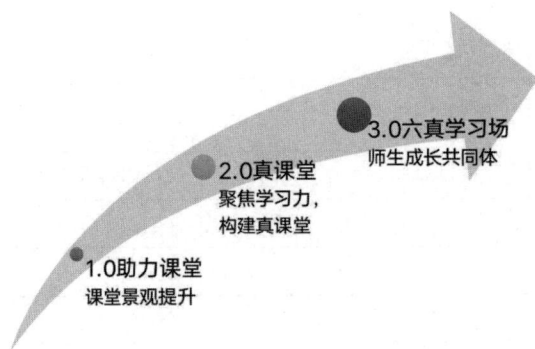

图 3-6 1.0"助力课堂"变革 233

课堂倡导"二三三"原则,即"两大、三精、三还给"。"两大",即树立大教材、大生活观念,创设开放性课堂;"三精",即精准选择一个思维训练点,精心设置一个小组合作场景,精心设计一个拓展实践空间;"三还给",即把时间还给学生、把健康还给学生、把话语权还给学生。

助力课堂致力于课堂景观的提升,以构建"把时间还给学生、把健康还给学生、把话语权还给学生"的课堂景观为目标,关注学生的课堂表现,关注学生的学习力培养,构建真教实学的有效课堂。

我们派出由校长室成员、教务处成员、其他行政与学校专职督学组成的督查人员,采用日常巡课、推门课等多种形式的教学观察,评价教师的教育教学水平,把关学校聘任教师的转正考核情况,给予教师备课、磨课、教研等多种形式的帮助,促进教师教学业务水平的提升。

2016 年 9 月 26 日,华东师大导师团队和宁波市高新区外国语学校、宁波市高新区实验学校、厦门市金安小学三校领导精英、中坚力量齐聚我校,就"优质课堂的实现路径"这个主题,语、数、英学科各推荐三位老师进行同课异构活动。2017 年 5 月 19 日,由华东师大高校指导的三校联盟语文、数学、英语同课异构活动再次在我校举行。这个学年两次的三校联动,让老师们找到了课堂改革的新路径,践行了"两大三精三还给"的学校教学特色。从而扎实地提高了课堂教学质量,加快了"有效教学"的改革步伐。

学校助力课堂,在几年的历练和打磨中已见成效,并打造出一道特殊的课堂景观。

综观课堂教学存在的诸多问题,核心还是课堂主体归位的问题。只有真正摆正课堂上"师与生""教与学"的关系,以生为本,转"教"为"学",才能保障课堂上学生的学习时间,才能构建完整、有序的学习过程,突出学习体验,以此达到调控课堂结构,使课堂结构更趋科学、合理、优化的目的。在助力课堂见成效的基础上,我们又提出了在课堂上须建构"六真"学习场课改迭代方案,建设聚焦"学习力"的真课堂,关注学习的真实发生,关注学习的随时随地发生,关注学生在协同学习下深度学习的发生。建构学习场景观,倡导"六真"学习场(图 3-7)是一个学习生命场,课堂是一处处灵动的学习空间。我们提出了学习场建设"三要素":

六真学习场促真实的思维发展;

六真学习场现真实的学习场域;

六真学习场育真实的创造萌芽。

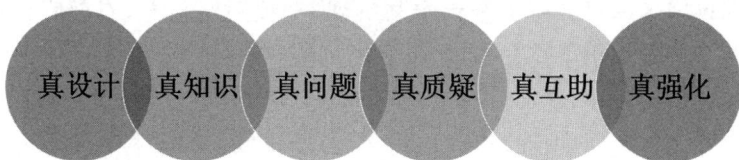

"六真"学习场:构建聚焦"学习力"的真课堂

真设计　真知识　真问题　真质疑　真互助　真强化

关注学习的真实发生,关注学习的随时随地发生。

"六真"对应了布鲁姆教育六维目标:
知道、领会、应用、分析、综合、评价。

图 3-7 "六真"学习场

真知识,基于生活回归的知识场。真设计,基于精准导学的学习场。真问题,基于质疑求真的思考场。真合作,基于共同学习的合作场。真交流,基于有效对话的交流场。真强化,基于评练结合的训练场。

"六真"对应了布鲁姆教育的六维目标:知道、领会、应用、分析、综合、评价,使传统课堂教学场转化成真正教学相长的学习场,关注学习的真实发生,关注学习的随时随地发生,重组课堂中师生的时空场域,建立有利于学生真实素养形成的学习生命场。

学校以课堂为主抓手,努力使一个课堂形成一个学习场,一个积极、稳定的场;教师应当引导学生产生学习的场,努力为学生的"学"营造氛围、提供空间、搭建平台、适时指导,塑造"域内"优势,引导学生"入场",吸引学生"在场",减少学生"离场",促进深度学习,为学生的"学力"提质增值。

我们提出"基于学生主体、基于课程意识、基于学科特质、基于生活学习""生活化课堂,生态化教与学"的学习场范式建构,让课堂与生活"联通",让课堂教学与学生生活"融通",让老师站在新的思维水平上与学生对话。

我们通过教与学方式的变革和创新,为学生提供参与的机会,让学生成为课堂的主人。推进小组合作学习的改革,加大学生自主学习的改革力度;注重学生质疑问难意识与能力的培养,把时间还给学生、把健康还给学生、把话语权还给学生;探寻教师少讲、学生多学的方法和途径,把教室变成"开放的课堂,自由的舞台",让优秀学生出色发展,中等学生超常发展,学困生自信发展,追求优质教学,体现教育公平。

2019年4月9日至11日,学校开展为期三天的教改大比拼活动,以素质教育和新课程理念为指导,以教学创新为重点,以教师专业成长为根本,以教学质量提高为目的,认真探索和研究新课程背景下教与学方式的转变。湖里区各学科教研员全程参与听课,全程跟踪指导,对教育课改大比拼的课堂效果给予了充分肯定,也提出了指导意见。

通过活动开展,我们可喜地看到,学校教学改革行动质量得以提升,学生为主体的特色课堂模式得以构建,学习场视域下的学科特色教学模式凸显,真诚合作的师生成长共同体逐渐形成。

三、课程落地管理

俗话说:没有规矩不成方圆。课程内容的实施,即使坚持的原则很好,如果没有抓好落实,所定的计划也会流于形式,难以凸显成效,为此,我们从教学常规落实、教研项目管理两个方面,着手进行。学校教育教学工作以教学管理为核心,促进质量管理,达到学生发展的总目标,教务处下设教学管理中心、质量管理中心及学生发展中心。教学管理中心(图 3-8)主要承担学校的课堂管理、教学常规管理及教研项目管理。

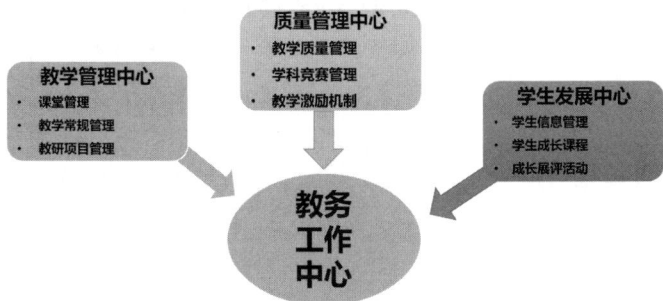

图 3-8　教学管理中心

　　为了落实学校教育教学的常规管理工作,进一步规范教师的教研与备课活动安排、教学设计与作业教学常规管理,推进学校教学管理的规范化、科学化和精细化,实现教学各个环节管理的最优化、效益最大化,我们以学校"用心于起点,精心于过程,赏心于结果"的过程管理要求为指导,以教学常规检查为抓手,制定了《厦门市金安小学教学常规检查指导意见》,每月抽查一次教学常规,做到抽查形式多样化、抽查时间常态化。

　　我校建立巡课制度,促进教师课表执行情况,对于违反调课、代课规定的及时做出通报并根据实际情况记录教学事故或扣除绩效。

　　学校还尝试创新,建立"免检教师"管理办法,对免检的说明、内容、标准、名单确立、权利、义务,都做了硬性规定,符合要求才能评定。这推动了教师在教案撰写、作业批改、观课记录中创新方法,积极探索教改中各学科变式。每学期初及学期末举行一次免检教师或申请免检教师的教学常规展示活动,树立免检教师标杆,让老师们在观摩、欣赏、学习免检教师的同时,也能实事求是地、有针对性地对照自身,让免检成为教师的一种习惯,人人争取成为免检教师。此外,学校还将免检教师称号作为学校教师评优评先、绩效考核及校内一级教师评聘的必要条件。

　　学校实行教务处、教研组、备课组三级教研机制,从学校总体监控,到教研组全盘统筹,最后到备课组实地跟踪,分层促进学校教学教研工作的有效开展。我们创新备课组的活动形式,以磨课促进教师专业成长,以教学问题为驱动,一个个教学问题成为一个个教学小课题,将备课组更名为项目组,以小课题研究的形式推动教师教育教学方法的改进,结合教研组研究课题,在每周教学中进行教学实践,使校本教研真正落地,全面提升教学质量。

好课锋从"磨课"出,精彩缘自苦磨来。备课组教师在原有备课活动的基础上,以组内同课异构式、教学诊断改进式、行动导向式等磨课形式,对一周教学的重点课进行细磨,这为更多教师提供了互动交流的平台,给予了教师一个充分展示自我和锻炼成长的机会。我们通过磨课,促进教师专业发展和成长,磨出教师的创新精神,实现磨课结果的层层提升。

问师哪得清如许,为有源头活水来。教研组以学校总课题"学习场视域下的'六真课堂'行动研究"为指导,提出符合学科特色的研究课题,以课题研究引领教研组活动,以教学问题为驱动,以小课题研究的形式推动教师教育教学方法的改进,结合大研究课题,在课堂教学中进行教学实践,使校本教研真正落地,便于教师反思、反馈教学改革尝试中的经验与不足,从而拓宽教师的教育视野,提高教师的教育研究水平,有效推动学校课程改革目标的实现。

第四节　生命成长课程的评价构建

课程评价是一个新的概念与视角,也是学校在课程建设和区域督导评估中的难点。学校课程评价是课程研究的重要领域,它是以学校课程为研究客体开展的评价活动。对学校课程进行科学评价,可以系统地描述学校课程的存在样态与实际效果,并以此作为学校课程不断改进的抓手。为此我们尝试从课堂质量、教师发展、学生成长三个方面,关注生命的多样性与生成性,构建课程评价内容,促使课程与学校的教学过程结合后对学生发展产生本质性影响,将课程与为学生提供的教育机会、过程与结果质量相结合,使新课程成为学生发展的"孵化器"。

一、教学质量管理落实评价

课堂教学是学生获得文化及专业知识与提高思维能力、创造能力的场所,课堂效果的好坏决定着教育质量的高低标准,也决定着学生生命成长的重要因素。教学质量是指教育水平高低和效果优劣的程度,是教育水平高低和效果优劣的评价。所以,教学质量是学校的生命线,也是衡量落实课程内容的显性标准。教学管理建章立制、教学教研的常态化落实、学生成长发展是否得到关注,影响课程内容的真正价值。我们从三个方面入手进行。

二、建章立制规范教学要求

在全学科质量监测导向下,学校采取各种形式对各学科进行课堂教学质量的过程监控,制定的《课程实施方案》明确了各科课程实施执行要求,《教学质量平行监控跟踪方案》规定了学科教学随机、定期定点目标达成质量的底线要求,《学科考试考查组织办法》严格了考试监测统一命题、注意事项、考试订卷、评卷、补考安排,《教学质量分析基本要求》从个人的角度对试题、学生的学和教师的教以及卷面、答题状况分析对应的改进措施,《教师备课要求》对备课思路、备课要求、教案撰写要求、集体备课流程进行详细说明,《候课制度》明确了候课的时间和目的要求,还有导优辅差、作业布置与批改等系列制度,引导各教研组、备课组关注过程、善于研究、改进方法、合作协调,规范常态化教学任务,各学科的底线,各学科自己保证。学校要求综合实践备课组,一学期至少开两次会议,重点把握知识点梳理、考试方向、教学方向等,保证课程的质量全面落实。

三、常态化教研立体有效

教育教学质量是办学的根本、学校发展的生命力。向过程要质量,教学教研过程实施常态化管理。学校要求各年级各学科把好质量关,在扎实完成学科教学任务的前提下,结合上学年学生监测情况,对薄弱环节(年级学科)落实跟踪要求。每学期期中和期末,教师定期对学生的学习情况进行统一的监测,监测后对具体情况进行全面的分析,数据和方法相结合,及时分析教学中存在的优劣,提出今后改进的措施。音体美等综合学科教师对学生进行全方位立体评价,学科质量分析更是要求结合学生的个性特点,进行全覆盖评价。质量分析工作科学有序地规范流程,过程如此:任课教师——备课组——教研组——教务处。质量分析表有层次地填入数据,取得的主要成绩和存在的主要问题,具体实例剖析,改进措施提出,规定时间完成专题分析,教学存在问题不沉淀。薄弱学科、班级和后进生的转化有针对性分析,制定跟踪监控达标的时间节点图。

四、育人层次突显素养

竞赛是锻炼人的智力,超出课本范围的一种特殊比赛,也是学生个性发展的有力推手。学校提倡在注重教育面向全体学生的同时,努力提高学校教学的竞赛水平,把竞赛水平与实际教学较好地结合起来,最大限度发挥竞赛的教学辐射功能;在关注全面发展人才的培养过程中,也关注学生的个体差异,发现学生的特长,加以关注与有意培养,提高学校的办学层次,从而达到教学质量的全面提升。建校五年间,我们培养学生参加朗诵、征文、歌咏、主持人、数学、绘画、体育田径、创意编程、机器人等各项目竞赛,取得省、市、区各级荣誉奖项,学生竞赛获奖(图 3-9)项目类别、获奖数量人数呈现逐年双增长。

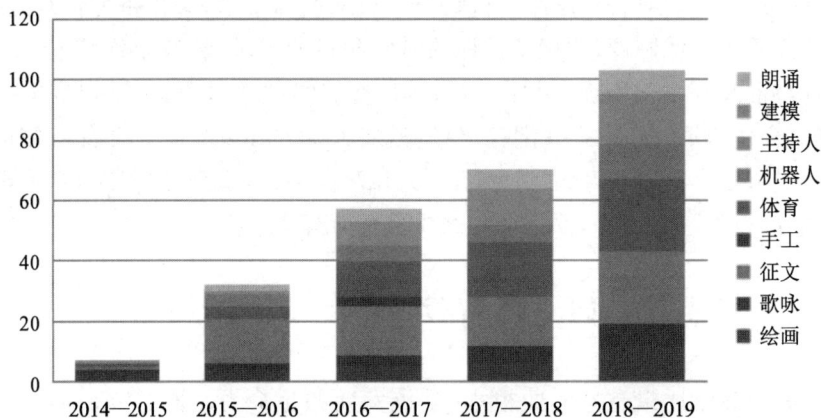

图 3-9 各学年学生竞赛项目获奖人数增长趋势

教育激励助推评价。课程评价的高低,离不开对教师的激励机制,家长热情的参与,教研活动的生根发芽,学校也是从这三个方面进行了思考,创新举措,尝试改革,效果显现。

五、盘活校内晋升机制

由于学校 50% 以上为聘任制教师,针对这一部分教师,学校出台了《金安小学聘任教师校内一级职称竞聘方案》，从教师工作量要求、年度考核、学历资历条件、教育教学要求、教科研、示范引领要求等方面作了规定，进行考核，对相关的权力和义务都进行了明确，以此调动校内教师的积极性，促进教师在思想政治素质、业务水平和教育教学能力方面的提升，发挥校内一级教师的示范引领作用，为学校培养了在教学上独树一帜的名师和骨干教师。

六、开放办学内外评价

为了全面贯彻落实素质教育新课程标准，推进新课程改革，增强学校、教师、家长之间的沟通，学校让家长亲身经历孩子在校的学习、生活，走进课堂，关注教育；走进孩子，倾听心声；走进校园，参与评价，从而更好地配合学校，共同关注每一个孩子的健康成长。学校定期举行了面向全体家长的"教学开放日"活动，家长们都能以饱满的热情积极地参加开放日活动；教师们都会以充满个性与智慧的教学方法深深地吸引家长们；孩子们在父母的关注与期待下更是精神抖擞，积极的学习劲头让家长们露出了会心的笑容。学校通过这样的常规开放日活动，全方位地展现了学校的管理和师生的精神风貌，开放式的办学加强了家校沟通，形成了教育合力，对学生的全面发展、健康成长将起到积极的推动作用。

七、教研活动同行评价

教师的专业化成长是一项复杂而又系统的工程，需要有专家的引领作保障。请进来、走出去，为教师与专家、教研员直接对话与交流搭建平台，我们持之以恒、坚持不懈。学校自开办以来多次承办省、市、区各级各学科观摩教研活动，同时我们还充分发挥学校名师、骨干教师的专业引领作用，通过开展"青蓝工程"师徒结对、名师上示范课、研讨等活动为教师搭建对话的平台，以老带新、以强带弱，促进年轻教师迅速成长和教师整体素质的提高，获得参会校外同仁的一致认可。

2019 年 5 月 21 日，在湖里区 2018—2019 学年第二学期小学课堂教学改革展示研讨会暨金安小学教改示范性建设项目研讨会中，厦门市教科院、湖里区教育局、湖里区教师进修学校各级领导及各学科教研员，湖里区各小学校长、副校长、教导主任、教科（研）室主任、骨干教师、各学科教研组长、各学科备课组长、教师代表，共 700 多人莅临金安小学同享课改盛宴。学科汇报课呈现了语文、数学、英语、体育、音乐、美术、科学 11 节汇报课，同时开放了全学科 68 节常态课。各学科紧紧围绕学校的总课题"学习场视域下的'六真课堂'行动研究",以"生活化课堂"为基本式建模,以教师主动变革、学生主动学习为课堂教学改革重点,重组课堂中师生的时空场域,建立有利于学生真实素养与关键能力形成的学习生命场。金安小学课改以"各美其美,美美与共"的开放性思维,发挥各学科自身的优势,达到共同成长、百花齐放的美好局面,成就课堂教学之大美。此次,学校的《"真美"教学:培养小小美学师 推进新型课堂教与学》还被厦门电视台报道。

八、成长数据更新评价

过程管理提升离不开与时俱进的大数据管理。基于教育转型发展及大数据的时代背景,学校区域学生电子档案,从身心健康、学业水平、成长体验、个性技能四个维度采集数据,通过对学生的发展轨迹进行全面、实时记录,将学生的成长过程清晰呈现,改变以往单一考察学业质量的评价方式。运用信息技术手段,规范学籍管理工作流程化,提高学籍信息管理的有效性及安全性。学校的领导、教师和管理干部通过学籍管理的反馈信息来分析学生的集体素质情况,把握学生动态,以提高决策的科学性和可行性,改进教学和管理方法,提高教学和管理质量。基于数据实证,学生电子成长档案在进行个性化干预指导服务、提供教育公共信息服务、促进校园区域教育管理精细化等方面发挥了重要作用。

总之,常规是基础,课堂是主阵地,教研是升华,课程是核心,质量是生命线,这五者是相辅相成、相互依存的。教育教学工作要不忘初心,不言浮华,要回归本真,方得始终。着眼于长远,立足于当下,我们将继续加强教学真常规的树立与实施,创建聚焦"学习力"的真课堂,立足校本主题真教研的琢磨,重塑基于"生长点"的真课程,提升质量监测导向的真质量,合理地安排日常教学工作,合理地分配细则工作,推进我校教改工作的深入开展,全面提升学校整体教育教学质量。

第四章

感受生命成长真快乐

教育是什么？培育对真善美、伟大与深刻事物的欣赏，对假恶丑、渺小与平庸事物的厌恶，这就是教育。在这个前提下，所有创新对人才有意义。是啊，教育在于学做人、学为人，在于帮助优秀人性的自然生成，在于培养有"生命质量"的人。

教育是生命质量的教育，学校是生命质量的学校。教育就是生命的生长、成长，其本质就是人的发展，这是我们教育的终极目标。而在教育的过程中，我们应该让学生感受生命成长的快乐，让学生在快乐中自由地翱翔，自我地发展。作为教师，尤其是校长，更应该尊重教育本源，尊重生命个体，尊重教育生命的质量。

课堂是教学的主阵地，也是体现儿童学习的舞台，生命课堂能够激发生命的潜能。向课堂要质量，焕发课堂生机，更是每个教育工作者孜孜不倦、不断追求的目标。教育家斯普朗格说："教育之为教育，正在于它是一个人格心灵的'唤醒'，这就是教育的核心所在。"教学的本质是生命的活动。生命教育，其实就是一种"唤醒"的过程，只有"唤醒"，才能使学生在心灵震颤的瞬间感受到从未体验过的内在敞亮，才能让学生享受丰富多彩的生命成长之精神快乐。

课堂如何指向"核心素养"，如何指向个体的生命成长？如何构建快乐而具有生机的教育生态？一所开办仅五年的学校，历年国家省、市、区教学质量监控成绩名列前茅，五年级数学更在 2019 年厦门市义务教育质量监测中获得全市第二名的好成绩。秘诀在哪？我们致力于打造优质高效课堂，塑高品质学习生命场。唯以质量取胜，胜在创新。课改，从创新开始。

学校创造性地提出"六真"学习场的课改新理念，建构"生活化课堂、生态化教与学"的学习场范式，内容基于学生主体、课程意识、学科特质、生活学习，让课堂与生活"联通"，让课堂教学与生活"融通"，让老师站在新的思维水平上与学生对话。关注"四变",即,课堂组织形式之变、教师教学形态之变、学生学习样态之变、质量评估方式之变。以"生活化课堂"为基本式建模,重组课堂师生时空场域,建立有利于学生真实素养与关键能力形成的学习生命场,促学生从浅表学习走向深度学习,在儿童协同学习中让学习行为真实发生。

第一节　唤醒学生的课堂生命状态

状态是人或事物表现出来的形态。学生的课堂生命状态应该怎样趋向良好富有生命力呢?既然课堂教学是教师和学生最重要的人生活动,而且学生在学校的大多数时间是在课堂中,那么,对学生而言,课堂教学是其学校生活的最基本构成,它的质量直接影响着学生当下及今后的发展与成长。为此,金安小学自 2014 年创办以来,一直秉承着"做真教育,学美生活"的教学理念,由"知识课堂"逐步走向"六真学习场",再到"生命课堂",学生的课堂生命状态"活"起来了,正如陶行知所说:"学生,要自己去学,而不是坐而受教。"学生转变原本的静听模式,不仅是倾听者、接受者、学习者,更是参与者、发现者、践行者。学生的角色发生了变化,就必须建立新的课堂时空场域,引导学生"入场",吸引学生"在场",减少学生"离场",寻找学生的课堂生命状态。

一、课堂生命状态就是一个发现者、研究者、探索者的状态

新课程理念下的课堂是"个体相遇、心灵相约的场所,是质疑问难的场所,是通过对话寻求真理的地方"。基于这样的场域特征,教师的角色应不只局限于课堂的知识发言人,而应成为师生有效对话的主导者。教师关注问题的探究性,预设问题的思维点,注重启发学生在思考问题的过程中旧知与新知的勾连是六真学习场的基本要求。

苏霍姆林斯基指出:"在人的心灵深处,都有一种根深蒂固的需要,就是希望自己是一个发现者、研究者、探索者,而在青少年的精神世界中,这种需要特别强烈。"[10] 正是基于此,我们希望学生展现的课堂生命状态就是

一个发现者、研究者、探索者的状态。

（一）观察中发现

仔细察看或发现学生在课堂中生命成长的事物或现象，这是每一个从事教育的工作者都必须具有的本领。庙诗仙、王超的《让学生成为课堂的发现者》一文中曾阐述：课堂教学往往容易出现，如教学模式上生搬硬套，忽视课堂教学的真正内核；为求教学形式上的表面繁荣，却忽视了学生自主成长的内在需要。事实上，课堂教学的真正内核和内在需要强调学生不应成为学习上被动的接受者，而应是学习上自我构建的发现者，唯如此，才能彰显学生自主学和质疑学、以学促教和以学定教的教学理念。在新的教育理念下，学生应该成为课堂上学习的发现者，以自我构建体验自我成长和实现自我价值。

确立学生作为学习发现者的角色地位，我们采取的办法是：把发现的权力还给学生，把发现的机会留给学生，把发现的异议推给学生。我一直倡导"三还给"思想，即，把时间还给学生，把话语权还给学生，把健康还给学生。

你发现学生在课堂上走神了，应该怎么办？又怎样引导孩子不露痕迹地回归课堂呢？金安小学叶巧璇副校长以一则生动的教育小故事，深入浅出地为我们做了精彩的陈述。

诺是我们班非常有特色的一个孩子，他上课的无所谓时常让老师们头痛。那天上《一株紫丁香》时，孩子们正在我的引导下徜徉于字里行间师生浓浓的爱，诺和往常一样沉浸在自己用铅笔、尺子、橡皮搭的"远程炮弹"发射中，我看到了，但因舍不得破坏这好不容易营造出的课堂氛围，用手指敲了敲他的课桌，课就这样继续着……"小朋友们，夜深了，我们已经进入了甜蜜的梦想，老师在（生接：备课、批改作业）；夜深了，星星都困得直眨眼了，老师还在（备课、批改作业）；夜深了，四周静悄悄的，老师仍然在（备课、批改作业）。"在我刻意渲染的气氛中，在我故意与诺的一次次眼神交流中，我发现他停止了手中的动作、坐直了身子，又发现他眼睛亮了……"哪位小朋友能读读第三小节，把你此时的心情读出来？"诺高高地举起了他的小手，我毫不犹豫地请了他，"老师——满树盛开的花儿……"声情并茂，极富感染力，孩子们静静地聆听，我的眼眶不禁湿润了，似乎这是他对我的"告白"，在他结束朗读时,我忍不住张开双臂,给了他一个大大的热情的拥抱,并真诚地告诉他:"叶老师被你的朗读打动了,你真了不起!"接下来的那节课,他的表现超乎想象的好,以后的课,他仍然时好时坏,我呢,则时时记着那天的那节课,他带给我的那份惊喜和感动,对他就更多了一份包容。

课堂教学过程其实就是不断发现问题、分析问题、解决问题的过程。发现问题是课堂教学有效展开的前提,问题的生成者不唯教师,亦有学生。让学生带着一颗发现的心出发,课堂处处有转机、有生机。

(二)活动中研究

在课堂活动开展中,教师去探求事物的真相、性质、规律,或者孩子能在活动中主动参与讨论或者商讨意见、问题,教学无形中是高效的,儿童的记忆也是深刻的。为此,学校就一堂好课的标准,提出了在课堂上建构"六真"学习场(具体内容第三章已有说明),"六真"对应了布鲁姆教育六维目标:知道、领会、应用、分析、综合、评价,使传统课堂教学场转化成了真正教学相长的学习场,关注学习的真实发生,关注学习的随时随地发生,重组课堂中师生的时空场域,建立有利于学生真实素养形成的学习生命场,创设儿童生命成长的教育生态圈,培养"自然、本真、灵动"的学生,这就是我们要追寻的目标。

学校美术老师陈妙斌有这样一个小故事,或许对我们有所启发,让我们一起分享他的教育感悟吧。

第一学期,刚进入课堂,在开展美术活动的时候,让我头疼的是班级的一个孩子总会不自觉地在班上跑来跑去,他控制不住自己爱动的行为,引导他坐下时,他会拿着橡皮擦在桌子上敲,影响了课堂,也影响了老师上课。在学校午托的时候,他在午托的表现也是一样的,一样的爱动跟不睡觉,而且还制造动静,同时也影响了其他同学。作为新老师,我还是不大懂怎样去说服这样类型的孩子,所以在午托的时候就尝试运用各种方法去转移他的注意力。后来其他老师告诉我,这孩子需要多鼓励,一次不行,再尝试。之后在课堂上,我就多鼓励他,表扬他,并且鼓励他当美术小组长,给他分配任务,在绘画示范上,尽量讲明步骤,并进行生动有趣的讲解,让同学们都感兴趣,积极参与,期间我也注意到他有被课堂的整体气氛影响。在之后教的过程中,泰闻同学也表现出了难得的积极,瞪着明亮的眼睛认真地看我示范,并且有自己的想法。虽然他的画面很简单,但是他能主动参与课堂,我感到很开心。在之后的课堂学习中,他充分做好了小组长的职责,开始提前做好课前准备,有序组织同学。现在的他读三年级,无意间在校园里遇见,他会向我招手,打声招呼"陈老师"。看着他,我脑海里呈现的是那个掉了门牙、大喊收作业的小组长。

陶行知先生高瞻远瞩,早在几十年前,就提出要使学生得到"六大解放":解放孩子的头脑,使他能想;解放孩子的眼睛,使他能看;解放孩子的双手,使他能干;解放孩子的嘴,使他能说;解放孩子的空间,使他能够接触大自然;解放孩子的时间,使他能学自己想学的东西。[11]有了这"六大解放",创造力才可以尽量发挥出来,而解放思想的核心就在于把自主权还给学生,在"动中学、手脑并用",在实践中开启创造的门扉,养成不以现成知识为满足、不以固有技能为唯一的习惯,并培养学生跃跃欲试的创新意识、综合实践能力。

(三)实践中探索

实践出真知,这是颠扑不灭的真理。生命成长课堂中,学生的学习兴趣被一个个具有探究价值的问题所激发,同时学生的认知冲突被激发,学生的心智被开启,学生的潜能被唤醒,学生的思维活动被激活。学生学会应用已有知识和条件,通过充分的思考,勾连旧知与新知,从而解决问题,且学生的探究意识和科研精神在一定程度上得到了发展。在解决问题的过程中,我们要让学生充分参与小组讨论、辩论,在小组合作交流对话中相互启发,这样才能拓展学生的思路,提升思维水平。

下面的这则故事正是对上述观点的一个验证。

在机器人课堂中,学生将程序设计好后,用程序控制机器人运行测试,如果测试效果不佳,未能出现预期的效果,学生会感到焦虑,试图寻求老师的帮助。此时,教师的引导尤为关键。首先,教师引导学生仔细观察程序设计和机器人搭建效果,验证并排除各种影响因素。接着,教师提问学生关于传感器的原理等识记内容是否应用得当,引导学生质疑内省,追根溯源,分析问题。最后,联系生活中与智能机器人相关的生活情境,迁移思考解决问题的方法。在不断地调试和优化的过程中,培养学生的质疑能力,更有利于培养学生多问、多思、多探索的求真精神。

在《自动避障机器人》一课中,学生实体测试机器人时,发现实体测试的效果和仿真测试的效果大相径庭。学生自然产生疑问:"什么原因导致机器人要么原地打转,要么躲避不了障碍物呢?"教师引导学生分析自动避障机器人的工作原理:机器人转向是由于发现了前方有障碍物,转向以避开障碍物。教师趁热打铁再继续追问:"会原地打转的机器人,有发现障碍物吗?"学生能够判断出,机器人是因为发现了障碍物才转向的,但是机器人一转向,又探测到远方的障碍物,再立即转向,周而复始,就出现了不停原地打转的现象。学生这一巧妙又合理的分析,表现出他的思维能力瞬间得到了开拓。此时,经过对现象的分析判断,在老师的点拨下,学生终于恍然大悟:"原来是机器人对障碍物的有效感应距离太远导致的。"由此,学生受到启发:"感应距离太远了不行,那如果太近了,也会影响机器人的避障效果。"学生观察机器人的搭建效果后,发现机器人的红外避障传感器安装在一块长方形大板的中央,如果有效感应距离太短,当机器人探测到前方有障碍物而转向时,具有一定宽度的大板会撞上障碍物,这就是机器人碰到障碍物会避让不开的原因。在思考中,学生纷纷提出不同的看法。A学生提出:"适当调大感应距离。"B学生提出:"在转向命令前添加后退命令,先退一步再转弯就能避开障碍啦!"C学生回忆起家里的扫地机器人说:"难怪家里的扫地机器人是圆形的,这样才更有利于躲避障碍物呀!"

学生在动手实践和思维的碰撞中,不断提出问题,亲自分析问题,研究解决问题的方法,切实感受到动手动脑的乐趣!

二、课堂生命状态就是在对话、合作、交流中协同发展

改革发展进行时,对话沟通谋共识。对话教学是以师生心理世界的开放为特征,以互动为方式,通过语言交融、心灵交流,师生双方均从对话中获得道德和理性的升华。实践证明,现代课堂观念只能在平等、民主、自由与开放的对话合作交流教学中成长。而不能在专制、等级、禁锢与自闭的独白教学中实现。

（一）做精彩的对话者

对话者,不做旁观者,是说两个孩子或更多的孩子之间进行谈话,这些都是要通过双方深入接触,才能逐渐形成从只言片语到有效互动,再到精彩的内容沟通。教育的目的在于培养一个精神健全的、丰富的、大写的"人"。儿童如果不能和其他人进行正常的对话,孤立于自己的精神世界,他的成功一定是很辛苦的。教育是一场生命与生命的邂逅,也是一场生命与生命的对话。

人与人如此,学科学习更是如此。2011年版语文课标也指出:"阅读教学是学生、教师、教科书编写者、文本之间对话的过程。"精彩的对话能让学生更好地深入文本,感悟文本,借助对话走进作者,走入文本,从而品文悟理。再看数学学科,没有对话,没有思维碰撞,很多问题,即使苦思冥想也往往落入"山重水复还是无路"的境地。英语学科更是如此,需要对话交流获得语感。

为了让更多的孩子有对话的机会,学校首先从孩子的座位上变革,将原来的"插秧式"座位,适应性地调整为两两相对的3～5人小组就座,从形式上提供孩子课堂上需要思考对话的机会,孩子们可以从彼此相对的眼神中心领神会,从肢体语言中顷刻领悟对话的情感。学生与学生课堂需要对话,这个对话不能理解为可以随意不顾时间和场合说,而是要在老师的引导下有目的地对话。教师和学生也需要对话,这种对话不是高高在上的,而应该是"平等中的首席"对话。

且看学校语文老师叶瑞娥是如何运用师生对话这一有效"秘密武器"沟通的。

"老师,我告诉你你要小心×××,他经常上课捣乱,还会在地上打滚。"刚踏进新教室的第一步,一群同学蜂拥而至,他们向我投来期盼解救的目光,我第一时间了解了这个他们口中的"他"。

"他"个子不高,瘦小的身躯一点也不影响他行动的敏捷,聪明的小脑袋瓜也总是联轴转动,老师提出问题,他可以很快地思考出来,这种"快"也体现了他性格上的"急"。第一学期他表现优良,完全没有出现同学们口中的任何情况,孩子们放下了内心的担心。经过了一个暑假,他身上开始出现了一些不和谐的声音,这一次他竟然出手打了老师。当我听到消息赶到班级的那一刻,只见他怒气冲冲地站在那位老师面前，一边流泪一边狠狠地瞪着老师，眼睛里充满怒火，拳头攥得紧紧的。我上前抱住了他，告诉他我们到外面谈谈，他一拳就朝我挥了过来，同学们都惊呆了。是的，大家都被他又一次打老师的行为惊到了，我并没有特别生气，相反，我理解他此时的心情，所以我决定跟他好好聊一聊。我弯下身子，一手搭在他肩上，跟他说："××，我现在非常理解你愤怒的心情，在我眼里你是一个特别懂事的孩子，我们不妨出去聊一聊，老师想听一听你的心里话，好吗？"我记得蔡可老师说过师生交往非常重要的一点就是"同理心"，我想他内心一定有非常多的话想跟值得信任的人说，我想当这样一个值得信任的人。于是，我们找了一个空教室，他逐渐放松戒备，一边哭泣一边跟我倾诉，他说他感觉所有人都针对他，好像他做什么事都不被允许，没有人能理解他的想法，没有人能听听他的心里话，比起好好说话，不如用拳头解决事情更快，所以他生气的时候就想用拳头来拒绝、来发泄情绪。这个时候我想他慢慢冷静下来了，我们就一起分析了整件事情的来龙去脉，在理解他的同时，我也和他一同分析了他存在的错误，并教他补救的办法。以我平常对他的了解，我知道他想当个父母眼中的好孩子，他可能会担心爸妈收到老师的"投诉"。所以，我在和他父母沟通的过程中，也告诉他的妈妈回去不要一见到孩子就批评他，先听听他怎么说。

接下来的一段时间，上语文课时，他比以往更加积极、认真了。在其他课上的进步，也获得了其他老师的肯定。虽然他偶尔和其他人发生矛盾时还是会生气，但不是通过暴力的方式解决，更愿意主动跟对方沟通。这样的变化，令我很是吃惊，从他妈妈的口中得知，那天他回家后把整件事情都完整地说了一遍，说完后他非常开心，因为他觉得很轻松，终于有人愿意站在他的角度为他考虑，听一听他的声音了。我其实并没有想过原来一次谈话会给他带来令人欣喜的改变，我甚至有点感动，或许真的应验了有人说过的一句话："老师不经意的一句话，可能会创造一个奇迹。"

在以后的教学中，当孩子遇到困难或者出现问题时，我会更愿意和他们找一个没有人的地方，好好地聊一聊，听一听他们"内心的声音"。

（二）做真诚的合作者

很多成功者，其实从小就能和别人互相配合做某事或共同完成某项任务,愿意和人分享。会合作的儿童总是会获得更多的学习机会,一个总想着自己怎样异军突起的孩子,将来的学习、生活不敢想象会多么吃力,即使他聪慧过人。如果能和他人合作,那岂不是锦上添花?作为教育工作者,我们应该认识到这一点。疫情期间,周素梅老师采取这种措施,线上共读展示,促进了亲子关系。案例如下:

> "和孩子一起朗读,你会发现你和孩子之间的争执和问题都减少了。"线上教学这段时间以来,亲子间的矛盾激化明显,不少家长表示监督孩子上网课、写作业已经身心俱疲。其实这是因为我们家长一直是监督者的身份,不妨转化角色,和孩子一起读书吧。我建议我班家长和学生每天选个固定的时间,共同捧一本书,同坐书桌前或窗前,一起放声朗读课文,这时学生感受到的是家长的陪伴,是平等的交流。而家长也能缓和情绪,直面自己孩子的朗读状态。当孩子提出有关文本的问题时,家长鼓励学生查找资料,寻找答案或学会提问,达到了很好的预学效果。我校坚持这样的朗读模式已经有一个月的时间了,孩子最积极交给我的就是他们的朗读视频,而家长最乐意的也是提交孩子的朗读音像视频。这是一项没有太多的对与错,只有坚持与陪伴的作业。查阅 QQ 群我分享的朗读视频,下载的次数往往是班级人数的2~3倍,这让我知道,孩子们是喜欢这样的作业的。一个月的时间,班级45个孩子的朗读情况我都了如指掌,有一天上直播课时,我要求云课堂那端的孩子自己朗读课文,然后偷偷解除全班禁言,孩子们的朗读声此起彼伏,没有一个异常的声音。

(三)做欢畅的交流者

彼此把自己有的供给对方,要做到无私、畅快,其实课堂中这是最理想的境界。学生交流不会出现"旁观无声""功利唯老师好""人云亦云遗忘""缺少思维的从众"的现象。在基于共同学习的合作场中,学生以学习小组的形式进行合作学习。教师在教学过程中既要确立学生的学习主体地位,又要充分发挥教师的主导作用。教师通过把握最佳时机,组织引导学生开展小组合作学习,让小组合作学习真正从形式走向实质。当学习中碰到难点、疑点或兴奋点时,学生常常会产生需要同伴协助,共同解决难题的需要,在交流、合作、互助的过程中,学生的主观能动性得到了极大的提升,学习效率大幅度提高,学生良好的合作品质和学习习惯得以培养,学生的个性化发展得以积蓄后劲。学生在课堂中以对话者、合作者、交流者的状态呈现,营造出合作学习的浓厚氛围。

课堂交流是课堂情境中教师与学生之间的教学信息传递与反馈的行为过程。课堂交流已成为学生间互相学习、合作探究和互相启发的一种学习方式。让我们一起见证与学生在课堂上的交流吧!

有一天,我在课堂上执教《小英雄雨来》,组织学生进行小组讨论,"你从文中哪里感受到雨来的什么品质?"问题一出,每个小组的成员都不约而同地聚在了一起,开始各自轮流阐述观点。第三组的小组长也开始组织其他三名组员交流,除了陈同学之外的两名同学快速地向组长靠拢,听组长先说。只听组长自信地说:"我从小英雄雨来掩护李大叔这件事中感受到他很勇敢。"第二位同学接着说:"从他逃生的过程感受到他很机智。"第三位同学也不甘示弱,说:"我能感受到他的爱国精神。"这时,他们三人齐刷刷地看向陈同学,问道:"你找到了吗?"陈同学低着头,红着脸,沉默不语。这三名同学见状,举手示意我。我走到陈同学的旁边,低声问道:"你可以跟他们一起讨论,不要怕。"他吞吞吐吐地说了句:"我……没找到。"

我知道陈同学不是不会,而是怕另外三名同学不愿意听他讲,不知道怎么融入他们,于是就把想说的话憋回去了。在他旁边站了一分钟,听了他们组其他三名同学的讨论,听到组长说"雨来的游泳本领很高",我加入了他们的讨论,说:"从文中哪里看出来的呢?我想,这一点陈同学也找到了,我看他都在文中画出来了,并做了标注,我们让陈同学来给我们分享一下吧。"我带领他们鼓起了掌,抚摸了一下他的头,用鼓励的眼神看向他。只见陈同学缓缓地用手指着书上批注的地方,慢慢说道:"从第一段这里,而且这里还有关键词。"他说完后,其他三名同学齐声对他说:"你说得真好啊!还教给了我们一个方法,以后请你多说,让我们共同学习。"陈同学听后,有些惊讶,然后害羞地笑了,慢慢融入了接下来的讨论。

课后,我在班级对这个组提出了表扬,指出了陈同学学会合作的美好改变,赞美组内其他三名同学的接受与融合。今后的小组讨论中,每个小组都能互相配合,共同学习。

"六真"学习场,就是为了建立一个无处不在的学习空间,营造一种积极向上的学习氛围。勒温认为,学习是场认知结构的变化,是指和谐的"多元互动,自主探究"的学习模式,即以学生为中心,学习过程诸要素完美结合、和谐共振的一种学习环境,也是一种学习系统,它不仅实现了学习的泛在,而且能满足有着不同特点学生的学习需求,让学习随时随地地发生、真实地发生,浸润式地培养学生的能力。

由此足见,课堂交流能够让学生大胆"讲话",主动参与,合作探究,表达多样化的思维,并且互相沟通、各抒己见。所以,我们的课堂就是要让学生畅所欲言,交流思想,尽可能地给学生表达的机会,张扬个性的契机。

第二节 催生学生的课堂生命旺盛

课堂是一处处灵动的学习空间。"六真"学习场是一个学习生命场,促真实的思维发展,现真实的学习场域,育真实的创造萌芽;塑造"域内"优势,引导学生"入场",吸引学生"在场",减少学生"离场",促进深度学习。

课堂,追求学生的个性和谐全面发展。课堂既需要精准把握,又要让学生生命成长得到充分的伸展,有的放矢,有所侧重。课堂上教师既要摸索学生的认知水平,也要实行分层次教学;既要仔细观察学生,又要分析问题背后隐藏的原因,从各个方面着手解决;既要探索适合本班级学生的教学方法,引起学生的注意水平,又要降低教师姿态,与学生搞好以师生为主的人际关系,让学生尽量不做班主任的"耳目",以免学生憎恶;既要了解学生状况,又要学习先进的管理方式,采取侧重不同的管理方法。我们要课堂质量,从课堂标准以及学生课堂表现入手,寻找新的突破口,高效催生课堂生命力呈现旺盛状态。

一、"二三三"准则

课堂是教学的主阵地。我们倡导助力课堂"二三三"准则,即"两大、三精、三还给"。

学科教学中的真教育。各学科紧紧围绕学校的总课题"学习场视域下的'六真课堂'行动研究",以"生活化课堂"为基本式建模,以教师主动变革、学生主动学习为课堂教学改革的重点,重组课堂中师生的时空场域,建立有利于学生真实素养与关键能力形成的学习生命场,以期达成"真教育"的教育追求。金安课改以"各美其美,美美与共"的开放性思维,发挥各学科的自身优势,达成共同成长、百花齐放的美好局面,成就课堂教学之大美。"真课堂"精彩呈现,仅2019年4月学校进行的一场课堂汇报课,就按学科分设了七个分会场,呈现了语文、数学、英语、体育、音乐、美术、科学11节汇报课,同时开放了全学科68节常态课。正是如此,学校课堂变革,正健步从1.0走到2.0,迈向3.0版的历程。

至此,新颖活泼的课堂教学模式(图4-1)缤纷呈现。

图 4-1 "美美与共"学科课堂教学模式

语文"问题导学+"的课堂模式:通过问题导学,真交流、真互助,实现对核心问题的探究,会读、会问、会学、会用,习得真知识。

数学"问题交互4+4"课堂教学模式:以"生活化问题解决"为基点,关注学习的真实发生,构建教学相长的学习场。

英语"TBL教学策略"教学模式:以生活英语为引,创设思维情境,产生思维对话,实现真交流。"趣动体育"课堂教学模式:实现学科融合,将体育教学内容游戏化、趣味化、生活化。

"悦动音乐"教学模式:以"悦动"为基,学生为主体,呈现体态律动进课堂、音乐律动变队形、声势律动练多声、行为习惯初养成的多样悦动音乐课堂教学景观。

生活融合的美术课堂模式：呈现跨学科、宽领域的美术课堂景观，真正实现有趣生动的真互动式的智慧课堂。

PBL科学模式：以项目研究为模式，让学生基于问题，真交流、真合作，从中体验科学探索的乐趣。

从某种意义上说，课堂不是一厢情愿，也不是学生的机械接受。教师只有关注学生的课堂表现，才能随时灵活地调整自己的教学方法，从学习力、课堂主人的角度去构建真教实学的有效课堂，从教育生态去思考去营造，打造出活力四射的生命力课堂，从根本上实现课堂组织形式之变、教师教学形态之变、学生学习样态之变、课堂评价方式之变。

二、聚焦学习力，发展原生态

构建真教实学的有效课堂，在这样的本真课堂中，教师营造民主和谐的课堂氛围，学生成为课堂的主人，循着学习的基本规律去做，以学定教。教师以观察者的眼光、敏锐的嗅觉做出瞬时的判断，适时地做出引导，引领学生追求智力与人格的协调发展，催生学生的课堂生命旺盛。从这个角度来看，真正决定课堂走向的，绝不仅仅只是事先设计好的各类教学模式，而是教师的教学理念及其指导下的课堂行走方式，唯有自然生成的课堂才是原生态的课堂，才是拥有生命力的课堂。

下面的这则案例《"将错就错"的一课》，也许能够让我们从中悟出什么。

学习需要发挥孩子的主观能动性，如果在学习新课之前，学生能进行主动的预习，那么学习效果肯定会显著增加。只不过，不论我怎么苦口婆心地劝说，总有一部分同学要么不预习，要么随便应付一番。特别是在古诗预习时，不少同学往往找本参考书，把古诗的翻译抄一遍就算预习。不过这种现象在上完一首古诗——林升的《题临安邸》后有了改观。

按惯例，学习课文之前，我布置了预习12课中的《题临安邸》的作业。第二天早读时，值日班长告诉我，她在检查预习作业时发现一半多的同学没有认真预习，书上除了古诗的翻译什么也没有。我刚想发火，想想已经哑了的喉咙，默默地压下火气，记下了她告诉我的未完成作业的名单，并对马上要进行的教学流程作了调整。

在全班交流对古诗的理解时,我请名单上的何××为同学们讲解:"山外青山楼外楼,西湖歌舞几时休?"她拿出自己昨晚抄的注释念了一遍:青山无尽、楼阁连绵望不见头,西湖上的歌舞几时才能停下来?接下去,她为我们美美地朗读了一遍,然后讲解了她为什么会这么读:作者在诗中描写了一段很美很美的景色,青山连绵不尽,亭台楼阁随处可见,有山有水还有歌舞相伴,诗人眼前见到的一切都很美好。

我点点头,用很惊喜的声音表扬了她的分享,然后又故意问了两个没预习的同学怎么理解这两句诗。几个孩子将刚才听到的内容现学现卖地说了一遍。我依旧一一点头表示同意,还请有相同感受的孩子站起来,学着第一位同学的样子把这两句诗美美地读了一遍。读完了以后,班级里出现了一些小小的讨论声,我假装没听到,继续下一句的学习:"暖风熏得游人醉,直把杭州作汴州。"我依然还是请了名单上的孩子来分享对古诗的理解。在我的"鼓励"下,什么"诗人被美景陶醉了"之类的理解从这些孩子的口中蹦了出来。这时,议论声越来越大,甚至有一个孩子很着急地喊了出来:"老师,错了,错了。不是这样的。他们说错了⋯⋯"

这时,我才把发言的权利交给了那些认真了解过时代背景的孩子,并请他们一一反驳刚才的理解。这些孩子一副恨铁不成钢的样子,从靖康元年金人攻陷北宋首都汴梁谈起,还说到了皇帝赵构逃到江南后如何大肆地歌舞享乐等时代背景,然后告诉大家:联系这些时代背景我们会发现,作为一个亡国奴,天天歌舞升平是多么不合时宜呀,这首诗明明将作者的愤怒、讽刺表达得淋漓尽致⋯⋯这时刚才发言并被表扬的孩子才发现,在过去的十几分钟里,他们的所有发言是多么离谱。下课前,我很认真很严肃地问了那些没预习的同学一个问题:这节课我们除了学会了一首古诗,还应该学会什么?那些低垂的小脑袋里此刻所明白的道理,应该比经历老师的雷霆大怒或苦口婆心的说教更加深刻。

后来,我发现孩子们在预习课文时明显认真了许多:他们尝试着去了解作者的写作背景、人生经历,等等,不再局限于课文内容本身。学习《少年中国说》时,孩子们会谈起当时面临的民族危机;学习《小岛》,有孩子找到了被习近平总书记亲切接见过的守岛英雄王继才的故事;学习古诗《枫桥夜泊》时,作者张继当时面临的困境也被大家挖了出来:恋人的父亲反对亲事,要求一定要考上进士才能成亲,结果落榜了。不知如何面对的张继离开了热闹的长安,来到了人间天堂,万般愁苦之下写出了这首《枫桥夜泊》……

让学生学会自主学习,是培养学生创新精神和实践能力、推动素质教育的一种新的尝试和实践。在平时的课堂教学中,让学生在学习过程中成为一名探索者、发现者,调动他们的探究热情,再加上民主、平等的师生对话,相信在今后的课堂上,会有更多创新思维迸发出来的火花,孩子们的自主学习能力,也会带给我们更多的惊喜。

三、关注学生的"课堂"运动

课堂在于灵动,生命在于运动。提高大课间的效率,搭建课间、教学、德育有效衔接的桥梁,也是成就课堂的关键要素。我们同时开展足球、篮球、轮滑、高尔夫、帆船、龙狮运动等多种形式的体育活动,校园里呈现出一片生气勃勃的活动场景,同学们在舒展筋骨、健体强身中彰显着自己的个性,门类众多、多姿多彩的阳光体育无处不焕发着健康校园之美。学校大课间,更是以"阳光体育 活力课间 动感健康 快乐成长"为主题,把师生阳光长跑、自编艺术操、心理放松操结合在一起,打造了具有健康活力的大课间,真正让每个学生"动"起来,养成良好的体育锻炼习惯和健康的生活方式。它不仅仅是一项体育运动,还是一项德育活动,更是成就课堂的"助推器",在大课间活动过程中,我们要求排与排之间对齐,班与班之间交错呼应,这些活动看似简单,实则培养了学生的集体意识与合作精神,也展示了学校德育养成的成果。

第三节 丰盈学生的课堂生命美感

现代课堂观认为,课堂既是知识授受的地方,又是知识生成的"绿地";既是文化传承的环境,又是文化创造的天地;既是生理生命和感性生命的家园,又是人的精神生命和人格生命养成的天堂;既是个人满足和社会适应的过程,又是实现自我和超越社会的过程。

一、营造生命平等的课堂氛围

蹲下身子倾听孩子的语言,以观察者的眼光、敏锐的嗅觉,对学生的课堂生命呈现做出瞬时的判断,灵动地应变,从而达到生成课堂智慧的要求。只有教师把课堂教学与自己的生命发展密切联系在一起,用自己的生命光彩照亮学生的心灵,才能达到教学艺术的最高境界。学生在这样的智慧课堂中情绪高涨,思路打开,真正关注生命。师生互动,生生互动,我们通过"互动"进一步强化学生的思维训练,提高思维的深刻性和独到之处,学生的创新能力得到培养,思考的视角得以拓宽,思维呈现立体化,课堂上师生火花闪现,形成一个有利于学生发展、生命成长的学习空间场。

二、实现师生时空场域重组

学校构建"六真学习场",将传统课堂教学场转化成真正教学相长的学习场,关注学生学习过程的真实发生,关注多维目标的实现,重组课堂中的师生时空场域,有利于学生主动获取知识;有利于学生间的相互交流,相互协作;有利于学生创新素养的形成。网上作文课,可以说是新形势下的时空隔离。李老师采取这样的措施,灵动应变,激发了课堂智慧,效果却非同寻常。请看他为我们设下的场景。

周一语文课开始前五分钟,我把网上收集好的美文《疫线绽放,他们最美》通过图文并茂的形式朗读:"她,是姐妹,是女儿,是妻子,是母亲;她,奔赴'疫'线,义无反顾——她,他们,是世界上最美的花。"读完,我又让班级朗读能力最强的学生通过连线形式,给同学们读了一遍。读完,告诉孩子们,你们这些天听到的最感人的故事是什么,美文中"她们最美",美在哪里?请大家课后收集"最美逆行"的相关素材。这样总共花了8分钟左右,我就开始带着学生上新课了。

周二语文课开始前五分钟,我让班级学习主动性比较强的同学,读了他收集的美文《阳台里的武汉》,又连线了班上思维敏捷的某同学,让他谈谈自己的感受,我特别强调要结合自己的感受来谈。结果果然没有让我失望,他已经做了充分准备,大声读到:"如今您84岁了,却依然没有选择'采菊东篱下,悠然见南山'的退休生活。在去往武汉的动车上，您累得闭着双眼，却和许多专家们一起，帮国人睁开了面对疫情警觉的眼睛。关键时刻，你在寒冬中逆行，好似那寒冬中傲然挺立的梅，坚守着初心，为国民心里打下定海神针。而究竟是什么力量支撑着你呢？是那坚持的信念！在我心底，你就犹如寒冬中那傲然挺立的梅，在俨然大雪中挺起胸膛，你这份坚持的信念，我会将它保存至心底，在今后充满坎坷的人生道路上一苇以航。"

这一段精彩的表述，赢得了无数的点赞，互动版面上出现了好多表扬、惊叹的表情包。我趁机对大家说："你们也可以做到的，只要你能走进这些'最美逆行的背影'，收集他们的资料，联系自己的体验，就很精彩。同学们课后每个人挑一个"英雄"进行仿写。写好了发给我，写得好的，明天课前分享哦。"然后我又继续上新课。总共用时6分钟。这大大调动了同学参与的积极性。

所以说，教师在课堂教学中，不仅仅是信息的传递者，还应该是学生学习主动性的启动者和学生思维领域的开拓者。

学习评价的主要目的，是激励学生学习和改进教师教学，强调建立目标多元、方法多样的评价体系。

三、多元化评价彰显生命活力

课堂是演绎师生智慧的舞台，课堂教学应该视作师生生命历程的重要组成。我们应实施多元化评价，激活学生学习的积极性与内在潜力，使课堂焕发出生命的活力；通过师生有效而又有互动的良性评价，引导学生主动参与学校进程、帮助学生理解知识脉络、获得主动而有效的发展；特别是在实施多元化评价的过程中，确实去关注人的生命发展，触发师生生命价值的充分体现，赋予课堂新的内涵与驱力，给予孩子们一个深情学习的催化剂，从而让课堂更和谐。做到这一点，需要教师结合学生的年龄特点，针对课堂表现、课后效果等进行课堂评价。口语评价、实物评价、体态评价、互动评价，等等，学生一切与学习相关联的方方面面，他的态度、学习方法、学习表现，都需要老师去关爱、去发现、去鼓励。

如低年级的贴星星、贴红花，积分兑换等散发性评价奖励，充分调动了学生的课堂参与学习兴趣；

又如语文教研组设计《金安小学语文"问题导学＋"阅读教学课堂评价

表》(表 4-1)《金安小学学生当堂练习完成情况表》《金安小学"三问四环"策略下当堂练习设计有效性评价表》,则是有针对性地进行课堂整体教学评价。

表 4-1 金安小学语文"问题导学十"阅读教学课堂评价表

( )月( )日	( )年( )班	第( )节	执教者:		
课 题			评价人:		
项目	评 价 内 容		评 价		
前置问题	1.提出问题是否源于情境		A.优	B.良	C.合格
	2.提出问题是否基于预习		A.优	B.良	C.合格
	3.提出问题时机是否适切		A.优	B.良	C.合格
	4.解决问题形式是否新颖		A.优	B.良	C.合格
探究问题	1.问题是否具有探究性		A.优	B.良	C.合格
	2.导学是否具有层次性		A.优	B.良	C.合格
	3.评价是否具有导向性		A.优	B.良	C.合格
	4.探究是否具有合理性		A.优	B.良	C.合格
新生问题	1.新生问题是否核心问题		A.优	B.良	C.合格
	2.新生问题是否基于合作		A.优	B.良	C.合格
	3.新生问题是否源于倾听		A.优	B.良	C.合格
	4.新生问题是否有利思维		A.优	B.良	C.合格
伸展问题	1.伸展问题是否具有开放性		A.优	B.良	C.合格
	2.伸展问题是否具有关联性		A.优	B.良	C.合格
	3.伸展问题是否内化所学		A.优	B.良	C.合格
	4.伸展问题是否运用迁移		A.优	B.良	C.合格

回味精彩:

重构不足:

续表

（　）月（　）日	（　）年（　）班	第（　）节	执教者：

总评：A.优　　B.良　　C.合格

观课人：

四、推动作业展评实践化

学校面向全校学生，以培养学生的生活技能、创新精神和实践能力为目标，着力推动学校教育和社会实践相结合，相结合让学生"会学学好，会读读好，会玩玩好"。为了改变学生传统寒暑假作业负担重的现状，每学期末，学校均会组织实施寒、暑假作业的开发工作，从学校、班级的实际出发，老师根据学情自行设计；下一学期初，举行学生优秀寒、暑假作业展评活动，根据"优秀寒暑假作业评选"标准，设置综合奖若干名。评选流程：班级评选→跨段展示→公开颁奖。这样的活动，对培养学生良好的学习与生活习惯等方面，都能起到积极的推动作用，既营造了学生同伴互相学习、共同提高的氛围，又端正了学生的作业态度，提高了作业质量，展示了学生风采。

学校的校本作业品牌有《小种子》，它是学校教师从日常教学中收集的学生的易错题、重点、难点题汇编而成的。它既创新了设计，提升了学生的作业兴趣，又达到了巩固知识的目的。如果说《小种子》汇集了老师的自我智慧，那么，从设计到作业完成的过程，激发出的将是儿童无穷尽的习得感。

为了全面落实素质教育，推进新课程改革，增强学校、教师、家长之间的沟通，让家长目睹孩子在校的学习、生活状态，学校均会不定期让家长走进课堂、关注教育；走进孩子，倾听心声；走进校园，参与评价，从而更好地配合学校，共同关注每一个孩子的健康成长。学校定期举行面向全体的家长"教学开放日"活动。活动中，家长以饱满的热情积极地参加开放日活动，教师以个性与智慧的教学方法吸引学生，孩子有爸妈的关注与期待更是精气十足。活动展现了学校全方位的精神风貌，开放式的办学加强了家校沟通，形成了教育合力，为学生的全面发展、健康成长推波助澜。

第四节　彰显学生的课堂生命自信

"生活即教育、社会即学校",陶行知先生的真知灼见与远见思想,现如今依然是我们教育的思想指南。如何抓住时机,切入生活,教学生学会感恩,学会敬畏,学会担当,学会珍惜,学会思考,学会读书,这是值得每一个教育工作者深深思考的话题。打磨自信课堂,教师教研先行,线下与线上并进,给予孩子每一个角落的自信,这才是彰显儿童的生命自信课堂的真谛。

一、教师谋划在先

打磨自信课堂,教师谋划在先。信心,是学生生命成长的基础,提高学生的自信心,就是增加学生自我发展的能力。但我们在实际生活和学习中也难免会遇到挫折与困难。契诃夫曾说:困难与折磨对于人来说,是一把打向坯料的锤,打掉的应是脆弱的铁屑,锻就的将是锋利的尖刀。自信的课堂,是在"千磨万击还坚劲,任尔东西南北风"中,是在丰富多彩的课堂中彰显的。

然而,事实上,生命历程就得这样,就得在挫折中成长,把生命"延续"。遇到了各种各样的挫折,你与其无休止地痛苦,还不如坦然去面对。只有这样,你的生命中才会有更平和的心态,你就能够仰天长笑,大声说道:"天空没有留下翅膀的痕迹,但我已经飞过。"(泰戈尔语)

二、教学谋划线下线上并进

2020 年,注定是个不平凡的一年,笔者通过"腾讯会议"在新学期学校疫情防控与线上教学,教师再宣讲、再动员会上,也指出:2020,爱你爱你,这本是一个蕴含爱意的数字,却因为一场突如其来的疫情,让这份爱增添了一份慷慨悲壮和沉重坚定。这一年,我们展开了与病毒的较量,这是一场看不见硝烟的战争,但我们能在这场战争背后看见一个国家、一个民族为此做出的努力和付出的牺牲。所以,在疫情面前,没有局外人,在雪崩之下,没有一片雪花是无辜的,每一张安静的书桌都来之不易。这场没有硝烟的战役,充分彰显了生命存在的意义。抓住这一特殊时机,笔者也就疫情防控的线上教学对老师们提出了具体要求:做到"三个回归",即回归生活、回归岗位、回归职业操守,做到"三个不打折扣",即教学质量不打折扣、教学内容不打折扣、学习效果不打折扣。"停课不停学,停课不停研"。在这场新冠肺炎全民战役中产生的非常态教学中,学校也制定了网上教学的相关制度和规范并严格执行,确定了线上教学的基本原则:难度降低,双基为本;精讲精练,鼓励为主;劳逸结合,兴趣为根。全体教师深入研究了在线教学的特点,把握过程,讲求方法,注重结果,积极地共同应对好这场大考、共同上好这门大课、共同写好这本社会大书。

三、教研磨课从下至上跟进

学校党员教师、骨干教师、行政人员、教研组长,积极发挥引领、服务的功能,在学校整体部署下做好了教学教研安排。对线上教学的掌握和运用,从陌生到熟悉、从熟悉到熟练,把特殊时期的这个工具灵活地运用到了正常教学中,做到了开学与假期自然衔接,呈现出一种全新的精神面貌,取得了这次疫情防控与线上教学的胜利。在疫情防控的非常时期,学校全体教师们团结一心、众志成城,为"宅"出健康,"宅"出成长,使"宅"在家中的孩子们均能感受到线上教学的辐射效应。3月26日傍晚,由厦门市教育科学研究院和厦门卫视共同打造的少儿特别节目《上课啦》(图4-2),在厦门卫视及厦门一套播出,学校教师颜文情执教的美术课《有趣的半圆形》获得了市民、学生的好评。为了保障节目和课程质量,在厦门市美术教研员郑杰才老师、湖里区美术教研员林庆辉老师、厦门卫视江编导的指导和审核下,这节《有趣的半圆形》进行了多次修改文案、制作教具和录课磨课录像。它给线下的学生营造了一种"面对面"形式的亲切和互动感,源于在备课中融合了学校六真学习场课题"构建多学科融合的小学美术创新教学模式",来转变教育观念,采取了以最好的方式来激发学生们的兴趣,让美术和其他学科进行融合,以特别的"面对面"形式,展开活泼的教学互动的美术课堂,从而激发了学生的想象力,打造了活泼生动的自信课堂。

图 4-2　特别节目《上课啦》

"工欲善其事，必先利其器"。在学校领导班子的统一谋划下，每学期初，我们均会组织教研组长，线上线下商讨并制定出科学的教学目标和方案，各部门联动，各教研组长、备课组长根据学科特点、学段特色，群策群力，整理出适合学生的教学内容，充分利用信息化技术、网络资源和平台开展"线下线上学习"，保障网络课堂节节精彩。

四、学科课堂覆盖每一个孩童

教育的公平性，在于没有城乡差别，没有孩童差异。每一个人都有独特的个性，每一个孩子都不能落下，每一门学科都保证全覆盖。如，语文组是这样做的，针对生字，用图像处理软件做成一个动态的生字视频，让学生能够直观地看到易错字的笔画笔顺；古诗的授课，找到相关的朗读视频，帮助学生快速背诵；快乐读书吧，教师选取一个章节，带着问题，在平台上讨论解决。针对课后的巩固，用"一起作业"平台完成作业布置和反馈，利于学生操作，也利于老师线下实时地了解学生的学习情况。再如，数学组是这样做的，抓住当今时事焦点，以实例变化、对比，融入数学元素，将生活知识数学化，以此激发学生的数学探究激情，提高学生对时事动态的关注，培养学生的爱国主义情怀。教师利用小组长监管模式，开启小组群，课前5分钟，小组长进行点名、向老师报告情况，课堂上，小组长组织讨论、检查小组的作业完成情况，语音交流，把难题发在大群里，全班再次交流。每天课程结束后,教师及时进行反馈和讨论,并对隔天要上课的内容及时重新调整。更如,美术组在开课期间,勾画创作思路,结合实际情况进行联想,学生通过观察,认识事物的外形特点。每个年段都有各自充满特色的创作主题。如:低年级的制作口罩,中年级的主题画创作,高年级的制作学习笔记手抄报。教师在教学过程中结合微课、视频等多媒体资源,让课堂更具活力,学生更充满自信!

五、"律动"课堂幸福每一个孩子

精彩课堂,出自每一个细节,更需要回归儿童本性。例如,为传递爱与音乐的力量,金安小学的音乐老师们凭着一腔热情,一股韧劲,积极地投入到线上线下的教研当中,从模式研讨到方案制定、细节设定、课程拍摄,老师在线集体备课,构建音乐"空中课堂",一遍遍地优化教学设计,一点点地打磨细节,一次次地修改模式以及反观教学效果,为金安学子们的课堂生活送上了似火的热情与饱满的诚意。随着玩转声势、律动课程的推出,所有金安学子都收到了来自音乐老师们的"特殊礼物"。线上课堂更是学习时间充裕,而且还可以无限回放,反复聆听、反复体验,强化了孩子们的节奏感与律动感。孩子在居家生活中也可以和亲爱的老师们一起唱唱跳跳,精神一振,学习热度也持续升温。线下孩子们积极自主地参与,家长陪伴,乐在其中,不但增强了儿童的生活信心,还丰富了孩子们的美好生活。

我们的课堂从助力课堂到真课堂,现如今已经迈向了生态课堂,和谐、开放、有生命、可持续的概念核心,教材整合、学科融合、跨学科综合学习的变革内容。产生学习的自体验、自适应、自循环的课堂愿景,已经立体呈现。

第五节　健全学生的课堂生命认知

随着社会的发展,多元文化价值不断冲击着社会,学校师生的心理问题更是不容忽视。我们领先一步,在学生和教师的心理援助辅导方面进行不断探索与提升,力求寻找课内外相融合的生命认知体系。

一、提高课堂心理辅导意识

心理健康辅导,是老师与学生之间建立的一种咨询功能的情感交流和融洽关系,以帮助学生克服生命成长中的心理障碍,从而接纳自己,欣赏自己。当前,随着学校心理健康教育的不断深入推进,总结与提炼学校的实践经验,寻求一种可复制、可推广的普适性的模式,对指导广大学校教育工作者的实践无疑有重要意义。

中小学心理健康教育是面向每个学生的发展性心理辅导,这已经成为共识。

我国的学校心理健康教育已经开展了近 30 年,浙江师范大学儿童文化研究院副院长刘宣文认为,心理辅导"以全体学生为辅导对象,注重学生心理潜能的开发和人格的完善。学校发展性心理辅导的实施可以采取班级心理辅导活动课、个别或团体咨询、家庭和社区辅导网络相结合的金三角模式"。

二、探索生命向内的内视式心理辅导模式

根据国内中小学心理辅导的实践,我认为现代学校心理辅导模式,它可以用一个基本精神、两条基本途径、多种形式、多方面支持保障来概括,即:以提高全体学生的心理素质,促进其健全发展的自我教育为基本精神;心理教育与心理咨询两条基本途径相结合;心理辅导课程、教育教学中渗透心理辅导、个别咨询、团体咨询等多种形式;学校、家庭、社会等多方面支持,积极探索生命向内的内视式心理辅导模式。

这个模式通过近 6 年的学校实践,不断调整、更新、发展,更加符合学校的改革发展和学生的发展,健全了学生的课堂内外生命认知。

心理辅导的具体模式由辅导目标、辅导内容、实施途径、支持系统组成。其目标就是完善生命体的和谐发展。

众所周知,人是一个完整的生命体,完整的生命应该是身体、心理、精神的整体和谐,是在社会、自然、自我之中获得养料和力量,继而成长和发展。生命向内探索构成了生命与自我的关系,生命向外探索构成了生命与社会的关系及生命与自然的关系。因此,心智健康成长主要体现在个体与自我、与他人、与环境的三种和谐关系上。

三、重视每一个独特的、与众不同的生命体

帮助学生认识自己、接纳自己,促进其积极的自我发展;建立良好的人际关系,让学生学会关怀、尊重与合群,积极适应学校生活,激发学生的学习潜能;同时使学生学会情绪调节和积极应对的能力,提高抗挫折能力,进而关心社会、热爱大自然、增强责任心。

有这样一个案例:五年 6 班,有两个学生。一个是马洪波,一个具有很强的优越感的男生;一个是刘尔豪,一个具有很强的自卑感的男生。班主任有幸遇到他们,真的是犹如走入了"冰火"两重天的境地,又像是在喜与怒之间游走,因为前者表现是"优越感"很强,会炫耀;后者表现是"自卑感"很强,自己喜欢的东西会想方设法弄到手,没事连厕所门也会用脚踹。

从个体心理学来分析,马同学的家里什么都不缺,家长非常溺爱他,只要小孩说了就会给。刘学生的家长,自从生了二胎后,对他什么也不给了,有时还会打骂。家庭教育与环境,使两个学生的学业与品德都存在不同程度的瑕疵。

经过一个学期的适应和融合,设身处地地想,站在孩童的角度,班主任教师认为他们可能心里存在自卑,所以总是耐心地劝导他们,不失时机地教育他们,学生也慢慢变好了。

虽然这只是一个个案,却是我们学校心理辅导工作的一个缩影。当学生解决了心结,心理障碍得到了疏通,生命成长也就顺理成章了。

因为我们非常重视学生的心理辅导工作,而且也让每个教师认识到,每个学生都是一个自我,关爱他的同时,也要做好他们的心理辅导。

我们知道,自我是个体内心和谐的基础、人格发展的核心,它是个体生命历程的生理和心理基础。人因为有了自我,才会觉得自己是独特的、与众不同的生命体。而正因为每个人都是一个独特的自我,才会构成我们丰富多彩的生活世界。

大量研究和事实表明,自我认同感较好的学生,在学习和生活中能够体验到较强的自尊和自信,热爱生活,充满生命的活力;而自我认同感较差的学生,常常体验到自卑和沮丧,他们常常觉得自己一无是处,觉得自己被人排斥,对自己的社会角色认识模糊,感到生活没有意义、生命没有价值。

四、激发老师成为孩子"生命中的贵人"

实践告诉我们,人对生命的态度往往取决于内心的自我信念,热爱生命、热爱生活的个体,往往拥有健康的身体,健全的、积极的自我意识与信念。

作为五年 6 班班主任教师,刘老师始终清楚欠佳成绩单带来的后果。我们有些教师以为,如果学生不得不把欠佳的成绩单向父母展示,那么他应该会因此更加努力。这些教师可能忘记了有些家庭的特殊情况,有些孩子的家庭教育极为严格,甚至严厉。这种家庭的孩子会对是否把不好的成绩单带回家而犹豫不决,结果他很可能根本不敢回家。在极端的情况下,他甚至会因恐惧父母的责备而绝望。所以老师要学会教学生怎样从合作开始,适当地宽容他们。因为老师完全可以用自己的同情和理解,来缓和一下制度苛刻的一面。

我们可以对那些具有特殊家庭背景的孩子宽容一点,鼓励他们,而不是把他们赶上绝路。那些成绩老是不佳的孩子会感到心情异常沉重和压抑,别人不停地说他是学校最差的学生,结果他自己也这么认为。设身处地地想一下,我们就很容易理解为什么这些孩子不喜欢学校,这也是人之常情。如果这个孩子总是受到批评,且成绩不好,还丧失了赶上其他学生的信心,那么他自然就不会喜欢学校,就会设法逃避学业。

还有一则案例,主要是来自家庭方面的。在与家长沟通方面,我们也是不离不弃,而且无怨无悔、坚定不移地做了五年。

我校六年级一个男生,一年级入校第一天就是哭着进校的,入校后学习专注力不够,行为自律性极差,常常故意挑衅同学和老师,影响了老师正常的教学管理工作。经了解,男生在幼儿园时,爸爸妈妈离异,妈妈去了外地,几乎不过问儿子的成长,爸爸脾气急躁,信奉打骂政策,平时奶奶负责孩子的生活起居,而奶奶又属于唠叨型。这是一个典型的情感忽视型的孩子。这样的家庭背景,让年轻的班主任也无法与家长进行沟通,于是形成不良循环:学生在校惹事——老师投诉——家长暴力加一些语言伤害——学生自我存在价值丧失,更加顽劣。为此,我们用五年的时间与孩子建立起彼此信任的关系,接纳和帮助孩子以缓一缓的方式疗愈自身,鼓励孩子以正确的方式宣泄情绪,用看见的方式让孩子拥有自我认同感;我们的心理专职部门在陪伴孩子成长的过程中,也帮助老师树立了教育自信,引导老师发现自己的潜能,激发老师成为孩子"生命中的贵人"的职业价值观,指导老师用正确的方式进行沟通与交流,与学生建立温暖的师生关系。我们还与这位急躁的爸爸进行了有效沟通,帮助爸爸发现自己的优势,肯定爸爸做得对的地方,让爸爸感受到"不是一个人在战斗",学校是孩子爸爸教育的大后方。五年下来,学校、家长、学生在彼此信任中形成了一个温暖的家校教育生态圈,这位男生到五年级的上学期已能控制自己的情绪,有了自律的表现,上课也能积极发言,并能与老师进行亲密互动了。老师因为这个案例的成功运作,拥有了无穷的职业幸福感。

虽然这是家庭方面的事,可我们始终认为学校也是义不容辞的,因而,我们对学生也始终不离不弃,甚至坚持做了五年的辅导工作。有时候,学生的生命成长就在我们这些平凡而琐碎的工作中潜滋暗长。

五、建立心理辅导支持系统

多样化有针对性实施,是我们心理辅导的策略。

心理辅导活动课程,是一种预防性心理健康教育课程,也是一种体验式课程。它以学生成长需求为出发点,以学生的经验为主要载体,以活动为中介,强调学生的参与、体验和感悟,使之转变为自身的一种积极经验,最终目标是培养学生的健全人格、激发学生的潜能。这就给心理辅导教师带来了挑战。

我们设置了心理健康教育活动周、学生心理社团、校园心理剧等,向学生宣传、普及心理健康知识,提供心理自助平台。

教育教学中的心理辅导,包括课堂教学心理辅导和班主任工作心理辅导。课堂教学心理辅导是指为教师教学提供心理学建议。班主任工作心理辅导是指指导班主任进行学生心理辅导。

班主任心理辅导的主要任务是做好学生心理健康一级预防员。班主任是学生的人生导师,承担着为学生"传道、授业、解惑"的使命。其中"解惑"不仅是知识之惑、社会生活之惑,更重要的是解心理之惑、成长之惑。

个别辅导,是学校心理辅导中一项非常重要的工作,是指通过鉴别、诊断分析和干预,解决学生个别心理困惑的一种辅导形式。目前心理辅导教师最缺乏的不是技术,而是对学生的深入理解。

团体辅导。由于一对一的个别辅导耗费了心理辅导教师大量的时间和精力,对于有上千名学生的学校,一两位心理辅导教师显然力不从心、势单力薄,难以满足学生的需求。解决这个瓶颈问题有两条策略:一是扩大兼职队伍的阵容,二是开展团体辅导。团体辅导是指对有相同辅导需求的学生,在心理辅导教师的带领下,围绕某一辅导主题,通过一定的活动形式与人际互动,相互启发、诱导,形成团体共识和目标,进而改变学生的错误观念、态度、情绪和行为。

另外,我们还建立了心理辅导支持系统:为学生健康成长营造良好的环境,如开展家庭亲子心理辅导,优化儿童青少年成长的社会支持系统;开展学生心理测评,随时了解学生的心理特点和心理健康状态;提供转介服务。对超出学校心理专业人员能力和职责范围的个案,转介至医院或者专业的心理咨询机构。

近年来,教师心理健康越来越受到关注。一方面,教师压力日趋加重,容易引发职业倦怠,影响教师的职业发展和家庭生活;另一方面,教师心理健康问题又会引发对学生的心理伤害,即所谓师源性心理伤害。

促进和维护教师心理健康,我们从两方面来考虑:一是学校为教师心理健康提供良好的社会支持和心理服务,包括对教师的人文关怀和心理援助等;二是开展教师心理健康普及宣传教育,引导教师学会自我心理调适。

六、完善学生成长色彩评价体系

基础教育是立德树人的事业,要旗帜鲜明加强思想政治教育、品德教育,加强社会主义核心价值观教育,引导学生自尊自信自立自强。德育为先、能力为重、五育并举,促进每个学生全面发展。厦门市金安小学学生成长色彩评价体系以弘扬社会主义核心价值观,贯彻实施"真美教育生态"办学理念,落实"求真 尚美 向善 永爱"的育人目标为出发点,旨在平时的教育教学过程中让学生绽放个人色彩,以色彩为引,以成长为根,以评价为媒,全面、立体地记录学生成长轨迹,促进人的全面、主动发展。

金安小学"绽放童年的色彩"成长色彩评价体系以社会主义核心价值观为理论依据,以"五育养成"为主框架,以学生生命成长教育为基本内容,以"色彩绽放"为激励方式,进一步完善涵盖"品德行为、学习能力、艺体劳动"三方面的学生成长评价体系,从"甄别"走向"发展",从"被动"走向"主动",让成长色彩评价成为激励学生不断发展的动力,让金安小学的每一个孩子都能在成长中被看见,从而促进学生全面健康地成长。

（一）适切的导向使学生成长轨迹不偏离

"真教育唤醒美世界　美教育滋养真童年"这是金安小学的办学特色。众所周知，童年不可能被复制与重来，童年的精彩是一辈子难忘的；"绽放童年色彩"这一学生评价体系，不仅单纯只看结果，更关注的是学生的全面、客观协调的发展，让每一个金安学子能够在学校提供的各个平台上展示自己，绽放属于自己的童年色彩。通过学生成长色彩评价体系，在活动中努力挖掘学生无限的可能性，让更多的孩子发现自己的闪光点、找到成长中的自信。

我校以课程核心素养为导向，以发展评价为手段，以过程管理为保证，重点关注学生核心素养的掌握程度和践行程度，发展个体适应未来社会生活和个人终身发展所必备的素养。在"绽放童年色彩"评价体系中，我们动态关注每一个学生身上的点滴的进步，不断激励表现暂时落后的学生也能够"带着期盼"上学，以自信阳光的心态去迎接一个完整的人生，真正实现每一个孩子都能抬起头来走路，使每一个孩子成为"精神贵族"。

"绽放童年的色彩"评价体系主要遵循以下原则：

1. 发展性

本体系内容涵盖较广，坚持以促进学生的全面发展为目标；淡化评价的甄别和选拔功能，发现学生潜在的可能性，帮助学生积极认识自我的一个发展变化。

2. 激励性

评价体系应最大程度地调动学生的主动性、积极性，从而使评价成为一种激发学生不断发展的动力。

3. 全面性

评价的内容全面科学，包括道德品质、行为习惯、学习能力、实践创新、运动健康、审美表现等基本素质的评价，从而促进学生素养与能力全面协调发展。

4. 全体性

面向全体学生，尤其是关注容易"被遗忘"的学生，让每一个孩子都绽放属于自己的色彩，都能被看见。

（二）多元的评价使学生成长路径更丰富

金安小学主要从培养学生"责任品格之美、人文情怀之美、科技创造之美、健康生活之美"四个方面构建德育课程;因此,"绽放童年色彩"学生成长色彩评价体系在德育课程的引领下,主要针对学生的品德行为、学习能力、艺体劳动方面的表现进行发展性评价。

"红宝、橙宝、蓝宝"是金安小学的"三宝"吉祥物;红、橙、蓝属于色彩中的三原色,代表着儿童的本真、自然与灵动,也对接《中国学生发展核心素养》总体框架中"文化基础""社会参与""自主发展"三个方面,明确了"培养全面发展的人、培育学生成长教育生态"的目标。我们相对应设计了三种不同颜色的奖章,对全校学生进行全面、发展性评价,如图 4-3 所示。

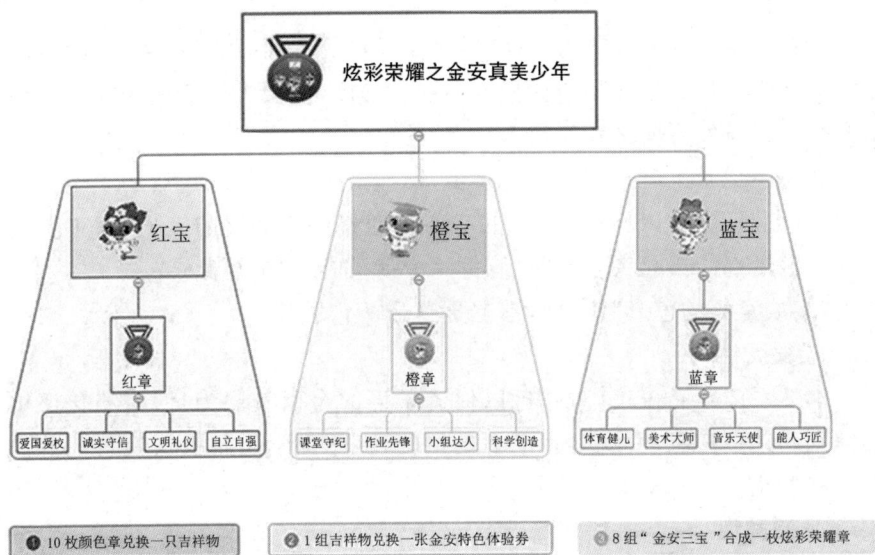

图 4-3　红宝、橙宝、蓝宝

1. 激情的红章

红色是激情的,更是活力的代表。"金安红宝"以厦门市花三角梅为主体形象,火红的形象寓意着新中国、新征程、新梦想。因此,红章评价内容主要关注学生的责任品格的发展,从爱国爱校、诚实守信、文明礼仪、自立自强、责任担当这几个方面进行评价,旨在培养学生责任品格,更赋予人文情怀之美。

红章部分的评价标准主要为少先队大队部、班主任和学生根据《中小学生守则》《金安小学在校一日常规》《金安小学人人都是小干部方案》等学校及各班级自主拟定的评价办法和细则;积极参与到班级、学校的日常管理活动中"小干部",少先队大队辅导员、班主任将依据标准为他们颁发奖章。红章的争章要求见表 4-2。

表 4-2　红章的争章要求

	争章要求
红章	1. 了解中国传统节日,熟记 24 字核心价值观。 2. 尊敬国旗、会唱国歌。按照要求参加升国旗仪式,佩戴好红领巾,敬规范的队礼。 3. 热爱学校,关心集体,爱护学校班级公物,积极主动地为学校、集体做事。 4. 有参加学校督导队、礼仪队、广播站等,表现良好并能够认真履职。 5. 有错敢于承认,借别人东西要主动归还。 6. 没有追跑打闹等不良行为,课间开展有益游戏。遵守校园等公共场所文明要求。 7. 无高声大叫,在地上坐、滚,乱丢乱吐,破坏公物等不文明行为。 8. 生活中会正确使用基本文明用语(您好、请、对不起、没关系、谢谢、再见)。 9. 集会做操时自觉做到"快、静、齐"。 10. 独立完成作业,认真做值日,积极参加学校组织的各种劳动。 11. 学习扫地、擦桌椅、倒垃圾、拿放碗筷等简单家务劳动。

2. 智慧的橙章

橙色是高贵的,是赋有希望的能量,更是智慧的象征。"金安橙宝"以学子为主体形象,手持智慧的钥匙打开求真、求知的大门;寓意着金安学子开拓创新、追求智慧的能量。因此,橙章评价内容主要关注学生"求真"的学习能力,包括课堂守纪、作业先锋、小组达人、实践明星等,引导学生立足课堂,延伸课外,追寻知识的真谛,开发潜能,提升自身的学习能力。通过核心素养的提升打造更多适应未来社会的"新精神贵族",通过评价机制实现创造力之美,培养学生素质发展和道德判断。橙章的评价标准主要由各科任老师根据学科特点,对在学习等方面有进步的学生进行奖励,细则主要由各任课老师进行制定和实施。橙章的争章要求见表 4-3。

表 4-3　橙章的争章要求

	争章要求
橙 章	1. 上课前准备好学习用具,安静坐好,准备上课。遵守课堂纪律,不随便说话、打闹、不吃东西,课堂要保持严肃整齐。 2. 学习态度认真,养成良好学习习惯,书写工整,及时订正。 3. 懂得倾听他人发言、积极讨论问题、能互帮互助、懂反思与质疑,会自律自控,服从组长安排。 4. 积极参加学校班级组织的实践活动,利用假期积极参加社会实践活动,积极参加学校组织的研学活动,并形成研学报告,质量好。积极参与社区垃圾分类实践活动。 5. 各任课老师制定相关的学科评价细则。

3. 优雅的蓝章

蓝色是优雅的,是海天相接的颜色,寓意着对希望与知识的无限想象和对自由的向往。"金安蓝宝"以海豚作为主体形象,自由、奔跑着的蓝宝蕴藏了无限的生命活力。因此,蓝章评价内容主要关注学生的个性发展方面,包括体育健儿、美术大师、音乐天使、能人巧匠;在体音美和金安学苑特色课程中培育学生的艺术体育健康素养,共创健康生活之美。校园里尊重学生的个性差异,促进学生发挥自己的特长,而不再以学习成绩作为评价学生的唯一标准。蓝章的评价标准主要由音、体、美及金安学苑(特色社团活动)任课老师负责。蓝章的争章要求见表 4-4。

表 4-4　蓝章的争章要求

	争章要求
蓝 章	1. 较好地掌握音乐、体育、美术学科素养(具体要求由音、体、美教研组制定)。 2. 积极参加金安学苑特色课程,每人至少参加一项。 3. 在金安学苑学习一种技能,并在课堂中表现优异。 4. 能较好地将金安学苑所学技能运用到生活中。 5. 积极完成金安小学学生(校内、校外)劳动清单。

金安小学"绽放童年的色彩"学生成长色彩评价体系架构,帮助学生塑造健全的人格,打好扎实的文化基础,培养参与社会的能力,发展个性向着"全面发展"的目标前进。

(三)趣动的实施使学生成长过程可视化

"绽放童年的色彩"活动,既注重评价目标的发展化——针对学生在发展过程中存在的差异和不同发展水平,促进每个学生在自己已有水平上的发展。考虑评价标准的个性化——不用一把尺子去评价所有的学生,而是关注每一个学生在原有基础上的发展。对每一位学生的发展状态,班主任、各学科教师、家长、同学及时评价,做到时时激励、天天进步。学生在老师和家长的帮助下,制订符合自己实际的目标,一步一个脚印,快乐成长留痕迹。

1. 趣动的实施,做看得见的评价

(1)"一本":人手一本"绽放童年的色彩"活动手册,学生将所得奖章贴入,记录所得数量,并及时兑换三宝。

(2)"一榜":每个月每班一张个性化设计的"荣耀榜",将学生活动手册中能够兑换"三宝"的学生名单进行公示,目的是使学生、教师、家长及时了解每个学生的进步情况。

(3)"一平台":学校利用电子班牌等信息化平台将学生每月能兑换成吉祥物的学生数量登记出来,自动生成进步排行,显示学生的成长发展趋势。

(4)"一实践":每月一次"特色实践活动",根据学校工作安排,设计不同形式和主题的实践体验活动。学生凭体验券参加游戏、兑换奖品。

(5)"一表彰":每学年进行一次"炫彩荣耀勋章"的颁发,表彰金安真美少年,激励学生自主发展,进而成为伙伴的榜样。

2. 规范的流程,让成长色彩绽放

每位金安学子在一年级刚入学时就会收获一本"绽放童年的色彩"活动手册,这本手册将记录孩子们在小学阶段的成长、变化与收获,为孩子色彩斑斓的童年留下印记。

图 4-4　"绽放童年的色彩"活动手册

（1）期初订计划：每学期初，在班主任、学科教师和家长的帮助下，每位学生自主制定自己的"闪光"目标纵横轴。纵轴——从自身强化优势和改变缺点中纵向寻找；横轴——从榜样、标兵同学去对标、对表，在横纵目标的确定中，找寻自己的成长点，找准自己的努力方向。

（2）每天争目标：在日常学习生活中，学生通过自身的努力从而规范自己的各项行为规范，达到评价目标后，教师根据评价细则对学生发展情况进行评定，每次给予一枚奖章。

（3）每月兑成果：以一个月为一个周期，学生统计自己在一个月内分别集到的红章、橙章和蓝章的数量。10 枚奖章可兑换一只对应色系的吉祥物，例如：某学生在 9 月份集齐 10 枚红章、10 枚橙章；他就能相对应地兑换一只红宝和一只橙宝。兑换工作主要由少先队大队部负责，每月 25 日少先队干部就会分年段开放兑换时间，学生可自主到少先队大队部进行兑换。

（4）定期来体验。在评价过程中我校特创设"金安小学成长体验券"，为学生提供实践平台，也是我校开展实践活动的特色项目之一；学生通过集章进行"金安三宝"的兑换活动，当学生集齐一组"金安三宝"（即得到一只红宝、一只橙宝、一只蓝宝）时，就可以兑换一张金安小学成长体验券，体验券内容会根据学校的工作安排，分发不同内容的体验券。

每月最后一天，少先队大队部就会开放一天兑换体验券时间，学生自主到大队部进行兑换。兑换过程全部由学生自主进行，也由此培养学生的统筹和自主管理能力。

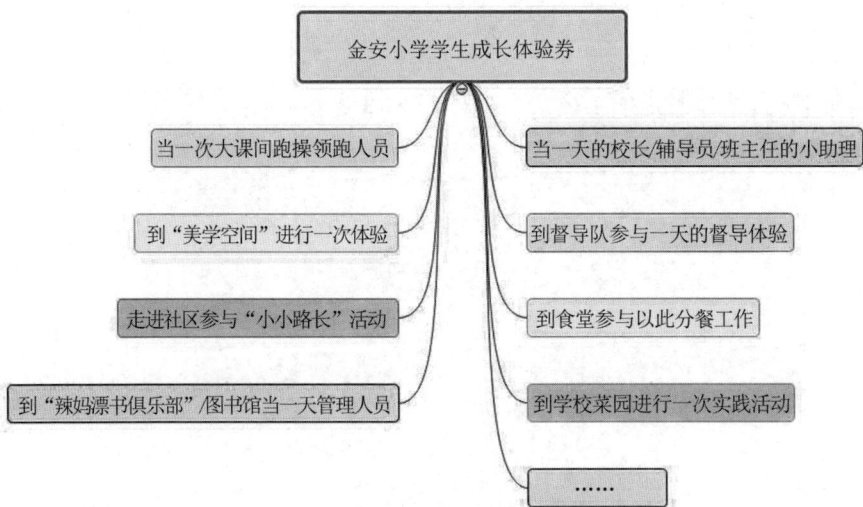

图 4-5　金安小学学生成长体验券

金安小学通过设置丰富多彩的实践体验活动,让孩子们参与到平时没有机会或较少参与的项目中;通过实践体验更提升了学生参与的热情,激发学生以更高的标准来要求自己,通过内驱力的调整,让评价体系真正能够促进学生素养的提升;让更多学生在不同领域的实践体验中绽放自己的色彩,形成学生成长的新机制、新生态。

图 4-6 丰富多彩的体验活动

(5)每年一表彰:每学年,学校会对一学年来能集齐 8 组及以上"金安三宝"的学生进行表彰,进行一次"炫彩荣耀勋章"的颁发暨表彰"金安真美少年",这也是本评价体系的中的最高荣誉,学校会为每一位真美少年颁发一枚代表荣誉的胸针。每学年末的闭幕式上,会有一批批孩子走上神圣的主席台,校长亲手为他们颁发证书和奖品,学校主校道两侧的宣传栏上是他们的照片和事迹材料,那是一份无上的荣耀;评价、激励学生自主发展,进而成为同伴心中的榜样。通过系列评比让学生明白"每天进步一点点"的成长道理,激励全体学生在平时的学习生活中积极、主动、快乐地做好每一件事。

图 4-7 每天一表彰

(四)激励的功能使学生成长的动力更强劲

1."被看见"为学生成长提供助推力

学生成长评价改革的发展,虽然以从单一的评价形式变得多样,但教师在评价中还是占有重要位置。这里的教师不仅仅指班主任,还包括每一位任课教师,在评价体系中,教师评价涉及范围广,每位任课教师都有相应的奖励细则,可以随时随地进行评价和奖励,学生的成长"被看见",教师的主导性评价为学生的成长提供了助推力。

自金安小学开展"绽放童年的色彩"活动以来,学生习惯养成、学业素养、关键能力有了进步的强大根基。

2."自看见"为学生成长触发内动力

金安小学"绽放童年的色彩"评价体系,让学生找到自身的需求点,树立自信,发现潜能,"自我看见",触发更强的自我发展动能。苏霍姆林斯基曾经说过:"成功的欢乐是一种巨大的情绪力量,它可以促进儿童好好学习的愿望。""绽放童年的色彩"评价体系正是给了学生们体验成功的有效平台,让学生在体验成功的过程中树立自信,从而更好地约束自我。

每一个学生都是鲜活的个体,都具有独特的个性。教育不是制造流水线的标准件,而要根据学生的个性特点;在此评价活动中每个学生都为自己设定一个目标,做好自身的规划,有长远目标和短期目标,为了实现目标,规范自己的行为,一步一个台阶,脚踏实地,积极进取。学期初,每个学生为自己制定目标,这就要求学生能正确、客观地认识自己;对自己的优势、短板有一个初步的认识,能简单对自己做一个自我评价。

在金安的校园里,大部分学生都能在学习生活中上养成良好的习惯,成绩稳步提高;但是也有一部分孩子,他们的学习成绩可能暂时落后,但是在属于自己特长的领域,比如合唱、舞蹈、足球、篮球等项目中绽放着自己的色彩。值得一提的是,我校男足、女足、男篮均在区小学生"三大球"比赛中荣获佳绩;合唱、舞蹈、书法、绘画、航模、创客均在市区级比赛中取得了良好成绩。

在学生自主进行集章、兑换、体验等一系列活动中,从组织到策划再到预案的设想,许多孩子组织、管理、协调能力都得到了提升;在实践活动项目里,他们参与了许多平时无法体验的项目,更是激发了学生内心进步的驱动力。从"绽放童年的色彩"活动开展以来,一直受到全校学生的热烈追捧,一枚枚奖章对他们而言都是一份坚定而温暖的肯定;在受到评价细则的影响下,学生文明礼貌进步了、课间冲跑变少了、明白了自己肩上的责任而变得有担当。在评价体系的影响下,金安小学连续几年期末检测,不同年段的学生检测水平都位列全区前茅。

树立自尊,发掘潜能,树立榜样,激励成长;树立自信,体验成功,自我规划,积极进取。通过"绽放童年的色彩"评价体系为引领,激发学生内心的进步欲,激发进取的内动力,在开发自身潜能、体验成功的过程中增强自我学习的兴趣和动力,在自我规划过程中实现自律成长,从而实现自我规划、自律成长。

评价,是学校办学思想最真实的行为体现;评价,更关系到人的培养方向和培养模式。全面合理的学生评价,必然能促进学生和谐健康的发展。"真美文化"建设背景下的"绽放童年的色彩"学生成长色彩评价项目,集导向性、全面性、发展性、多元性、激励性等诸多优势于一体,它能让我们的学生成长得更厚实,行走得更久远,能在自己的成长道路上尽情绽放属于自己的童年色彩。

第五章
成就教师生长向卓越

习近平总书记在第三十个教师节到北京师范大学看望师生时强调："今天的学生就是未来实现中华民族伟大复兴中国梦的主力军，广大教师就是打造这支中华民族'梦之队'的筑梦人。"[①]李克强也强调："强国必先重教，重教必须尊师。教育承载着民族的希望和未来，教师是国家大厦的基石。全国1500多万教师支撑起世界最大规模的教育体系，是最宝贵的社会财富。我国各领域发展取得的显著成就，归根结底都得益于科学知识的普及和亿万劳动者素质的提高，这都离不开广大教师的辛勤耕耘和无私奉献。"[②]陈嘉庚老先生也说过："没有好的教师，就没有好的学校。"教师队伍建设是促进教师专业发展的重要保障。

教师队伍专业发展，是学校改革和发展的原动力，也是学校办学质量和效益的竞争力所在。良好的师德师风是体现一个学校办学实力和办学水平的重要标志，决定着一个校园的精神风貌和人文风格。我们应该认识到，教学是师生共同经历的一个教育过程，对于教师而言，生命教育的意义同样非常重大。因而，在教育管理中，帮助教师建立起强大的生命意识，也就显得非常重要。生命成长教育的对象首先应该是教师，只有教师通过不断地学习、再学习，树立积极向上的教育理念，才能真正关爱生命，呵护正在绽放的生命之花，才能真正走进学生的生命世界。正如朱永新所言："没有教师的成长，学生的成长是不可能的。"

为搭建有强大生命意识的教师专业成长发展平台，学校组建了教师发展中心、导师工作室等学习团队，建设师德安全岛，锻造"一师一品，主体觉

---

① 人民日报评论员.当好"梦之队"的筑梦人[N].人民日报，2014-09-10(2).

② 李克强:进一步营造尊师重教社会氛围以改革推动我国教育事业提质发展[EB/OL].(2015-09-08)[2020-06-10].http:edu.people.com cn/n/2015/0908/c1053-27558862.html.

醒"的教师群像,用共同愿景打造"教师学习成长共同体",为打造儿童生命成长的教育生态提供了保障。

第一节　正视困境,突破"瓶颈"

金安小学地处厦门市岛内东部,紧邻五缘湾湿地公园及环岛路、观音山风景区,毗邻高林居住区,南靠金钟路,北依建设中的两岸金融中心湖里片区,西靠湖里万达广场,是 2014 年岛内新开办的唯一一所全日制公办小学,占地面积 24150 平方米,建筑面积 21223 平方米。招生片区覆盖金安社区和金林社区,设计办学规模为 36 个班级。学校拥有优美的校园环境和现代化的软、硬件设施,配备了 1 栋行政办公楼、3 栋教学楼、1 栋体育馆和师生食堂、1 栋实验楼,1 个 200 米标准跑道的操场,各专用教室设施设备齐全。

目前,学校教职员工有 108 名,专任教师 95 人。专任教师学历全部达标,其中研究生学历 3 人,在读研究生 1 人,本科生 83 人。现有省级学科带头人 1 人,省名校长培养对象 1 人,市、区级名师 21 人。

一、现有教师队伍特点

我们依据现有教师队伍,可以分析出以下特点:

年龄结构趋于年轻化,平均年龄不超过 35 岁,教师队伍年轻但活力充足,知识能力接受快,能灵活运用现代化信息技术。但教师教育教学经验存在良莠不齐,班主任教育管理经验也有所参差。

我深深地感觉到:教师的学习和教育观念待加强。随着全社会受教育程度的普遍提高,学生的家庭文化更加复杂多元。家长的文化程度越来越高,开放的教育使学生接受了许多教师无法控制的多元思潮,信息总量甚至会超过教师,教师面临着知识的新一轮挑战,需要多学习、善于学习,并加强树立为学生服务的理念。

方法获取时还要加强方向感。教师专业成长也存在着一个现象:重视方法的获取而忽视方向的确立,热衷于借鉴他人成功的经验而忽视文化背景的思考,热衷于操作程序的学习而忽视三维机制的探索,如校本研究、远程培训、教育博客等。

　　教学课堂与真课堂有一定的差距,让我内心隐约感到一种紧迫感,但更多的是对问题的思考和探索。在教育教学实践中,教师队伍兢兢业业,精心备课、认真上课、潜心研究、细心地批改作业,耐心地辅导学生,指导学生参加各种竞赛,取得了成绩的同时,也可以得出一点思考:成绩付出的成本与获取的价值比是否合理,成绩的背后是否可以再优化,如何与学校的"教育至真,生活至美"办学目标实现再对接?

二、教师专业发展现状

　　认清教师专业发展的达成度,方能正确地把握学校教师发展的特点,才可以有效地寻找教师专业发展的突围之路。

　　数据一:2017 年以来,学校积极地参与各级各类教师技能比赛(图 5-1),做好岗位大练兵、全国赛课等活动,以赛促成长所达成的度。

图 5-1　教师技能比赛进阶图(部分)

　　数据二:在国家、省、市各类教学期刊上发表论文 53 篇(图 5-2),出版生活美学创客系列校本教材 5 种。教育教学论文撰写比例整体呈现上升趋势。教师积极撰写教育教学论文,主动参与到市区教育局组织的论文评选中,在教学写作上整体提升快。

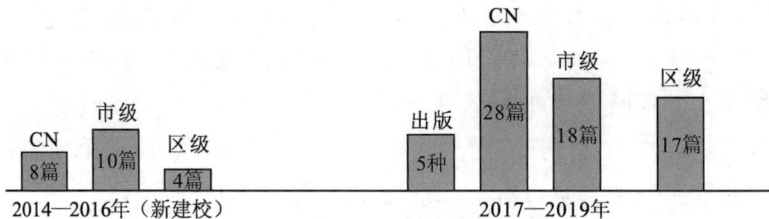

图 5-2　教育教学论文刊发进阶图(部分)

数据三：教师积极地参加课题研究工作(图 5-3)，参与国家级课题研究 1 项，省级课题研究 4 项，市级课题研究 4 项，区级课题研究 6 项，校级科研课题 18 项，以课题带动学校的整体发展。显著的有：学校成为福建省第二批教改建设性示范学校，围绕"学习场视域下的'六真课堂'行动研究"形成了全校性共研的教育教学总课题，福建省"十三五"中小学名师名校长培养工程专项课题"基于生活之美的小学生成长体验研究"作为美育课题进行研究，并于 2020 年顺利结题。

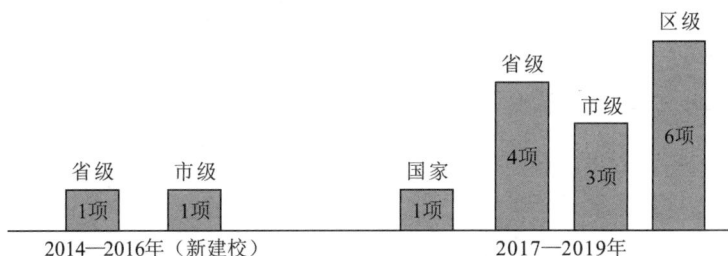

图 5-3 课题研究工作进阶图(部分)

数据四：教师专业的发展，促使教学质量不断提高。学校历年国家、省、市、区教学质量监控成绩名列湖里区前茅，2019 年厦门市义务教育质量监测五年级数学获得全市第二名的好成绩。几年的奋斗，学校已初步形成了具有学校特色的教师专业发展模式，全面提高了教师的专业化水平，教育生态场的形成不断趋于完整。

第二节 夯实路基，培育卓越

看清了问题，才有思考的方向；找准了制约"瓶颈"，才能健步走上突围成功之路。方法，是指解决具体问题的路子与程序，以消除具体矛盾及问题为目的。方向，是指确立人生与专业发展的行为目标，用以构建人生与专业发展的目标，如师德师风、业务水平教学技能、教学研究等。前者属战术性问题，后者属战略性问题。只重方法而轻视方向，会使教师很难从战略性层面把握和处理问题，会导致在战术层面处理具体问题的技能乏力和退化。

教师如果要提高课堂教学效率,就要学会大胆创新,勇于实践,因为有效备课是提高课堂教学效率的前提,有效提问是提高课堂教学效率的关键,指导学法是提高课堂教学效率的保障,及时反思是提高课堂教学效率的保证,增大容量是提高课堂教学效率的途径。如果我们不思效率,只求效果,而不符合现代社会发展规律,就不能优化教育教学效果,不利于培养社会需要的、适于儿童生命成长的、新型的高素质人才。

作为引领齐飞的"领头雁",学校应该怎么办?为此,我校极其重视教师发展工作,想方设法,创新举措,蓄足学校发展的"原动力",发动课堂教学改革的"主引擎",开山铺"路",连线搭"桥",落实上级文件精神,结合校情实际,打造"以建设具有陪伴成长能力"的教师学习共同体,着力培育优秀年轻骨干教师队伍,抓实校本研训和校本教研,全方位立体推进教师专业发展。

一、做好专业生命素养"四注重 四提升"

对教师的专业发展,学校既有长远的战略思考,也有聚焦关键环节的细节落实。学校始终把教师职业道德建设作为教师发展的首要素养,并提出了"四注重、四提升"的总体要求:即注重师德建设,提升职业品位;注重专业成长,提升队伍活力;注重教师研训,提升治教能力;注重考核评价,提升执教水平。面对当前教师发展的"瓶颈",学校汇集体智慧,组建教师发展中心,成立校内名师工作室,落实日常教研活动的精致化,教学常规管理的规范化,课题管理的项目化,通过恰当定位、提出建议、落实措施、动态管理、有效评价,为每位教师完善自身发展规划,使教师有了前进的目标。

我们建立了教师专业发展领导机构,严格落实教师专业发展负责制。校长为教师专业发展学校的第一责任人,主管副校长负责具体的工作,建立三级管理网络,实现教师专业发展管理。

决策层——校长办公会。

组织层——各专业主管科室。

实践层——教研组、年级组、教师。

学校负责人加强对教师业务能力培训工作的领导、协调和管理。研训处主抓教师专业成长,具体负责教师的校本研修;教务处主抓日常教研、集体备课;德育处主抓班主任培养、师德教育;阅读指导中心主抓教师的读书活动;年级组、学科组组织开展具体活动,形成了层层管理、专人负责的研修网络。每学期,学校通过"专家讲坛""今天我开讲""一人主讲、同伴提问""互动式研讨""定向式交流""专题性汇报""自由式研修"等多种形式,形成了"以师为本"的校本研修操作模式,做到了日常管理有序、高效,管理资料项目健全、归档合理。同时,学校建立了学校行政挂钩教研组、年级组制度,督促和带动教师的专业发展。领导重视,专人负责,为做好教师专业发展建设工作奠定了基础。

为了加强管理,规范教师的执教行为,学校不断完善各项教学管理制度。《教师发展性评价方案》《教师发展成长手册》,用以调动和激发广大教师的工作积极性和创造性,促进了教师队伍的专业发展;《教学常规管理制度》明确了备、讲、批、辅、考的各项要求;《反思制度》明确了班级管理反思、教师教后反思和学生学后反思的要求,形成了自我反思、同伴互助、专家引领的校本教研体系;《课题管理制度》明确了教研活动、课题研究、课例研讨的要求,在主题研究的基础上,我们重视在教学过程中凸显的焦点、重点问题,并进行有针对性的小课题研究;《集体备课制度》明确了备课流程、备课分工、学案标准和质量的要求,通过集体备课,发挥名师的带动作用,发挥集体的智慧和力量,真正使优质资源得到共享;《导师工作制度》明确了帮扶计划、目标和任务的要求,充分发挥名师的示范和引领作用,让青年教师和学科教师快速成长。

职业道德是立师之本。只有具备良好的职业道德,才能成为一名既有"扎实学识"又有"仁爱之心"的好教师。注重师德建设,提升教师职业品位。师德,即教师职业道德,是教育事业对教师人格提出的特殊要求。所谓师德,是教师应有的道德和行为规范。师德是教师专业素养的基础,师德是教师专业发展的根本。我们认为,"教师专业的发展是一种教师全人养成的过程,对教师的专业培养应该是一项重要的育人行为。"所以,学校将师德建设进行全方位渗透,在每一个细节上浸润。

二、创造"以学习者及其学习为中心"的师训模式

新课程理念体现了"以学习者及其学习为中心",教师培训课程也应该是为实现教师的深度学习而存在的。基于社会建构主义、情境学习理论以及质变学习的观点,要使教师的深度学习发生,教师培训课程的设计与实施需要把学习者置于学习的中心地位。

每年暑期的教师培训,学校都实现了"主题化、板块化、行动化",把课

程视为培训者与学习者共同建构的学习经验,只要学习者需要,有助于学习者的学习与发展,课程可以进行适当的调整或生成,给学习者的深入学习留有适当的空间。因此,识别与准确把握学习者的学习需求,为不同需求的学习者尽量提供个别化的学习内容,是教师培训课程开发与实施的首要任务。在校本师训中,我们努力创造以学习者的学习为中心的交流与研讨、个人教学经验分享、实践应用、质疑与解惑、阅读学习等,留下充分的空间,使预设与生成相结合,从而帮助学习者理解与接受最为先进的教育教学理念,唤醒与激发学习者的学习主体意识,以学习者积极主动的参与和智慧付出,真正实现深度学习与有效培训。

教育因你而改变
——厦门市金安小学 2019 年暑期教师校本研训方案

一、主导思想

理想信念,道德情操,扎实学识,仁爱之心,教育因你而改变。

责任担当,牢记使命,不忘初心,砥砺前行,教育因你而精彩。

本次暑期校本研训重在进一步铸造金安品牌,增强教师责任担当意识,着眼未来,提升教师执业能力,打造优秀的教师团队。创新培训模式,以行动研究、沙龙研讨、团队再建,增强新教师的适应能力,融合能力,促进教师团队"因你而改变"。

二、组织领导

组长:林华强。

副组长:叶巧璇,张舒。

督导组:黄秀玲。

成员:王婉玲、蔡可、林莉莉、汤美霞、陈惠斌、阮婧、郑晓菁、李佳燕。

三、培训时间

8 月 27 日—8 月 30 日上午 8:30—11:30(8:10 签到),下午 2:30—5:00(2:20 签到)

四、培训形式

专题讲座,参观交流,分享研讨,团队沙龙。

五、培训要求

1. 守时守纪,准时签到,培训过程不得玩手机、不得随意离场。

2. 所有参训教师要在培训记录本上做好笔记。

3. 培训后,请针对培训内容,感悟等收获完成 1 份不少于 1000 字的培训心得,并及时上交。

4. 积极主动参与,做好准备工作,乐于交流展示才华。

培训安排	时间	研训名称	主讲	对象	地点	主持
8月27日 （第一天）	上午	1.2019教师期初研训动员	林华强校长	全体教师	1号楼6楼会议室	叶巧璇
		2.金安小学二届三次教工代表大会	王婉玲主席			
	下午	德育工作分享会 1.做骨干班主任二次培训 2.班级工作管理分享 3.解读金安三宝集章方案	阮婧 罗倩 陈冬梅 李佳燕	全体教师	1号楼6楼会议室	阮婧
8月28日 （第二天）	上午	家校沟通技巧培训	蔡可	全体教师	1号楼2楼阅览室	蔡可
	下午	《教师的自我存在与角色影响》	于向华老师	全体教师	1号楼6楼会议室	蔡可
8月29日 教师素养 专场 （第三天）	上午	OA系统培训	励联科技有限公司 庄杰平	全体教师	1号楼6楼会议室	张舒
	下午	党员"不忘初心牢记使命"巡讲	杨单女书记	全体教师	1号楼6楼会议室	林莉莉
8月30日 教科研 专场 （第四天）	上午	1.学校教科研课题整合课程研讨培训 2.语文、数学、英语学科经验分享	冯新玉 林景婷 赵影	全体教师	1号楼6楼会议室	叶巧璇 汤美霞 何玮萍
	下午	支部会议 期初工作（备课、整理办公室）	林华强书记	全体党员 非党员教师	1号楼6楼会议室	林莉莉

备注:上午茶歇时间:10:00—10:15;下午茶歇时间:3:30—3:45。
不提供一次性纸杯,请老师们自备水杯。

工作人员安排

时间	具体工作安排	负责人
8:27—8:30	落实茶水点心	陈惠斌
8:27—8:30	拍照、录像	陈煌耀
8:27—8:30	公众号宣传	黄艺玲

教师培训宣传人员安排

时间	撰稿人	审稿人	公众号编辑
8月27日	王琳	晁晶	袁文琪
8月28日	周慧莹	周荣学	钟晶晶
8月29日	吕宏愉	骆梅珍	陈妙敏
8月30日	王颖	魏琼	黄晓莹

厦门市金安小学　研训处
2019 年 8 月 25 日

春华秋实共成长
——厦门市金安小学 2020 年暑期教师校本研训方案

一、主导思想

春玩其华,秋登其实,师生的生命成长回归。

习于智长,优于心成,教师的教育生命突破。

教育就如春生、夏长、秋收、冬藏一样,它是四时的律动,它是自然的更替。就需要我们春风化雨、润物无声的课堂教学,遵循学生成长的自然规律,多一些引导,多一些等待,多一些激发,从而潜移默化地构建"以美育人,立德树人"的生命成长生态。

本次暑期校本研训围绕"智慧的增长来自学习,美好的品行出自心灵",以提升铸造金安品牌,关注教师生命的现状与突破、生命的局限与格局,生命的外求与内化。从而真正遵循学生的成长规律性,关注学生生命成长,获得春华秋实的幸福感。

二、组织领导

组长:林华强。

副组长:叶巧霞,张舒,邵庆德。

督导组:黄秀玲,林莉莉,蔡可。

成员:王婉玲,汤美霞,陈惠斌,阮婧,郑晓菁,李钚,李佳燕,何玮萍,陈淑琼,周慧莹,黄艺玲。

三、培训时间

8 月 28 日—8 月 30 日上午 8:30—11:30(8:10 签到),下午 2:30—5:00(2:20 签到)

四、培训形式

专题讲座,参观交流,分享研讨,团队沙龙。

五、培训要求

1. 守时守纪、准时签到,培训过程中不得玩手机、不得随意离场。

2. 所有参训教师要在培训记录本上做好笔记。

3. 培训后,请针对培训内容、感悟等收获完成 1 份不少于 1000 字的培训心得,并及时上交。

4. 积极主动参与,做好准备工作,乐于交流,展示才华。

8.28　安全德育·唤醒师生生命成长的感受力

负责:张舒副校长(分管后勤保卫),邵庆德副校长(分管德育、家校)。

感受力是通向他人与万物的入口,"教"的力量就是为了唤醒"学"的自觉,有助于师者站在生命成长观,改变"要我学"为"我要学",助力相生相长。

培训安排	时间	研训名称	主讲	对象	地点	主持
8月28日 (第一天)	上午 教科 研训 专场	1.2020教师期初教师大会、人事任命 2.秋实专场(2019校级课题结题、优秀导师工作室、论文、各级获奖) 3.教师的课题研究:突破教师发展瓶颈,拾级而上	林华强 汤美霞	全体 教师	四号楼1楼 功能厅	汤美霞
	下午 德育 专场	1.智慧校园编织生命成长"信息网" 2.构建学生成长评价体系(德育) 3.优秀班主任分享(班级德育) 4.学校新冠肺炎专题工作 5.防疫演练	张舒 阮婧 陈妙敏 钟网市 张舒	全体 教师	四号楼1楼 功能厅 学校大门口	阮婧

8.29　家校共育·自省教师教学成长的突破口

负责:林莉莉主任(人事、宣传),王婉玲主席(工会、群团活动),蔡可主任(行政化管理部门)。

"君子见善则迁有过则改"。《易经》告诉我们生命成长从自省开始,自省需要勇气和方法,在知行合一中体会成长的韵律,拓展生命的宽度。

	时间	研训名称	主讲	对象	地点	主持
8月29日 (第二天)	上午	1.家校、师生沟通技巧 2.群团拓展活动	蔡可 王婉玲	全体 教师	四号楼1楼 功能厅 体育馆	林莉莉
	下午	金安精神　教育生态	林华强	全体 教师	四号楼1楼 功能厅	叶巧璇

8.30　教务管理·回归教师专业成长的创造力

负责:叶巧璇副校长(分管教学研训),汤美霞主任(教务处)。

从个体到场域,每一位教师都需要融势、借势、成势。从学校场域的共生,到班级场域的建设,懂得生命成长的秘密,坚守教育中的"不变",拥抱教育中的变。

8月30日（第三天）	上午	1.基于课程建设的教师专业发展	刘莉莉教授（华东师大教授、博士生导师）	全体教师	四号楼1楼功能厅	汤美霞
	下午	1.教务处的教师常规 2.年度考核反馈 3.优秀常规分享（常规教学）、新教师成长（教学常规引导） 4.分学科期初准备	何玮萍、陈淑琼 叶巧璇 魏琼 叶巧璇	全体教师 近三年教师各教研组	四号楼1楼功能厅 四号楼1楼功能厅 各教研组	陈淑琼

备注：上午茶歇时间：10:00—10:15,下午茶歇时间：3:30—3:45。
不提供一次性纸杯，请老师们自备水杯。

工作人员安排

时间	具体工作安排	负责人
8:27—8:30	落实茶水点心	陈惠斌
8:27—8:30	拍照、录像	陈煌耀
8:27—8:30	公众号宣传	黄艺玲

教师培训宣传人员安排

时间	撰稿人	审稿人	公众号编辑
8月28日	周慧莹	周荣学	袁文琪
8月29日	吕宏愉	黄艺玲	陈妙敏
8月30日	王颖	魏琼	钟晶晶

厦门市金安小学教务处
2020年8月27日

三、以内涵和品位成就师德养成

师德，不是简单的说教，是一种深厚的知识内涵和文化品位的体现；师风，不是口头的夸辞，而是一种行动力量，是一种深沉的责任心和学高身正的力量。没有什么比师魂的阳光更有无穷的魅力。"高尚的师德，是对学生最生动、最具体、最深远的教育。"

"十年树木，百年树人。"踏上三尺讲台，也就意味着踏上了艰巨而漫长的育人之旅。我们要永远操持着一份庄重的责任心，一份至高的准则，坚守着师者的道德，发扬着师者的风格。

"师者，人之模范也。"师德师风既是一个学校办学实力和办学水平的重要标志，又决定着学校的学风和校风，决定着一个学校的精神风貌和人文风格；师德师风既是学校改革和发展的原动力之一，又是学校办学质量和效益的竞争力所在。一流的学校必须要有一流的师德和师风！加强师德师风建设，既是势在必行，又是人心所向，更是众望所归。

师德师风，源于老师心中的自我期许与道德准则，更源于对学生深沉的爱。看看我们的四周，学高为师，哪一位优秀的老师不是倾尽自己的学识为学生点亮未来？身正为范，哪一位优秀的老师不是在以自己的行为为学生指出正确的方向？东方未明之时，有的老师穿过晨风，已经来到学校，督促学生学习；夜深人静之际，有的老师还披着灯光，仍在准备讲义，批改作业。这一切都是因为老师将对学生的爱扛在了肩上，刻在了心头。这份伟大而无私的爱，时而化作关切的眼神，时而化作严厉的批评，然而，无论如何，老师的爱都在学生的心中留下了无数难以磨灭的印记。

下面的这个教育故事《不忘初心，守望花开》，或许可以让我们明白什么是师德，师德的重要性体现在哪里。

　　每一个孩子都是一颗花的种子，每一颗种子都有自己特有的花期。有的很快就绽放笑颜，有的默默生长。其实无论快慢，种子总会发芽、开花。

　　初见——

　　至今我仍清晰地记得，开学的第一天，我第一次踏进班级，第一眼我关注到了天天。我知道，他是个"与众不同"的孩子，是个不会让老师省心的孩子，这是他留给老师的第一印象。果不其然，一下课，就有学生来报告：老师，天天故意撞我；老师，天天拿我的笔……

　　发现——

　　有人说过这样的一句话："老师不经意的一个眼神，也许会扼杀一个人才。"从我踏上讲台的那刻起，我就告诉自己：有缺点的学生决不能让他们掉队，因为他们是祖国的花朵，也是小树啊！于是，我开始留意天天的闪光点。那是一个中午，孩子们吃过午膳，我走进教室，看到天天正拿着扫把在扫地，汗水浸透了他的上衣，我递给他纸巾，示意他擦擦汗，他还跟我道声谢谢！此时的我露出了微笑，为他竖起了大拇指，接着他干得更起劲啦！

鼓励——

机会不容错过，我在班上及时表扬了他："你们看，天天的表现多棒，他把班级打扫得干干净净！多么勤快的孩子啊，大家要向他学习啊！"他笑了，笑得那么天真又舒心。从那以后，天天像变了个人似的，课上坐姿端正，课下不再欺负同学，看着他的变化，我想：是什么让他"脱胎换骨"呢？那就是鼓励！

赏识——

在老师的鼓励下，天天改变了不良行为，渐渐地得到了孩子们的认可。每个孩子都是一朵花，是一朵需要耐心浇灌的花。每一个充满爱的鼓励，都会改变一个学生的行为。因此，在教学时，我比平时更注重评价，给调皮的孩子恰如其当、全方位的评价，同时恰当增加夸奖的力度，欣赏他们的点滴进步。

一名教师没有能力点燃火种，但绝不能熄灭火种！每一个孩子都是一粒独一无二的种子，种子的花期不同，绽放的时间也不同，我们需要细心地呵护这些小花，慢慢地看着他们长大，让他们沐浴阳光风雨，守望花开！

四、塑造"课堂革命是一种使命担当"的变革精神

为进一步深化课堂教学改革，加大师资队伍的培训力度，学校树立"教学质量在课堂、教师成长在课堂"的理念，突破教师课堂教学的薄弱环节，为教师提供学习锻炼的平台，促进教师在活动中不断实践、不断反思，提升教学研究水平和教学实践能力，提升教师实践智慧。

课堂是教师发展的核心阵地，教学是教师职业生命的生机所在，教师的个人修养、文化品位、道德诉求都表现为课堂教学中指向儿童的举手投足。课堂教学改革能激发教师教学实践的智慧，更是教师专业成长的真实观照。

春日如歌，万物齐吟。学校行政班子每学年都会一起调研，结合学校实际，高度重视，周密部署，将"金安教改"纳入新的时代，定期有主题地召开，稳步推向核心"主战场"，即课堂教与学模式的变革。

活动前，校级领导深入各备课组指导研课，区各学科教研员莅临现场磨课指导。学校紧紧围绕总课题"学习场视域下的'六真课堂'行动研究"，

仅 2019 年 4 月 9 日至 11 日三天时间,就举行了以"新理念、真课堂"为主题的课堂教学改革大比拼活动,并深入推动"省义务教育教改示范性学校"的建设,选出了一批批课堂教学改革的"排头兵"。大比拼活动分为语文、数学、英语、体育、音乐、美术、综合七个组别,参与对象为一级教师和各教研组推荐的教坛新秀。

语文组的六位老师围绕教研组"问题导学＋"教学策略展开教学,灵活采取了各种策略:习作教学,以学习共同体的方式引导孩子们合作探究写作方法,将课堂还给学生;二年级组教师的《文具的家》一课,立足整体设置核心问题,引导学生思考探究;一年级组的《我是一只小虫子》,联系生活,关注语言训练,把主动权留给孩子;黄艺玲老师执教的《小毛虫》一课重组教材,活用教材。魏琼老师的《小真的长头发》一课,关注部编版教材的双线结构,落实人文主题和语文要素,学生在感受长头发神奇的基础上,大胆想象,有序表达;华叶欣老师的《青蛙卖泥潭》一课,让小组共同演绎青蛙卖泥塘的情节,调动学生课堂想象思维的积极性。能够针对学段特点,建设学习小组,兼顾人文素养,踩好语文训练点,这是区语文教研员由衷的肯定和建议。

数学组七位老师围绕教研组"问题交互 3＋4"的课堂模式展开教学。苏小红老师在《余数和除数的关系》教学中,引导学生动手操作,合作探究,产生思维碰撞。叶婉婷老师的《三角形的内角和》一课,用"量一量""拼一拼""折一折"的方式动手操作去验证,让学生体会到了数学的奇妙。晁晶老师在《三角形三边关系》教学中,让学生经历猜想到验证的数学思维过程,在动手中感悟,在交流中阐述观点。苏玲老师执教的《探索图形》,借助魔方、正方体实物,生动地展示了"剥层"的方法,把数学形象、数学语言、数学符号对应起来。刘慧萍老师的《分类与整理》体现了"做中学,玩中学"的教学理念,充分经历了分类与整理的过程。曾宇滨老师的《找次品》一课,让学生充分感受到了解决问题策略的多样性,重视培养观察、分析、推理的能力。邓爱丽老师的《比例尺》教学中,课堂学生参与度、合作交流自由度、建构知识内容整合度尤为突出。对小组合作模式的建立以及培养学生表达力等方面做出努力,同时希望用"六真"课堂进行教学设计的重新整合,并以追问、小结、独立思考等教学方式来培养学生的思维力,这是区进修校主任教研员的高度评价。

英语组黄晓莹和林晓萍两位老师采用"TBL 教学模式"进行角逐。黄晓莹老师执教的《Unit3 At the zoo Part A》一课的创新点是大胆地进行了跨学科融合；林晓萍老师执教的《Unit4 When is the art show? Part B》一课，借助绘本阅读，渗透了阅读策略，全方位地锻炼了学生的综合语言运用能力。

体育组的刘诗婷老师执教的二年级的《前滚翻》，通过设置情境、小组合作、自主探究和学生练习，提高下肢爆发力和全身协调能力；张明明老师执教的《斜线助跑跳高》一课，针对四年级学生模仿能力强、敢于展示自我的特点，大胆开发新颖的内容、有趣的游戏；陈惠斌老师执教的《小篮球——体前变向运球》一课，多变的练习方法，让学生在练中学、在学中乐、在乐中练。音乐组郑晓菁老师执教的《土风舞》，运用奥尔夫声势体态律动教学法，让学生体验《土风舞》的舞曲风格特点；李佳燕老师执教的《波斯市场》，围绕《波斯市场》这一"描述性音乐"的特点，采用奥尔夫教学法让学生领略浓郁的地域风格，感受管弦乐的魅力。美术组努力构建聚焦美术核心素养的真互动课堂。汤美霞老师执教的二年级《五味瓶》从无形的味道引导学生进行有形的描绘。整节课通过体验感受味道——探究绘画味道——创意描绘味道，环环相扣，循序渐进地带给学生们味蕾的体验之旅；颜文倩老师执教的《千姿百态的帽子》，通过"我想""我试""我做"三环节，让课堂"动"起来，呈现出有趣生动的智慧课堂景观。

信息学科围绕"基于六真学习场下的机器人创新课堂"模式进行展示。何玮萍老师执教的《智能光控路灯》带领学生用流程图分析程序思维，理清编程任务，注重学生创新能力的发展。科学学科吴晓娟老师执教的三年级的《果实和种子》采用"探究式教学"策略，让孩子亲历发现问题、提出猜测、实验探究的过程。品社学科朱谦老师执教的《血与火的时代》一课，紧扣学校课改六真学习场"真合作"的理念，通过学生小组合作探究的模式，使学生了解了殖民扩张给殖民者和殖民地人民带来的重要影响。

千帆竞发乘风启，百舸争流奋楫先。通过教改大比拼活动，学校教学改革行动质量得以提升，学生为主体的特色课堂模式得以构建，基于六真学习场视域下教与学的变革研讨有效落地。大比拼活动成为全体教师大学习、大研讨、大实践、大提高的有效舞台。

"课堂革命"是一种使命担当，也是一种现实需求，它有助于实现学校办学的核心理念"为儿童积累新的未来"的建设愿景，有助于将学科课程价值最大化落地，更是推动落实儿童教育生态的"助力器"！

五、打造学习型团队,陪伴教师多元成长

钟启良教授认为"教育改革的核心环节是课程改革,课程改革的核心环节是课堂改革,课堂改革的核心环节是教师的专业发展。"[12]

学校管理者要有与时俱进的视野,为教师搭建内涵发展的平台。我们需要提升教师的思想力,为学校打造学习型团队提供可能。

促进教师的专业发展是学校的基本职责,需要学校管理者潜心思考,投入无限的精力去实施。教师的专业发展需要科研指导,名师引领,互动教研,多元化学习和多元化激励。这些都是促进教师专业发展的有效途径。但最根本的是促进教师思想力的发展,让教师在成长中享受职业生命的幸福。我们应该基于校情,积极为教师发展创设各种多元化发展平台,激发教师发展的积极性、开放性,形成深度学习,陪伴教师多元成长。

(一)网络研修平台互动

着力建设基于网络的教师发展平台,建设具有较强选择性、实用性的教育教学资源库,建设教师微信平台,创设良好的学习环境,为教育教学提供优质服务,促进教师之间的互动交流、经验共享,提高资源使用效度。发挥学科带头人的中坚作用,鼓励名师、学科带头人创设自己的线上线下"名师工作室",为广大教师答疑、提供业务咨询和教学资源。

(二)导师工作平台带动

积极实施教师培养工程,进一步做好学科带头人、名师、骨干教师的培养工作,实行"导师工作制""项目研究制""青年教师成长工程",组织教学开放活动观摩、基本功大赛、评选教科研论文等活动,为广大教师开辟互动交流的通道,搭建展示才华的舞台。例如,导师工作室(图5-4),是为了更好地提高教师的专业水平,搭建教科研平台,提供专业成长和发展的空间,切实做好教师培养工作,充分发挥导师的示范、引领、辐射和带动作用,促进中青年教师快速成长。仅2018年10月29日成立的"第一届导师工作室",实行两级导师管理制度,一级导师(领航),二级导师(领衔),以研促教,以项目研究带动,旨在通过导师和徒弟自主双向选择,在自愿结对、共同进步的团队中,更好地从思想表现、课堂教学引领、专业成长、科研课题

等方面进行引领,真正起到传帮带的作用。"一枝独秀不是春,百花齐放春满园"。学校18位二级导师,自此拉开了与徒弟互帮互学、昂首阔步前进的序幕。

厦门市金安小学
XIAMENSHI JINAN XIAOXUE

导师工作室领衔人 · 承诺书
师徒带教/成长规划/年度考核/分级管理

一、不忘初心 爱国守法
爱国明礼、爱岗敬业,遵章守法,立德树人,志存高远。
二、砥砺前行 教书育人
遵循规律、脚踏实地,循循善诱,因材施教,诲人不倦。
三、严格自律 自我提升
自尊自重,健康向上,潜心向学,精心钻研,信守承诺。
四、团结协作 以传带教
团队行走,和谐同心,示范引领,标杆领航,教学相长。

图 5-4 导师工作室

(三)教育合作启动

"请进来",其宗旨就是为了助推成长。特别是邀请名师、大家进行教育理论和教学实践教师培训,我校聘请华东师范大学刘莉莉教授及省内教育名家、市教科院、区进修学校教研员,对学校、对教研组、对老师们进行多次的指导帮扶,不断推进教改工作的研究和落地。"走出去",为的是让教师大开眼界,学校每年有计划地组织学科带头人、骨干教师到教育发达地区南京、上海、北京等地进行考察、学习,畅通交流渠道,为广大教师搭建学习平台,拓宽教师的教育视野和知识视野,转变教师的教育观念。只有"请进来"与"走出去"并重,才能扬长避短,使老师的业务得到提升,专业得到成长;只有"请进来"与"走出去"并举,才能给学校办学带来活水源头,才能焕发出旺盛的生命力,不会让其成为一潭死水。

为适应新时代背景下的教育形态,培养出更具有创新力的新时代少年,学校行政班子高度重视,2019 年 3 月,在学校全体教师中进行了关于"改变课堂组织形式,变革教学组织关系"的教育教学问题头脑风暴专场。

同时,学校还邀请了华东师大刘莉莉教授为全体老师做了一场题为

"基于课程建设的教师专业发展"的讲座。她就教师成长瓶颈与教育的困境进行了剖析,让老师们清楚地意识到当前如何突破成长瓶颈。语文课堂汇报中,她充分肯定了魏琼老师的真问题,她强调教学行为要与学生达成四个共识,一是强调"信任",有了信任,学习行为才能够真实有效。二是强调"等待",给予充分的时间去等待那些还处于思考中的孩子。三是强调"倾听",要认真倾听孩子的真实心声。四是强调"共识",要与学生达成一致共识。针对"四问",她还说:"四问并非独立的,而是相嵌相生的,是学生主体的生成,是生成描述与表达。"在教学过程中,语文问题的设计要基于整体性去设计能问且问得清楚的高质量问题,也就是强调问题的准确性、难度值与有效性。数学课堂现场会,她认为现阶段是教改的初期,要保有一个良好的心态去应对这些问题,不要太过焦虑,与此同时也要试着寻找方法。她强调,教学活动设计要充分考虑是否能够进行有效交流,问题呈现不宜偏简单或者偏难,小组活动环节可以采用小组捆绑机制来调动学生的积极性。

专家们的答疑解惑,如醍醐灌顶,拨云见日,全体教师茅塞顿开,受益匪浅。

(四)读书学习灵动

读书、学习是教师的立身之本,是促进教师专业成长的基石。教师必须博览群书、兼收并蓄,才能支撑起知识的天空,满足现代教育发展的需求。教师才能以自己的书卷之气,去熏陶学生,使之热爱读书,与书为伴,成为未来书香社会的"读书人口"。唯有如此,教师思想的河流才能潺潺不断,才能提高生命的强度。"腹有诗书气自华",催生教育智慧与专业发展。

以前常说,要给学生一滴水,教师须有一桶水。是啊,教给学生一滴水,老师要有源头活水。我们采取的是定期与不定期、集中与分散自学相结合的方式,使教师得到了内涵式发展。以下精彩回放,可以说是一个个小小的范例。

2018 年的 2 月 26 日,新学期开学第一天的政治学习,学校就组织老师共同观看了《我是演说家——万世师表》的演说,学习人民教育家陶行知先生毕生用心、用行、用言、用智慧、用自己的全部生命,奉献给祖国教育事业,为实现教育兴国、科教强国、抗战救国、民主建国奋斗终身,"捧着一颗心来,不带半根草去"的高尚思想境界,重新体悟行知先生说的"真教育是心心相印的活动,惟独从心里发出来的,才能打到心的深处"的教育真髓。老师们在开学伊始讨论陶行知,缅怀陶行知,便是想凌空从先生那儿借来那浩然之气,让它如火,让它如光,让它照亮金安小学每一个为师者心中那种"知行合一"的实践精神以及对祖国的赤子热爱。

2018年3月13日,校党支部及工会共同组织学校全体教职工观看电影《厉害了,我的国》,这是一次超燃的观影体验,大家从中国桥、中国路、中国车、中国港、中国网等超级工程的珍贵影像中感受到中国的强大和作为中国人满满的自豪感。老师们感叹:"厉害了,我的国!"这部影片让老师们真切地感受到一个创新强国、研发强国、责任强国,更让老师们深刻地意识到,身处一个伟大的时代、一个全新的时代,在未来的工作中,更要像片中的中国梦的创造者那样,以更优的姿态投入到教育工作中,要坚决成为这个时代中一名坚定的奋斗者和奉献者。朋友圈里关于《厉害了,我的国》的评价都刷屏满满。

2018年3月19日,学校全体教师利用教师例会时间,观看视频《历史时刻——中国国家主席宪法宣誓纪实》:2018年3月17日,十三届全国人大一次会议在北京人民大会堂举行第五次全体会议。习近平当选中华人民共和国主席、中华人民共和国中央军事委员会主席,习近平进行了宪法宣誓。老师们用简短的视频深刻地领会了两会的内涵,坚决拥护习近平连任国家主席,引领中国走向强盛。

精彩呈现书中有限,书本订阅却是无限。为此,学校订购了多达80种杂志,购买相关专业书籍,建立了专门的图书馆,全天候开放,鼓励教师同读一本书、撰写读书笔记,开展教师读书沙龙、教育教学头脑风暴等,营造推动教师专业发展的良好读书氛围。

读了学校骆老师以下这段叙事告白,你会明白教师除了多读书,还是多读书,才会拥有如此坚守的信念。我们何尝不《做生命的坚守者,做学生的引路人》。

做生命的坚守者,做学生的引路人

三尺讲台,道不尽酸甜苦辣;二尺黑板,写不完人生风景。三尺讲台上,不断上演着"你方唱罢我登场"的教育教学故事,记录着每一位老师和孩子们之间的喜怒哀乐。虽不曾惊天动地,却于平凡中诉说着不平凡。

有人说过,老师不经意的一句话,可能会创造奇迹;不经意的一个眼神,也许会扼杀一个人才;不经意的一个行为,兴许会对学生终身的发展产生不可估量的影响。在有限的生命里，我们默默耕耘着，收获着，也坚守着。我们深知教育学生不是一朝一夕的事，是一项长期重复的工作，需要足够的爱心、耐心、恒心……但我们无怨无悔地坚守生命，尊重生命，善待生命，利用有限的生命做更多有益的事情。

来到金安小学已是第五年，印象最深的是第一届的一个学生，个头小，皮肤黝黑，头脑聪明，理解能力和思想自主意识较强。由于家长工作繁忙，疏于管教，放学回家后经常到万达广场周边闲逛，经常半夜才回到家。这个孩子的逆反心理严重，对老师的一些良好习惯养成教育很难接受，课堂上注意力不集中，爱讲话；课下很少复习功课，作业拖拉、抄袭或不交。

正巧，最近在教师学习共同体共读《窗边的小豆豆》，在小林校长的爱护和引导下，一般人眼里"怪怪"的小豆豆逐渐变成了一个大家都能接受的孩子。巴学园里亲切、随和的教学方式使这里的孩子们度过了人生最美好的时光。学而后能应用，这才是学习的真谛。我尝试与家长沟通后，了解到这个孩子行为的形成原因主要是在成长过程的两个阶段中，家长没时间管教，错过了养成良好习惯的最佳时期，任由其到外面闲逛、瞎混，与社会不良少年接触，产生了一些不好的的想法，久而久之便成了典型的让老师头痛的"行为偏差生""学困生"。找到原因之后，我便与家长制定了接下来的帮扶措施，首先是在学习上、生活上多关心、多指点，使他觉得老师在关心、爱护他，这样他才能相信老师说的话，使之对生活充满希望，对人生重新认识，树立起学习的信心；其次是帮助他克服懒惰、不动脑的习惯，帮助他掌握一些基本的学习方法，如根据个人的实际情况合理分配时间，先易后难等，见到他有点滴进步就给予肯定、鼓励，使之坚持不懈；第三是在他犯错误、出问题的时候，我耐心地指导，让他自己找出错误所在，认真帮助他分析原因，用爱心去关怀爱护，用爱心去严格要求，使他真正理解教师对他的关爱；第四是激发他热爱生活、热爱劳动的热情，值日生工作认真做、上课举手发言、课后及时完成作业，就及时在全班进行表扬和肯定，逐步帮助他建立起热爱生活的信心。

当教师主动接近学生，一次次待以真情实意时，学生会产生对教师的亲近感。在这种情况下，学生就会把教师当作可信赖的人，学生对教师愈加信赖，教师的要求就愈加容易被学生接受。教师只有诚心诚意地爱护自己的学生，才能诲人不倦，教好学生。在后来的学校运动会上,他获得了 200 米跑步比赛的第二名,学校领导为他颁发奖状、戴上银牌。看着他的改变和不断提高的成绩,我真的很开心、很满足。

作为一名人民教师,我一定会用自己真诚的师爱塑造学生的灵魂,真正负起"一支粉笔,万钧重担"的为师之责,让自己的生命之火为教育事业而燃烧。

(五)教育科研行动

学校加大教科研步伐,推动教育科研行动纲要的落实,重在内强教师自身素质。

专注教育科研是成为名校、名师的基本条件,要实现学校跨越式发展目标,需要一大批名师与教学骨干。学校教科研工作秉承着"科研课题引领学科教学"的理念,不遗余力地在课题研究、课题结题、成果的总结和推广中为老师做好指导与服务。学校倡导的项目式课题研究是比较"接地气"的研究,以"小切口、短周期、重过程、有实效"为基本特征,以"问题即课题、行动即研究、发展即成果"为基本理念。承担课题研究的老师,也善于将教学经验进行提炼深化,围绕学科特色建设、教师专业提升、团队资源共建做研究,切实抓牢科研支撑点,聚焦质量,专注学科特质,争做智慧型、专家型老师。

值 2018 学校被评为福建省教改示范学校之际,学校教科研工作,始终紧紧围绕教改总课题——"学习场视域下的'六真课堂'行动研究",创新举措,组织开展了各学科校级课题申报、研究、结题活动。仅数学校级课题"在'三问四环'的教学策略下对当堂练习设计有效性研究",课题负责人就紧紧围绕区级课题和学校的"六真"教育为研究主线,从课题研究的背景、依据、内容、目标等方面进行了结题汇报。语文课题负责人进行了"小学语文'四问'阅读教学策略研究"的结题汇报。他们先从课题提出的背景、课题的核心概念及其界定、研究目标、基本内容与研究方法等方面汇报了课题研究的基本观点,又分准备、实施与结题等阶段详尽地汇报了课题研究的过程,再汇报了一年来在课题研究过程中,老师们在备课时编撰教案方式的转变、课堂上教与学行为的转变,以及"四问"阅读教学策略的提出,形成了对学生和老师的配套评价机制,还总结了一年来在课题研究中,老师个人教育教学能力、科研水平获得的提升,学生参加各级阅读竞赛、阅读质量监测取得的成绩。

截至本书出版之际,学校 2017—2019 年已有省级课题 4 个,市级课题 3 个,区级课题 6 个,校级课题 11 个。

深耕一寸田,收获一个春。良好的教学科研,必将使教师由授课型向专业型和研究型转变,使学校由管理型向教育型和学术研究型转变。接下来的工作,将继续把课题研究融入教学中,精进教师的学科教学能力,提升学生学习素养,健步前行。

(六)校本研究能动

学校还做细校本研究,在于强化教师的专业素质与研究能动性。

教师的团队建设是一所学校赖以发展的重要基础。学校的发展固然需要金字塔的塔尖部分教师的引领,但更少不了塔基部分教师的奠基。因而,学校的发展离不开这两方面教师的共同发展。教研组是教师成长的基地,学校教研活动注重三个"精致化",即"管理"精致化,"过程"精致化,"推广"精致化。

学校教研团队以教务处为指导,以教研组、备课组为主阵地,各层级形成了良好的团队合作关系,他们发挥团队作用,组织探讨教育教学问题,定期开展主题教研活动。

严格坚持互听课制度和集体备课制度,做到备课"研"教材、磨课"研"教法、上课"研"过程、评课"研"效果,教师在校内的交流中学习,在学习中提高自我,并且逐渐将学习经验本土化、实效化。

教研活动坚持"主题先行,周周活动,人人参与",倡导三种基本学习方式,即接受习得性学习、研究发现性学习、交流分享性学习。教师通过理论学习、优秀课堂教学视频观摩、组内课改研讨、名师进校交流研讨等形式,学习名师、名校的先进经验,并运用到自己的教学实践中,提高自身的理论素养和教学水平,促进自身的专业成长。学校教务处则定期进行督促检查,教师专业成长领导小组成员参与主题研讨活动,并对活动结果进行及时、公正的评价。

汤美霞老师以《金风沐浴,如粟生长》的自我叙事经历,告诉了我们教师应该怎样深入校本研究、内强素质的道理。

汤美霞老师教育叙事《金风沐浴,如粟生长》:

一粟/天地间最普通的一粒/根系沃土/向阳而生
以很曲折的方式来到金安的我,因为"来"之不易,所以倍加珍惜和努力,始终以饱满的工作状态投入到金安的日日夜夜。正是知晓自己肩负"收获"的重任,因此,对风报以微笑,对雨回以从容,乐观地生长着……

角色,清楚我是谁,无论我们走多远,始终初心不改。

走过2019,就走过我为人师路上的第20年。无论我身处何处,我始终不变的一个身份就是美术老师。我喜欢孩子们快乐地叫我汤汤老师,我喜欢孩子们叽叽喳喳地围着我,我喜欢孩子们拿着小画笔。在金安唯独不同的是:我不再只是自我发展的美术老师,而是学着潜移默化地影响团队,扎实地研习专业,认真地教书育人,这是在金安对自己严苛的方式。我的生长点已然是活泼、向上、向美的美术组团队一员。因为我深深地知道,一个人的优秀不算优秀,一个团队的优秀才能走得更远。渐渐地,我发现在金安温暖地生长,可以让孩子们快乐,可以让美术组幸福,可以让自己变得更热爱。

始终记得2017年成为研训处主任的夏天茫然懵懂,我把它当作是人生的学习,那就努力吧。这两年里,检查、比赛、评审、上报各种材料,慢慢习惯紧张而繁忙的教学之余的工作,它教会我及时地梳理和计划,让一切变得更有序、更有效率。学着循序渐进地改变自己,提高业务能力,提升文字水平,这是在金安对自己严苛的理由。正是因为如此,我的生长点已然是一个改变、努力、提升的教学口团队一员。渐渐地,我发现在金安努力地生长,可以让工作有序,让文字有力量,让自己变得更融合。

收获,回望来时路,那是我们走过成熟、成长的必经之路。

回望成为一名高级教师,参加第四届教师技能大赛的一路艰辛,成为厦门市美术学科带头人培养对象,正是因为有一个强而有力的学校在支撑着我;有一个强而智慧的校长在支持我;有一个强而温暖的团队在鼓励我。一路过关斩将的经历成为我人生路上最宝贵的收获。

感恩,清零新起点,那是我们向更远的目标扬帆起航的征程。

我在金安时间不长,汲取与收获的背后,永远不会忘记两个字:"感恩"。不惑之年,我学会反思、调整、前行,始终明白:一个人如粟般的生长,那是因为有块肥沃而丰实的土地,提供最暖的阳光,最润的雨水,最猛的风……站在零的起点上,将责任隐藏于心,将努力外化于行,心怀感恩,做好每一个角色。

帮助长远规划,锻造个性发展的真教师群像,那是我教育生涯的诗与远方。

我校将教师专业发展作为学校未来发展的重要内容,树立了"教师岗位终身学习"的理念,将教师专业发展建设纳入了学校的整体规划。针对不同岗位,学校为每位教师制定了年度和三年发展的教师发展规划,要求教师根据学校制定的教师长远发展规划,结合个人实际,依据学科专业化、教育专业化要求,制定个人专业发展计划,并对其进行经常性检查自评,帮助教师提高自身的专业成长。

为培养一批学者型、专家型名师,引领和带动学校教师队伍建设,全面提升教师素质,打造教师资源品牌,促进学校可持续科学发展,2017年开始,按照"师德做表率、育人当模范、教学有专长"的标准,学校从全校教师中遴选优秀教师作为名师或学校后备干部培养人选。学校通过培养培训,使教师在政治思想与职业道德、专业知识与学术水平、教育教学能力与教育科研能力等方面大幅度提高,使其逐步成长为学者型、专家型、领导型教师,带动学校教师队伍整体素质的提高。为此,学校实施"名师工程""青年工程",成立了带领青年教师发展的"导师工作室"、让草根教师发光的"教师工作坊",集结学科专家、课程专家的"学科团队"……从而让每位教师成为校园的"主人",唤醒老师们内心的自觉能动需求,让每位教师都能找到自己的所属,一师一品,个性助推。

六、锻造"生长向卓越"教师发展体系

学校重视一年一度的教师集中研训工作,每学年开学前集中一周,开展校本研修培训活动。培训的目的在于促进教师专业成长,实现自身专业价值,达到"一师一品,适性发展"。

教师集中性培训分为几个阶段。

基础性培训——成为合格教师。基础性培训内容主要有两类:第一类,让教师明确"教什么":一是学科专业知识及课程标准培训;二是师德师风、教育理想培训;三是一般性文化知识培训。第二类,让教师明白"怎么教"。主要培训内容包括:一是教育学、心理学培训;二是教学常规培训;三是班级管理策略培训;四是现代教育技术培训。

发展性培训——走向优秀教师。发展性培训内容也有两类:第一类,让教师明确"我到哪儿去",加强教师职业规划培训;第二类,让教师知道"我怎么去",开展教学反思、课堂教学改革、主题项目研究、课题研究、论文写作等教学技能技巧的培训。

实践性培训——培育教师群像。实践性培训重在为教师实践所学、自我实现搭建舞台、创造机会,通过组织各种活动、竞赛等,为教师提供"练兵、展示"的机会。

外树形象,发挥示范辐射作用。教育不能闭门造车,只有走出去,才能看到精彩的世界。

我们秉承"请进来,走出去""在交流中学习,在借鉴中收获"的原则,积极参加各级各类教研活动,开展片区教研、校际教研、研学观摩等活动,在教研过程中,取长补短,相互学习,从而达到共同提高的目的。

建校以来,我们多次承担国家、省、市、区校长培训、骨干教师培训工作,开展省级国培校长培训数十场,送课下乡入校活动数十次。赵影老师到甘肃临夏支教一年,迎接全国乡镇参访交流 24 场以上,支援农村教育并且得到了中央电视台新闻联播的报道。

凝聚成长旅程"珍珠",升华教师职业灵气。短短的五年时间,学校扎实地推行教师发展规划,让计划落地实施,提高了学校的教育教学质量,成就了学校的教师团队发展,成就了学校的师生共赢未来。

教师要想突破自己在成长路上的瓶颈约束,就需要大胆创新,勇于探索,突破自己原来的"围城"——突破专业成长中的困惑,突破保守陈旧的思想观念,突破随遇而安、得过且过、安于现状、不思进取的常态,不断克服教师专业成长中的"高原现象",最终实现专业成长的卓越式发展,成为一道亮丽的时代风景线!

"成就一位好教师,可以带出一批好学生""成就一批教育家,能够引领国家和民族的未来"。高素质的教师队伍,是促进学生素质发展、生命成长的关键,是学校发展的根本动力。教育名家任勇在他的《走向卓越:为什么不?》一书中告诉我们:"走向卓越不是梦"。特别是优秀教师,不能安于现状,要努力走向卓越,丰满自己的生命品质。因为"优于别人,并不高贵。真正的高贵应该是优于过去的自己"。教育名家朱永新说:"成长是人生最好的姿态。成长是生命最美丽的模样。作为教师,成长更是我们幸福的源泉。当我们在职业生涯中,感受到与孩子一起成长的喜悦,听到自己生命拔节的声音,才能把普普通通的每一天变得有滋有味,才能真正品味我们教育生活的幸福。"

启师才能致远,追求才有方向。为了走向卓越,让我们追求吧,追求其实是很美好的。

附录：

厦门市金安小学"生长向卓越"
教师成长发展系列方案成果汇编

为进一步提升福建省教改建设性示范学校建设工作，规范学校教育教学论文、案例等研究成果评审、展示、汇编。根据学校行政会议商议，拟定从本学年始，围绕"生命成长 教育生态"教育科研研究方向，提升教师专业能力，助力课改专业素养成长，锻造金安小学教师成长发展体系，学校开展"生长向卓越"教师成长年度系列汇编，特制定以下汇编方案。

一、理念方向

教育就如春生、夏长、秋收、冬藏一样，它是四时的律动，它是自然的更替。需要我们春风化雨、润物无声的课堂教学，遵循学生成长的自然规律，多一些引导，多一些等待，多一些激发，从而潜移默化地构建以美育人、立德树人的生命成长生态，触动教与学的真正转变。

二、汇编分类

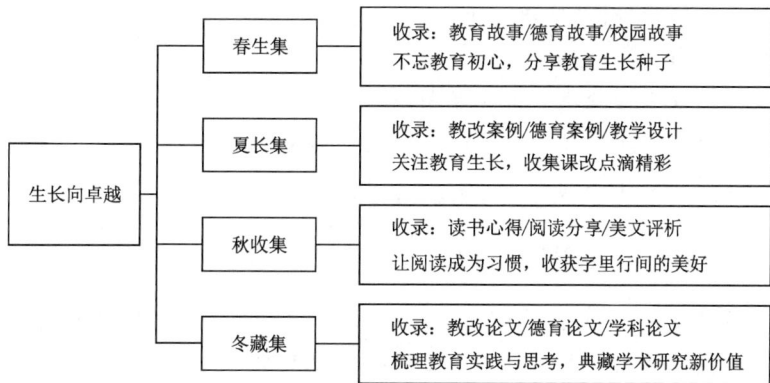

图 5-5 汇编分类

三、具体要求

(一)《春生集》教育故事／德育故事／校园故事

陶行知先生倡导"爱满天下","爱"是教育的灵魂,"爱"是师德的核心。一个故事一份情,老师对学生的热爱、包容、宽容,对学生的细心、耐心,对学生的爱心,都蕴涵在一个个小故事中。在金安教改无处不在的学习场域中,在我们身边不断发生着许多真实感人的故事,让我们一起来阐述对教育故事的情景感悟;分享德育故事的成功与快乐、挫折与困惑;梳理校园故事的感动瞬间。

《春生集》2018—2021 学年主题:爱满天下

围绕"爱满天下"教育思想,在教育教学及管理中所包含的具有真情实感、典型的故事。(教育教学故事、德育故事、校园故事)

1. 理念新

教育小故事叙述的对象必须是发生在身边的人和事,把握好教育叙事中人物的角色,用新视觉去动察新的教育理念。

2. 情节精

讲故事也是一种技巧和艺术,要在抓住"事件本质"的前提下,绘声绘色地讲述。教育小故事必须有"情节化"描写,不能进行"记账式"叙事。

3. 感悟深

所选的故事(事件),要有一定代表性、突发性、可借鉴性,从中获得一定的理性感悟,或有某种教育灵感。

4. 主题明

教育小故事必须有一个照亮整个文章的"主题"。

文本要求:A4 文档,字数在 1500 字。标题:黑体三号字,副标题:宋体四号字,正文:宋体小四号字。

(二)《夏长集》教改案例／德育案例/教学设计

学习场视域下的"六真课堂"行动研究,带着全体教师感受学校教改路上的点点滴滴成长。教育教学中,围绕教改思辨,学科变革、德育渗透,人人参与教书育人。无论是"问题导学+"中的语文,还是批判性思维下的数学,PBL 模式下的英语,趣动课堂里的体育……无处不在的场域里,收集教改和德育活动中的优秀案例。

《夏长集》2018—2021 学年主题:我们的学习场

围绕"我们的学习场",在金安近三年的教改中,通过案例的梳理与编写,形成无处不在的教改、德育的学习场域。

1. 扣紧教改

紧扣我校教改六真学习场的理念,结合各学科教研组的研究方向,把握学科融合与六真课堂两个方向,扎实于课堂教学。

2. 生成发展

教改:以课堂教学案例为主,体现六真理念、学科融合特点。德育/班主任:以立德树人为方向,理论与实践相结合的德育案例为主。

文本要求:A4 文档,字数在 2000 字。标题:黑体三号字,副标题:宋体四号字,正文:宋体小四号字。(详见学校统一的案例模板)

(三)《秋收集》读书心得/阅读分享/美文评析

秋日芳菲,与书谈心。让阅读和美文化作一阵阵秋风,吹进每一位老师的心间。用字里行间记录那些给予教书育人生涯最好启迪的一本书,书写体会,分享智慧光芒,与书交心,以文交友。

《秋收集》2018—2021 学年主题:品读·感悟

1. 推荐精品

阅读教育教学专著 、美文美篇,从心得感悟中分享值得推荐的书籍。

2. 主题鲜明

观点正确,文字精炼,内容详实,思想理论强

文本要求:A4 文档,字数在 1500 字。标题:黑体三号字,副标题:宋体四号字,正文:宋体小四号字。

(四)《冬藏集》教改论文/德育论文/学科论文

结合我校教育教学改革的实际,观点力求具有原创性和开拓性,突出教育教学领域的实际问题与深入思考,包括德育论文的经验提升。

《冬藏集》2018—2021 学年主题：变革·成长

1. 教改思辨

阅读教育教学专著 、美文美篇，从心得感悟中分享值得推荐的书籍。

2. 主题鲜明

观点正确，文字精炼，内容详实，思想理论强

文本要求：A4 文档，字数在 3000 字。标题：黑体三号字，副标题：宋体四号字，正文：宋体小四号字。论文格式符合出版规范。附 50 字作者简介，包括教改研究的方向，主要科研成果及荣誉称号。

四、相关要求

本汇编征集 2018—2021 学年三年内，四个模块优秀的文本。已获奖的读书心得、教改论文，已分享的教学案例、读书心得等，截止时间为 2021 年 6 月 1 日。

1. 质量要求

扎实书写，保证书写质量，让学校系列汇编成为文本收录，教改成果最好的阶段性成果。

2. 查重要求

凡是参与本校系列汇编的文本必须原创，严禁抄袭，附上查重报告，查重率不得超过 15％。

3. 评审要求

学校统一收集并组织专家进行初审，按照学校教师数的 20％进行汇编。按照相应的比例，评选出一等奖 5 人，二等奖 8 人，三等奖若干。

第六章

立德树人，立生命景观

"要全面贯彻党的教育方针，落实立德树人的根本任务，发展素质教育，推进教育公平，培养德智体美全面发展的社会主义建设者和接班人。"党的十八大报告也明确提出把"立德树人"作为教育的根本任务，这是对"育人为本，德育为先"教育理念的深化，也为教育的发展指明了方向。"立德树人"强调了教育事业不仅要传授知识、培养能力，还要把社会主义核心价值体系融入国民教育体系之中，引导学生树立正确的世界观、人生观、价值观、荣辱观。北师大教授、中国陶行知研究会朱小蔓会长曾经说过："学校道德教育从根本上说是为了人的发展，应当传递正向价值，培养良好的习惯和态度。"显而易见，教育最重要的使命就是培养学生美好而健全的人格，让儿童的生命成长得到最大化的呵护和关爱，真正做到"养内心之德，张精神之维"。我校始终把"立德树人"的成效作为检验一切工作的根本标准，真正做到以文化人、以德育人。

教育为本，当立德树人。新时代，用什么立德树人？怎么样立德树人？这是事关党和国家发展全局和长远的战略问题。我们认为，学校立德树人可以立生命景观为抓手。奥地利心理学家阿尔弗雷德·阿德勒曾经断言：个人生活的意义是对同伴发生兴趣，而作为团体的一分子，便要为人类幸福贡献出自己的力量。学校教育作为众多团体中的一种，便是通过教育塑造让学生个体对同伴发生兴趣，这种兴趣是对生命的认可，愿意为团体贡献自己的力量，所以学校形成一种让个体感兴趣的生命景观至为重要。我们尝试从个体到班集体影响，从党建到工会、社区、家庭，形成合力，着力打造一种三维立体的生命成长景观图。

第一节　育人先育己，以生命影响生命

立德，就是以德育为先，以正能量来感化人、激励人；而树人，就是要以人为本，用合适的教育塑造人、发展人。榜样的力量是无穷尽的。环境造就人，近朱者赤，近墨者黑。古人就有"孟母三迁"的故事，说的就是这个道理。我们着力从学生自身、建立制度体系入手，挖掘自身潜力，孩子互找差距，达到以个体影响整体、以生命影响生命的场域效应。

一、用生命影响生命，用心改变世界

心理学上常说，用生命影响生命，用心改变世界。这也是诺亚方舟心理的宗旨，我们不是要拿一堆的道理去否定对方，而是要在潜移默化间让对方认为他是对的，我们也是对的，并且在择优的情况下，选择靠近我们。

听过这么一个故事：

有一个充满智慧的人到了一个陌生的环境，第二天早上他很早就起来，出门，看到一个老大爷在楼底下打太极，这个智者就开始想了：俗话说得好，远亲不如近邻，我现在的首要任务是跟我的邻居搞好关系。于是，第一天，这个人向打太极的老爷爷及沿途遇到的哄孩子的大妈、遛狗的小青年或者急匆匆赶着去上班的年轻人，背着书包奔跑的小孩子每个人都打了个招呼：嗨，早上好。

……

第一天他没有得到回应。

……

第四天早上。

这个人还没有走到打太极的老大爷面前，老大爷远远就停下了动作，摆着手喊道，"小伙子，早上好。"

……

你看，这个年轻人只用了四天时间就很顺利地与周围的邻居做到了破冰，建立友情，并且仅仅是每天早上出门说一句话以及脸上堆满笑容。我相信，从此以后，每天早上他都能够收获满满的幸福和快乐，并且一天比一天多。

爱，是可以互相影响的。只要我们坚信："用生命影响生命"，每一个生命都会活得更加精彩，"用心灵影响心灵"，每一颗心灵都会变得更加阳光。

二、用爱心与热诚，让舞台靓丽

学校历来十分重视儿童生命成长，努力培育"金安特色少年"。

在德育活动中，我们关注每一个学生的成长，引导全体学生寻找自身潜力，挖掘自身潜力，促进学生的全面发展，鼓励学生互相学习、共同进步，引领形成优秀的校风，加强学生的榜样示范教育，结合学校、社区特点探索贴近学生实际而又行之有效的德育工作新途径、新方法，达到转变教育观念，凸显"近、小、实、亲"四个字的育人效果，即近距离、目标小、实践性、亲和力。劲歌热舞、我是新主播、帆船航海、足球明星等的出场，一个个简短的精彩回放，不胜枚举，金安特色少年正在走出区、市、省、国家，挺进大江南北乃至世界的舞台。

（一）劲歌热舞，各展风采

2019年6月，学校学生舞蹈队受邀"第十一届海峡论坛·海峡妇女论坛"参加面向全球播放的经典诵唱表演，孩子们同两岸大学生代表进行合作演出，分别以《月光春晓》《梦里乡音》《一轮明月》《中华情思》为主题，诵唱《春晓》《月亮月光光》《游子吟》《岁暮到家》《忆母》《倾听》《静夜思》《海上共明月》《我和我的祖国》《两岸人家》。2019第八届全国全民健身操舞大赛福建分站暨厦门市青少年健美操锦标赛中，啦啦操队员们用激情洋溢的舞蹈，展示出了金安学子活力四射、昂扬向上的精神面貌，同时获得了小学甲组"健身轻器械健身操第一名"的好成绩；在5月15日参加第二十一届"青苗奖"文艺汇演暨厦门市第二十三届"鹭岛花朵"比赛中荣获湖里区小学组一等奖的好成绩。

（二）走上舞台，华丽成长

"走上舞台"是每个孩子心底潜藏的一个愿望，舞台上的流彩霓虹与如花梦幻是孩子们的向往。舞台就好像土壤，它能见证无数怀揣梦想的人在这里发芽成长，最后长成参天大树。仅2018年11月2日，在厦门市金安小学"我是新主播"初赛中脱颖而出的10名同学，相聚多功能厅，走上舞台，用燃烧的激情点亮金安主持盛会，用才华展现绚烂的童真年华。此次大赛分为四个环节，分别是"我最闪亮""妙语连珠""魅力主播""风采飞扬"，选手们根据各环节的要求进行大比拼，评委团由校内评委、嘉宾评委及大众评审团组成，他们根据选手的表现依次进行亮牌、亮灯、亮星。激情四射的拉丁舞、旋律优美的小提琴独奏、潇洒大气的武术表演，舞台上的小主播们个个身怀技艺；他们能文能武、才艺超群。在最后才艺展示的环节中，精彩的演出让观众们目不转睛，连声叫好。厦门市金安小学关工委常务副主任徐娟华老师对选手们的表演进行了翔实的点评，并称赞小主播们能歌善舞，多才多艺。吴宇宸、练梓萌和洪怡萱同学也分别荣获"新主播"大赛的一、二、三等奖。

在活动实践中，"自然、本真、灵动"的金安少年不断涌现，"真美"的道德素养标准不断树立，学生品质得到成长。学生成长评价体系初见成效，广大教师在开展德育活动中，发掘学生的闪光点，关注学生的点滴进步，通过榜样带动的作用，使学生有进一步努力、前进的目标，让更多的孩子发现自己的闪光点、找到成长中的自信，树立学生的自信心，使学生生动、活泼、健康、主动、全面发展。"教育的本质就是培养学生的一种积极的心态。"朱永新如是说。

我校在学生中开展"金安真美少年"评选活动，在同学当中找榜样，在同学当中树新星。同时，在表彰方面，我校重视实践体验，让"真美少年"真正感受到自己的榜样价值，也能在校园内树立榜样，真实可亲，实实在在，真正做到学生之间找差距、自尊自爱、自强自立。

（三）用规矩与评价，完善德育目标

在学校德育"3Y"评价目标中，道德素养培养的"真美"品质，位于基础地位中的核心处。"3Y"评价点（图6-1）即"悦、乐、阅"三字。

"悦"指向学生的品质追求和行为塑造。小学生具有很强的可塑性，培养学生良好的行为习惯，符合现代教育理念，提升学生的品质追求，强化学

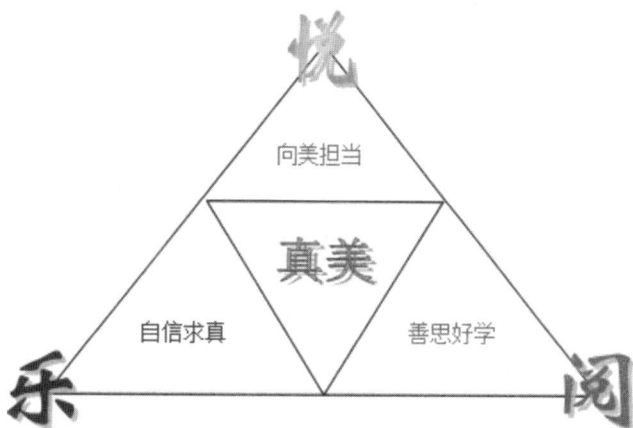

图 6-1　"3Y"评价示意图

生的常规行为,能够提升学生的规范意识,养成教育自律监督,有效提升学生的行为品质。

"阅"指向学生的素质发展和道德判断。学生的素质发展水平和道德判断能力,取决于学生个体的先天禀赋以及后天的环境、教育,通过德育活动探索,形成和发展学生的个体素养,提升对社会规范准则的认识和体验。

"乐"是指向学生责任担当和志向选择。学生的认知活动总是伴随着动机、兴趣、情感、意志等非智力活动同步进行的,通过形式多样的德育活动,激发学生的学习内驱力,培养学生的责任品格和对志向的选择。

为此,我们巧妙地利用这一评价平台,鼓励孩子积极参与德育活动,完成德育目标,激励学生充分发挥自己的潜能,培养自己的兴趣和特长,提高学生的语言与文学素养、数学与科技素养、艺术体育健康素养及社会与生活素养。

为了确保学生评价体系活动在学校能够扎实开展并能收到实效,我们制定了操作性强的班级争章流程:

第一步是学章练章。开学初,班主任充分利用班队活动时间,与学生共同探讨班级争章活动的目的,培养学生争章的竞争意识。班级可聘请班干部、班主任、任课老师和家长做学章练章的监督人,考章颁章的考评人。

第二步是定章。在班主任的指导下,根据学校少先队大队部的要求和班级实际情况,确定本班学生在本学期争取哪些方面取得明显的进步,确定所要争的章,并定好争章计划。

第三步是争章、考章。通过开展丰富多彩的达标训练和实践体验活动,调动学生的积极性,根据计划认真开展活动;特别是重视过程管理,开展以班主任为龙头,任课教师、班干部、家长共同参与考评的立体评价,再考章公布上墙。

第四步是颁章。班级每月一次进行考评,达到争章标准的队员颁发相应的奖章。没达到的学生继续努力,争取在下一阶段努力补上。

第五步是护章。学生要珍爱自己所获得的基础奖章,并用这些奖章激励自己刻苦学习、努力实践、力争获得更多的奖章,不断取得更大的进步。

每获得一枚精美的奖章,将它佩戴在胸前,对每一位金安学子来说,应该都是一种至高无上的荣誉。如果放松了对自己的要求,不能长期坚持,做出了不符合颁章条款的言行,班主任或学校有权利收回奖章。

我校坚持立德树人,着力培养担当民族复兴大任的时代新人,以“四真”课程为基础,以“四季四节”为主线着力打造金安特色德育活动。在金安德育发展中,我们坚持课程育人、文化育人、活动育人、实践育人、管理育人、协同育人;大力开展理想信念、社会主义核心价值观、中华优秀传统文化、生态文明和心理健康教育,为培养“自然、本真、灵动”的金安少年,不断努力勾画符合学生生命成长的德育轨迹。

窗前有一盏铃铛,把朝霞摇进了校园,点点滴滴把未来的希望照亮。梧桐树下的熙攘,和琴棋书画的芬芳,拨动着未来金石为开的期望,我们努力向好!

第二节　立人德为先,先厚德而后载物

德育是学校教育的灵魂,是学生健康成长和学校工作的保障,是社会主义现代化建设的重要条件和保证。我校德育工作坚持以社会主义核心价值体系为引领,以“立德树人,实践育人”为根本任务,着力培养担当民族复兴大任的时代新人。精心实施德育工作计划,我们除了以加强班主任队伍建设为重点,以强化班级管理为突破口,以丰富多彩的活动为平台,以学生行为习惯养成教育为核心之外,还特别重视学生的入学教育贯穿德育,重视特定日子教育贯穿德育,对学生的思想认识、道德观念以及心理品质等方面进行塑造,促进学校德育工作的和谐发展。

一、重视新生入学荣誉课程，走好入学第一步

德育为首，重视新生入学教育，这是我们五年多来一贯的做法。

儿童从幼儿园升入小学，是"幼小衔接"的特殊转折时期，是每个孩子人生的新起点，学习环境、学习方式、社会关系、行为规范、角色期望都发生了重大转变。学生每天上六、七节课，上课要求坐得住，且要注意力集中，还要了解、熟悉校纪校规，很多事情都需要孩子独立完成，因此，这个时期会发生心理上的一个突变。这一转变，意味着小学老师须从入学报到开始，就着力做好对孩子的教育引导。此项工作对于今后学生形成良好的行为习惯，更好地开展班级工作，以及取得较好的教学效果，发挥着至关重要的作用。如何将一张张毫无修饰的"白纸"变成独一无二、绚丽多彩的"画卷"？尊师重道，互爱守仪，学生要从小养成。学校重视每一次的入学教育，学生通过自己的亲身参与，点亮心灯，按下重启键，开启智慧，以德为引，照亮前程！

仅 2018 年 9 月的开学典礼，学校就可以"一斑"窥"全豹"。初秋的晨光刚洒落在校园里，亲切的老师和灵气活泼的吉祥物"金安三宝"已经在校门口迎接金安学子：红宝轻轻握住同学们的小手，蓝宝张开双臂和同学们拥抱，橙宝更是俏皮地和一年级的新生们"求合影"！上小学的第一天，温馨优雅的校园、热情暖心的老师、灵动生趣的氛围，让一年级的新生和家长们对融入金安这个大家庭充满了期待。

所有的热情都化作掌声在操场上响起，学校的大哥哥、大姐姐在操场上迎接新成员的加入。祥狮引路、三宝相迎，家长们拉着孩子的手，踏着红毯，款款走向"入学门"（图 6-2）。学校更对孩子们送出了深切的期盼和由衷的祝福。

少先队大队部有序组织，队长带领全校同学庄严宣誓，掷地有声的誓词，字字句句铭刻心间，养好习惯，每天进步一点点；努力学习，每天收获一点点。"志远行近"的校训激励着每一位金安学子，爱自己、爱他人、爱学校，激励孩子们明白责任与担当。家长代表宣读誓词。中国素有礼仪之邦的美誉，尊师重道更是中华民族的传统美德。对于每一位一年级的新生来说，那天就是一个值得纪念的日子，隆重的拜师仪式是每一位金安学子跨入校园的必修课，爱老师、信老师、亲老师，三鞠躬搭建了家长、老师、学生心灵的桥梁。

　　随后,在主题曲《梦想天灯》的音乐声中,小新生们跟着自己的班主任老师,弯腰穿过高年级孩子们搭起的小拱门,被护送到了自己的班级。重要的人生阶段需要重要的仪式,让人更容易过渡。而成为一个小学生,正是这样一个特别重要的人生时刻。他们在这充满仪式感的形式中,郑重地进入到下一个阶段,开始了自己的新生活。

图 6-2　新生入学门

二、注重特定仪式教育,传承红色基因

　　德育为先,注重特定仪式教育,这是我们教育的出发点。

　　传统节庆活动、仪式和仪式教育作为一门活动类课程,被纳入了学校德育课程体系。从生命教育视野重新审视仪式与仪式教育,挖掘其特有的教育意义和价值,有一定的理论意义和现实意义。儿童和青少年可以在仪式中获得教育,学会处理个体间的差异,形成个体的行为,同时,在这个操演参与的过程中,个体所在的集体获得构建与巩固。从这个意义上讲,教育不仅仅发生在常规的知识性学习过程中,而且也发生在表演性的仪式过程中。

　　庆祝中华人民共和国成立 70 周年、建队节、六一儿童节、父亲节、母亲节、教师节等，每一个特定的日子，学校都会注重"德"的教育，厚德而载物。2017 年举行的"做新时代光荣的少先队员"主题队会活动，学校周密安排，师生精心组织，"德"贯穿始终，这些内容已牢固地刻在学生心中。

"我们是共产主义接班人，继承革命先辈的光荣传统，爱祖国，爱人民，鲜艳的红领巾飘扬在前胸。"隽永高亢的歌词唱出了催人奋进的旋律，在校园内外传播，在阳光里穿梭，在血脉里流淌，更在心中永远铭刻。这场以"做新时代光荣的少先队员"为主题的队会活动，也是献礼十九大，致敬建队 68 周年的盛会。

"看着头顶迎风飘扬的旗帜，看看胸前鲜艳的红领巾，我为我是一名新时代光荣的少先队员而自豪！"来自学校四年（1）中队的少先队员代表娓娓道来，绘声绘色地讲述了中国少年先锋队的成长历程，并带领全体少先队员重温入队誓词。从劳动童子团到中国少年先锋队，每个队员都能把这段光辉的历史铭记在心，这将永远激励他们热爱自己的祖国，热爱这来之不易的红领巾！一代又一代的少先队员在中国共产党的领导下传承理想、传承信念。70 后、80 后、90 后还有 00 后四个年代的少先队员齐聚现场，缤纷的思绪仿佛重回了入队的那一年，重燃岁月的激情。学校不失时机地教育和引导他们从小学习做人、从小学习立志、从小学习创造，并且树立正确的人生目标，培养好思想、好品行、好习惯，是新时代赋予少先队员的光荣任务和责任。

10 月 13 号建队节，学校进行了少先队大队委的竞选，我和学校领导班子成员一起为大队干部颁发聘书。相信他们在以后的工作中，一定会做少先队员的楷模，用心为少先队员服务，做新时代的光荣少先队员！随着《做新时代光荣的少先队员》情景歌舞剧的精彩上演，由少先队总辅导员扮演妈妈与孩子们同唱的《妈妈教我一支歌》回响在校园内外。

少先队总辅导员告诉孩子们："是伟大的中国共产党带领全中国人民，不怕流血牺牲建立了新中国，孩子们要永远记住这段历史，铭记这些英雄。"

情景剧里有为了掩护乡亲们，自己却献出宝贵生命的少年英雄王二小、有做革命接班人的共产主义儿童团、有长征路上创造历史奇迹的红军战士。正是这无数的革命先烈，面对敌人的屠刀，用自己的一腔爱国热血，染红了这革命的旗帜，才迎来了今天我们宁静美好的安定生活；正是这无数的革命先烈，面对枪林弹雨，用自己年轻的宝贵生命，捍卫了革命的旗帜，才有了今天的少先队员天真烂漫的美丽笑脸。习近平总书记在十九大报告中指出，经过长期努力，中国特色社会主义进入了新时代，这是我国发展新的历史方位。我们要珍惜今天能生活在没有硝烟、没有血腥的和平年代,生活在民族快速复兴、祖国各项建设蒸蒸日上的发展时期。在中国梦逐渐实现的大好环境里,我们要争做新时代光荣的少先队员,担负起历史的使命,继往开来。

德育教育旨在作为小学阶段的关键课程,注重提高德育教育的实效性。这既是素质教育的要求,也是为我国社会主义建设提供人才动力的有效路径。小学生是祖国的花朵,国家发展的未来。在德育教育开展过程中,学生能够获得合作以及竞争能力的提高,认识到了个体和社会发展的关系,促进个性发展,形成健康的道德品质。与时俱进地开展德育工作,能够促进小学生健康成长,形成积极的人生观、世界观和价值观,是开展德育工作的重要意义。

在金安小学的校园里,我们认为每个学生都是天生的艺术家,他们纯真,善于观察和发现身边的美好,他们懂得聆听、感受、体验一切美好的事物。因此,我们教育工作应以"为理想筑梦、为美丽奠基"为目标;以"做真教育,学美生活"为指导,以培育"自然、本真、灵动"的金安少年为追求,借鉴艺术的手段,运用诗性的语言,开展育美等形式多样的活动,让学生在感受美的熏陶过程中,领悟其中的德育内容,达到美的境界。

第三节 化心而化行,厚植德育新景观

德育是促进孩子思想转化的第一要素,是培养孩子文明生长的第一现场。做好德育工作,历史有呼唤、国家有要求、社会有期待、教育有责任。但在同呼吸共命运、社会多元化、万物互联化的今天,我们的德育工作又是怎样操作的呢?我们除了重视校园内的德育景观建设,通过名人名言、警示语、动漫、雕塑、标语、展板、橱窗、学生习作、手抄报、班级文化、食堂文化、厕所文化、课间文化等多种方式,还独创特色,打造种子班级立标杆、真美少年树榜样两项工作,让学校的每草每木、每砖每瓦、每人每事每物都沾满德育的味道。我们坚持问题导向,大力拓展,合力建设景观德育的埋伏圈,打造快乐德育的生长圈,重塑德育生态。

一、种子班级立标杆

种子班级立标杆，带动更多的班级共同成长。

我们或许都有这样的经历，苦口婆心地教育学生不要乱扔垃圾，转身却发现到处都是垃圾；苦口婆心地教育学生爱惜粮食，转身却发现学生倒掉的饭菜比吃掉的多；苦口婆心地教育学生语言文明，转身却发现学生出言不逊。学校是德育的主战场，教师在德育上下的功夫不可谓不多。其实，德育的终极武器是感染力而不是说服力，是"让倾向从场面和情节中自然而然地流露出来，而不是特别地把它指点出来"。"小事成就大事，细节成就完美"。从细节处见文明，在小事中显修养。我们将种子班级作为年段的标杆，从礼仪、课间、眼操、用餐、路队、卫生等六大板块以更高的标准要求自己，做好各项常规，每个班级的常规都能形成一道靓丽的德育景观，对班级德育常规的创建要求也是让"德育常规成为一道道景观"。

从2018年9月起，我校在每个年段选取一个"种子班级"。通过自荐与推荐相结合的评选方式确定年段种子班级；各年段段长组织班主任及任课教师根据本年段的段情及实际情况确定年段的常规要求，他们需要讨论的有课间操景观、路队景观、升旗仪式景观、"文明课间"景观、文明用餐景观、真美班级景观、课堂景观、眼保健操景观、参加活动景观、文明礼仪景观及班本文化景观，经过讨论形成年段统一的景观要求；以种子班级作为标杆，成为其他班级的示范。当选种子班级的班主任在年度评优评先上有加分及优先权。

通过种子班级的确定提高品牌班级创建的积极性，以种子班级为引领，培养学生良好的行为习惯，塑造德育景观；我们也会定期对种子班级进行考核，考核合格的班级将继续享受种子班级称号，不合格班级则取消称号并不能参与当学年的评优评先活动。

通过种子班级的建立，让种子班级作为年段的标杆，让德育景观有规范、有榜样，让种子班级有责任，有进步，以更高的标准要求自己，做好各项常规；让常规都能形成一道靓丽的景观，并使我校的德育常规再上新的台阶。

二、真美少年树榜样

真美少年树榜样，让他们成为楷模的标志。

社会是人类生活的共同体，人是社会的基本构成单元。每个人必须经过社会化才能使外在于自己的社会行为规范、准则内化为自己的行为标准，这是社会交往的基础。因此，在少年儿童的发展过程中，社会化是一个非常重要而且必定经历的过程。由于少年儿童的整个身心发展特点，他们在社会化发展过程中容易受到外界的影响，若不给予积极正确的引导，将对他们的社会行为乃至未来人生产生不利的影响。而榜样示范行为即是有效、正确引领少年儿童树立良好的人生观、道德观的重要途径。

学校每学年都会表彰一批"德智体美劳"全面发展的金安真美少年，通过孩子个人的德行、能力、服务、成绩四个方面着手评选真美少年，让孩子们以更高的标准要求自己，在平时的学习生活中注重积累，成为品德美、行为美、心灵美、学习美的金安少年；通过评选，让学生善于去发现身边值得学习的榜样，学习榜样的优秀品质，正视自己的不足。被表彰的真美少年，学校会通过宣传板等形式进行宣传，在校园内树立真美少年的榜样力量，增强孩子的自信心和荣誉感，让他们更好地去规范自己的行为，去影响身边的同学。儿童生命成长的花蕾就是在这样的正能量的潜移默化的激励中静静地盛开。

请看一下真美少年亲身体会的自述告白，你就会深深感受到我校的德育工作是如何做到落实到位、深入人心的。

四年4班的练梓萌：三年来，成长在老师辛勤的教导下，沐浴在温暖的校园里，通过自己的努力，我成长为一名自信、善良、有责任心的少年。我积极地参与学校举办的各项活动并获得了多项奖状，荣获"真美少年""真美向导"等荣誉称号。

四年6班班长彭莱钰：性格开朗，活泼外向的我在学校是老师的好帮手，曾获得"真美少年""优秀班干部"等奖项。在校外我注重自身修养，坚持学习舞蹈、武术、英语、奥数等，很高兴我能遇到您。

四年4班李卓薇：身为班长的我做事踏实，再小的事情我也会一丝不苟地完成。待人真心，做事专心是我对自己最好的概括。我喜欢阅读、弹钢琴、跳舞、下棋、打乒乓球，当然我最喜欢的还是朗诵和画画，也曾在厦广音乐台做过一期《我爱阅读》的节目。这就是我，一个自信、乐观的女孩。

五年6班洪怡萱：我是一个充满朝气的阳光女孩。我活泼、乐观向上，勤奋好学，热爱劳动，团结同学，乐于助人。我的生活多姿多彩，我的爱好也很多，并且获得了很多奖项。在家里我是父母的贴心小棉袄。在学校，我是老师的得力小帮手。我要继续努力，以脚踏实地的态度来迎接新的挑战。

朴实无华的告白，发自于学生的肺腑，它让我们深切地感受到：德育工作是一项灵魂工程，是对学生思想教育的一项重要工作。作为教育工作者，我们要敢于挑起时代赋予我们的重托，努力开拓德育资源，发展德育新天地，时时关注孩子们的生命成长、身心发展，从而有效地推进素质教育的实施。

德育工作永远在路上，德育无止境，只怕有心人。

第四节　兴党建品牌，夯实行走"动力阀"

习近平总书记 2018 年在全国教育大会上强调，加强党对教育工作的全面领导，是办好教育的根本保证。当前及今后，我们要坚持把管党治党的政治责任，牢牢扛在肩上、抓在手上、落在行动上，系统谋划、融合推进党的建设与教育教学各项工作，更是需要学校着力以高质量党建引领高质量教育，真正发挥党把方向、谋大局、定政策、促改革的作用。抓好党建是本职，不抓党建是失职。只有切实履行书记抓党建主责，把加强党的政治建设、组织建设、作风建设与能力建设等工作加粗置顶，将全面从严治党推向纵深、落到实处，才能为学校教育改革发展提供坚强有力的政治保障。学校党建工作，我们除了要做好规定动作，还创优自选动作，以活动为载体，从"金风沐雨安学乐育、永葆初心勇担使命"两大方面培育真美党建品牌特色，不断夯实教育前行的"动力阀"。

一、"金风沐雨　安学乐育"党建品牌

作为学校的支部书记，我高度重视学校的思想政治建设，以主责主业为基点，落实全面从严治党的主体责任。遵循习近平总书记提出的思想政治工作要求，即"因事而化、因时而进、因势而新"，学校创新意识形态教育新样态，运用新媒体、新技术，推动思想政治工作，传统优势同信息技术高度融合，增强时代感和吸引力，引领老师们从思想上、行动上，知行合一地办人民满意的教育。

学校党支部一方面以"金风沐雨　安学乐育"为党建品牌目标，创建

"12345 党建活动载体",即"一个品牌、两组目标、三项工程、四美初心、五真融合",通过党建带团建带队建,使学校的"真美党建＋"品牌创建做到与大政方针结合,与教学结合,与生活结合,与办学理念结合;另一方面,以主题教育为契机,开展形式多样的党员政治学习活动。坚持以问题为导向,精心组织调查研究,实现调研领域全覆盖,参与人员全覆盖,多角度检视问题,推动解决师生关切的痛点、难点、热点问题。以党员暖心工程、党员能力提升工程、党员引领工程为平台,促党员教师主题学习有收获、思想政治受洗礼、干事创业敢担当,焕发干事创业的精气神,不断增强党性、提高素质。

金风沐雨,即历经数载积淀的优良品质行为。安学乐育,即安心教学,乐于育人。为实现此目标,学校党支部充分发挥战斗先锋堡垒作用,以"金风沐雨　安学乐育"为党建品牌,创建"12345 党建活动载体",即"一个品牌、两组目标、三项工程、四美初心、五真融合":以党员暖心工程、党员个人能力提升工程、党员引领工程为平台;以学思践悟美初心、深入学习明初心、调查研究滤初心、检视问题正初心、整改落实见初心为行动机制;以融合主题实践,大局意识真提升;融合事业管理学校特色有创新;融合德育建设,思想政治受洗礼;融合教学工作,干事创业敢担当;融合条件保障,为民服务解难题为践行标准。学校党建带团建带队建,实现学校的"真美党建＋"品牌创建,做到与大政方针相结合,与教育教学相结合,与生活教育相结合,与办学理念相结合,创设基于学生生命成长的教育生态圈。

二、"五真融合"使命践行

(一)融合主题教育,大局意识真提升

主题教育,目的就是要通过集中性学习教育,引导全体党员不断加深对习近平新时代中国特色社会主义思想重大意义、科学体系、丰富内涵、思想精髓的理解,做到学思用贯通、知信行统一。大局意识,是考虑问题着眼长远、整体发展,也是中国共产党的重要方法论武器。运用好大局意识的方法论,要把握好三个逐级提升的维度:正确认识大局,自觉服从大局,坚决维护大局。学校要发展,全体党员教师的大局意识需要通过融合主题教育得到提升,主题教育活动为提升大局意识服务,两者相互促进。

我校党支部定期开展主题教育活动,提升全体党员教师的大局意识,为打造学生生命成长生态圈夯实基石。仅 2019 年 12 月 11 日,校党支部召

开"不忘初心、牢记使命"主题教育专题组织生活会和 2019 年度民主评议党员大会。专题组织生活会上，我按照湖里区委教育工委《关于召开 2019 年度基层党组织组织生活会和开展民主评议党员的通知》要求，同时结合 2019 年度支部工作进行了总结，从学习教育、调查研究、检视问题和整改落实四个方面，认真回顾了支部开展主题教育活动的情况，总结了支部在发挥政治引领作用、严格党员管理、联系服务群众、改进工作作风方面取得的成绩和经验，查找了工作中存在的问题，并对 2020 年的党支部工作进行了安排。

随后，学校党支部全体党员紧紧围绕"守初心、担使命、找差距、抓落实"十二字总要求和"理论学习、思想政治、干事创业、为民服务、清正廉洁"五个方面的具体目标，在学习讲话、研讨交流、调查研究的基础上，对照学习贯彻习近平新时代中国特色社会主义思想、对照党章党规、对照初心使命、对照群众期盼，采取征询意见、谈心交心、自我反思等方式，深入剖析自身不足和工作短板，进一步认清了问题差距，理清了整改方向。最后，会议还进行了党员民主测评。

此次会议，既锤炼了金安小学党支部全体党员同志的党性党风，又让大家对照先进检视了自己的初心，打扫了思想上的灰尘，更加坚定了跟着党走的决心。学校通过查找自身存在的问题，制订具体整改措施，学校确保了"不忘初心、牢记使命"主题教育活动取得实效，进一步激发了党员干部的精气神，把初心和使命转化为推动高质量发展、落实赶超的强劲动力。

（二）融合事业管理，学校特色有创新

抓细求精，我们坚持"用心于起点，精心于过程，赏心于结果"的工作方针，发挥部门职能，优化团队建设，开展"荧在中层"青年教师成长专项培养计划活动，打造教师、家长成长共同体，两项计划既帮助我们解决了教师成长的需求，寻找职业幸福感，又培养了具有成长陪伴能力的家长群体，提升学校家校品牌，形成家校合力，共同探求教育教学的真谛。关于开展青年教师成长专项计划和打造家长成长共同体的故事，且看以下两个事例介绍，你一定能感受到他们的成长离不开支部的努力。

为了新学期老师们更顺畅地开展各项教学工作，学校优秀党员教师代表林景婷，用鲜活的实例、自身的教学经验，给大家带来一场学科教学经验的饕餮盛宴。聚焦教学"五环节"，齐心协力保质量。她从备课、上课、作业、辅导、测试这几个方面入手,与大家深切交流。首先,她告诉大家,个人的力量是有限的,备课组的力量是巨大的。期初,她们会制定一个完整完善的工作计划,来保证教学工作的顺利开展和圆满完成。整个学期,备课组对教学安排的规划非常重视并认真执行,每周一次保质保量进行备课活动,全心全意做好磨课工作。在教学中,注重创设生活情境,激发探究欲望;课后精选练习,遵循由易到难的原则;利用课余时间辅差,注重错题的收集与再次训练;平时注重收集课本、作业、试卷的易错题,不断地练习,巩固方法。最后,她用数学大咖罗明亮老师的话与我们大家共勉:话少一些,再少一些,省出时间还给学生;问少些,有质些,完整思考留给学生;面广些,多等些,表达机会给学生。

我们知道越是有影响的故事或者作品,越是代表了很多人的心理经验,尤其是经典电影,能唤起一代代人的共同反响,更是触动了人性心灵深层的共鸣,我们通过经典影片的心理分析,让观者感受影片故事背后揭示的人性、心理层面的深层意义。2019 年 5 月 25 日下午,金安小学第四期"金安终身教育家长素质提升项目"之家长成长课程以'电影心理赏析'的课程模式,由至庸心理咨询机构创始人于向华老师就著名日本漫画家宫崎骏执导的动画电影《千与千寻》做现场精彩解读。一部耳熟能详的经典影片在于老师的引领下,让人豁然开朗,回味无穷,百余位家长准时到达会场,来了一场心灵成长之旅。

(三)融合德育建设,思想政治受洗礼

我校以生命成长主题德育活动为载体,树立"真美"道德品质,即"乐"享童年自信求真、"阅"历丰富善思好学、"悦"纳自己向美担当,以学生行为习惯养成教育为核心,以加强班主任队伍建设为重点,以强化班级管理为突破口,"两手抓两手硬"教师、学生齐发展,促进学校德育工作的和谐向上,提高师生的思想道德素质。

(四)融合教学工作,干事创业敢担当

我校以课堂为根基,以"真设计、真互助、真知识、真问题、真质疑、真强化"为引,以课程为推进的"六真学习场",构建和谐的"多元目标 多维互动 动态生成"的学习模式,建立以学生为中心、学习过程诸要素完美结

合、和谐共振的立体三维模式，让学习随时随地发生、真实发生，促进学生深度学习、个性发展。

学校创新培训模式，以行动研究、沙龙研讨、团队再建的形式，增强新教师的适应、融合能力，促进教师团队"向美而行，知行合一"。

建立青年教师导师制，以研促教，以项目研究带动，真正起到名优群体效应，实现教师团队成长。搭建教科研平台，以课题研究为依托，提供专业成长和发展的空间，切实做好教师培养工作，充分发挥导师工作室的示范、引领和辐射、带动作用，促进中青年教师快速成长，保证本校的人才培养和教学改革的可持续发展，不断提高教学质量和办学效益，建设一支教学业务和学术水平兼备的高水平青年教师队伍。

（五）融合条件保障，为民服务解难题

学校还充分发掘、利用校园的每一处空间，"以孩子为中心"美化校园环境，最大限度地满足不同学生的需求，使他们拥有自己的活动空间。学校展现环境景观的观赏职能，同时更赋予它教育功效，形成美丽环境的浓厚育人氛围。保障工作也做到精细化、人本化，为学校发展助力，为师生保驾护航，创建暖家园。

三、"四美初心"学思践悟

永葆初心，勇担使命，让教育成为最神圣的职业。

长期以来，我校坚持以习近平新时代中国特色社会主义思想为指导，认真贯彻党的十九届四中全会精神，对标主题教育要求，真改实改、应改尽改。提升主题教育专项整治的政治站位，以强烈的政治担当，推动党中央决策部署落实到位；把"为人民谋幸福"的初心，贯穿到主题教育的全过程；发挥党员联系群众的作用，扎实开展"两走进两服务"活动，结合走访调研、师生家长反映的问题，深入剖析原因，研究整改措施，在实践中学习、思考、领悟教育初心，牢记使命，办人们满意的教育。

（一）深入学习明初心

学校党支部高度重视党员同志的思想政治建设，以主题教育为契机，开展多种形式的党员政治学习活动：党支部书记、支部委员轮番上党课，开展行政班子主题教育学习、党员专题学习会、共读红色经典、"学党章，找差距"交流会、党小组学习座谈会等一系列形式多样的主题教育活动。在深入学习中,促党员干部:主题学习有收获、思想政治受洗礼、干事创业敢担当,焕发干事创业的精气神,永葆始终跟党走的初心。仅 2019 年 12 月初,我作了题为《讲奉献比作为》的党课、支部委员张舒等分别作了《学党章找差距》的专题党课,组织党员教师赴同安区军营村高山党校研修学习,重温入党誓词,分党小组学习交流了《推动岛内大提升》《湖里榜样先锋力量》等内容,提高了党员同志的思想政治建设。

(二)调查研究滤初心

全体党员干部走进社区、走进社区家庭、走向年段、走入班级,深入了解学生、家长、老师遇到的问题。"面对面"的谈心谈话活动,党员与党员、党员与群众、党员与团员的系列谈心谈话,促进了"心贴心"互动,实现了"手拉手"共建,共同创建了和谐美好的教育生态圈。

(三)检视问题正初心

学校党支部坚持以问题为导向,在精心组织调查研究的基础上,学校领导班子成员开展专项问题调研座谈会,座谈会分别面对学校青年教师团体、班主任段长团体及教研组长团体,从学校德育、教学、教师成长等多角度检视问题,实现调查研究全覆盖,参与人员全覆盖,在实践中找准问题,从根源上分析问题,形成了"三个清单",会后逐一消查落实,将多项师生关切的痛点、难点、热点问题逐一解决,摆正了党员教师的立场,发挥党员教师的先锋模范作用,为提高学校教育教学质量贡献力量。

(四)整改落实见初心

针对活动调研中发现的问题,党支部书记采用当面回应和即刻责任落实到位两项举措,确保各个问题有整改、能反馈、得落实,深化教育教学改革,促进学校的长足发展;同时,号召青年教师树正气、学正气、扬正气,由青年教师向骨干教师再向卓越教师迈进,形成敢争先、比创优的良好态势。落实德育工作长期和近期规划结合的举措,要求德育工作者将耐心、细心、爱心与责任心落实在点滴的平常之中,创建金安小学的德育特色景观。

自推进党建品牌创建工程(表 6-1)以来,我校党支部认真落实新时代党的建设总要求,加强组织领导,加强督促指导,以"真美党建+"为品牌的党员暖心工程、党员个人能力提升工程、党员引领工程创建党建品牌,紧紧围绕"不忘初心、牢记使命"这一主题，围绕主题教育根本任务和"守初心、担使命，找差距、抓落实"的总要求，使党员不断有新进步、新领悟，增强了党性，提高了素质。

表 6-1　学校党建品牌创建工作情况表

单位党组织（盖章）：中共厦门市金安小学支部委员会　　　　　　　日期：2019.12

党组织名称	中共厦门市金安小学支部委员会	品牌标识	
品牌名称	"金风沐雨　安学乐育"真美党建		
创建时间	2018 年 9 月 1 日		
品牌标识释义	于党的阳光雨露里，沐浴光辉，滋养初心，创享教与学的盎然，托起教育的明天。		
品牌创建目标	以党员暖心工程、党员能力提升工程、党员引领工程为平台，学思践悟美初心、使命担当真践行，使党员不断有新进步、新领悟，不断增强党性、提高素质，金风沐雨、安学乐育，实现"真美党建＋"品牌创建。		
品牌简介（包括基本情况、主要措施、品牌效果）	学校支部充分发挥阵地作用，认真落实新时代党的建设总要求，加强组织领导，加强督促指导，紧紧围绕"不忘初心、牢记使命"这一主题、围绕主题教育根本任务和守初心、担使命，找差距、抓落实的总要求，使党员不断有新进步、新领悟，不断增强党性、提高素质，实现"真美党建＋"品牌创建。 　　品牌创建"345"： 　　"三项工程"构筑平台——党员暖心工程、党员能力提升工程、党员引领工程。 　　"四美初心"学思践悟——深入学习明初心；调查研究滤初心；检视问题正初心；整改落实见初心。 　　"五真融合"使命践行：融合主题实践，大局意识真提升；融合事业管理，学校特色真创新；融合德育建设，思想政治真洗礼；融合教学工作，干事创业真担当；融合条件保障，为民解难真服务。 　　2019 年 7 月，中共湖里区教工委授予先进基层组织荣誉称号。		
近三年发展党员情况	汤美霞、朱谦向组织递交入党申请书，朱谦参加区入党积极分子培训，成绩合格； 　　吴音，2019 年 12 月转为正式党员。		

续表

近三年"双培养""双带头人"工作开展情况	创新培训模式,融合能力,以研促教,以项目研究带动,真正起到名优群体效应,实现教师团队成长。搭建教科研平台,提供专业成长和发展的空间,切实做好教师培养工作,充分发挥导师工作室的示范、引领、辐射和带动作用,保证本校的人才培养和教学改革的可持续发展,不断提高教学质量和办学效益,建设一支教学水平和学术水平兼备的高水平的教师队伍。 汤美霞 厦门市优秀教师、骨干教师,厦门市美术学科带头人培养对象,厦门市第四届教师技能大赛一等奖,福建省第四届教师技能大赛二等奖,主持福建省教育科研"十三五"规划 2017 年度课题,与林华强校长编著生活美学教材《玩纸》。 林华强 福建省"十三五"中小学名校长培养对象,厦门市骨干教师,2019 年厦门市五一劳动奖章获得者,主编生活美学创客校本教材丛书,主持国家级重点课题子课题 1 项,省级课题 2 项。 叶巧璇 厦门市学科带头人,主持区重点课题《"问题导学+"小学语文阅读教学策略行动研究》 张 舒 厦门市骨干教师 李 钚 福建省学科带头人 骆梅珍 厦门市骨干教师 陈丽洪 厦门市骨干教师 林莉莉 湖里区骨干教师
党建品牌建设引领所在单位发展和教育教学质量提升典型事例	金风沐雨、安学乐育,学校支部充分发挥先锋作用,引领学校创设基于学生生命成长的教育生态圈,培养自然、本真、灵动的学生。 2019 年 5 月,学校举办湖里区小学课堂教学改革展示研讨会暨金安小学教改示范性建设项目研讨会。以"学科教学中的真教育"为主题,学校呈现了涵盖 13 节各具特色及展现学校教改成果的展示课;校长做了题为《教育至真 生活致美——金安小学真美教育行动进行式》的主旨汇报;"校园活动中的美生活"有视听盛宴的校本课程建设的舞台剧,有生活美学创客艺术街区、体育活动的体验,以及在歌声中唱响爱国旋律的快闪。林伟庆院长、吴雪慧局长、叶金标主任盛赞学校在教改上的探索和努力、办学上的远见和担当。本次活动充分呈现了党建品牌创建中"安学乐育"的行动要求。 2019 年 9 月,我校书记、校长带领生活美学团队编写的《生活美学创客校本体系》系列丛书在全国新华书店正式出版发行,实现了党建品牌创建中"融合事业管理,学校特色真创新"的行动目标。 在 2019 年厦门市义务教育质量监测结果报告中,我校五年级数学名列全市第二名,教学质量稳居湖里区前茅,做到了"融合教学工作,干事创业真担当"。

续表

近三年获得荣誉情况	2017 年 12 月,福建省义务教育管理标准化学校; 2018 年 3 月,湖里区家长志愿服务先进集体; 2018 年 5 月,福建省义务教育教改示范性建设学校; 2018 年 8 月,湖里区小学教学研训工作先进校; 2018 年 8 月,全国青少年校园足球特色学校; 2019 年 7 月,中共湖里区教工委先进基层组织; 2019 年 8 月,全国青少年校园篮球特色学校; 2019 年 10 月,全国青少年校园冰雪运动特色学校; 2019 年 12 月,厦门市首批书香墨香校园建设示范校。
开展"三会一课"特色做法	1.规定动作到位:定期召开支部党员大会、支委会、党小组会,健全党的组织生活;按时上好党课,支部书记、支部委员、党小组长轮流上党课。 2.学习教育到位:行政班子主题教育学习会;党员专题学习会;"学党章 找差距"交流会;党小组业务学习交流会、政治学习座谈会。 3.师德教育到位:思想政治工作"因事而化、因时而进、因势而新",学校创新政治学习新样态,运用新媒体、新技术使思想政治工作活起来,推动思想政治工作的传统优势同信息技术高度融合,增强了时代感和吸引力。学校师德教育采用"以师育师、以人化人"的新形式,搭建"今天我开讲"教师政治讲堂,让政治学习更接地气,更适合青年教师。

第五节 立价值愿景,锻造立业"孵化器"

工会,作为学校的重要组织部门,在学校发挥着重要的作用,它是联系教师与学校管理者的桥梁。充分发挥组织、引导的作用,增强组织凝聚力,团结、动员广大教职工为学校的发展建设建功立业,工会组织发挥着重要作用。它不仅能够调动教职工的工作积极性,提高教师的教学质量,还能够保持学校的整体稳定性。

金安小学第一届工会委员会,于 2014 年 12 月 19 日成立,刚成立时工会会员只有 25 人,经过五年时间的蓬勃发展,现如今工会会员达 115 人,其中,高级教师 4 人、一级教师 16 人、省级学科带头人 1 人、市级学科带头人 4 人、市级骨干教师 4 人、区级学科带头人及骨干教师 5 人;研究生 5 人、本科生 85 人，教师学历达标率 100％。工会家庭成员里年轻化、有活力的新生力量多，有待于进一步挖掘教师的潜能。

一、架彩虹桥，建一个有温度的家。

工会是一座彩虹桥，是一个有温度的家，短短五年时间，金安人以饱满的热情，交出了一张张美丽的画卷，工会之家（图 6-3）各项工作开展得有声有色，丰富了教师的教育生活，确实做到了"做真教育，习美生活"。学校充分发挥工会组织的职能，加强民主管理，坚持围绕中心，服务大局，以加强自身建设，建设高素质工会干部队伍为保证，以创新工作机制，激发工作活力为动力，努力建设学习型、服务型、创新型工会组织，着力解决教职工最关心、最直接、最现实的生活保障和教学保障问题，构建了和谐温馨的真美生活圈，激发了教师们的向心力和创造力。五年来，工会受到上级领导的大力肯定与表扬，教师在区级工会组织的各项体育比赛中屡屡获奖，学校取得了四星级"职工之家"、市级"妇女之家"的称号，王婉玲老师获得了区级工会先进工作者称号。

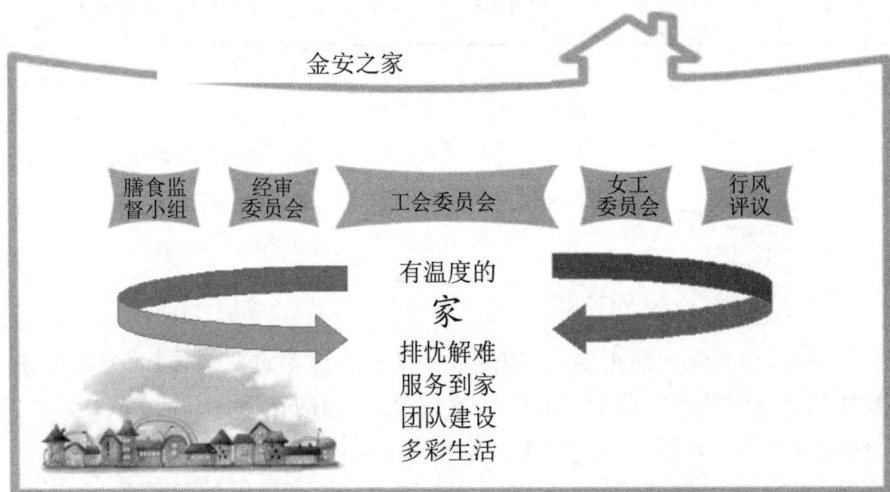

图 6-3　金安之家

工会组织始终坚定正确的政治方向，以习近平新时代中国特色社会主义思想为指导，组织学习《深入学习贯彻习近平总书记关于工人阶级和工会工作的重要论述》，践行社会主义核心价值观，履行工会的维权服务职责，不断增强教职工的获得感、幸福感、安全感，牢牢把握"守初心、担使命、找差距、抓落实"的总要求，不断强化思想引领，增强工会组织的使命担当，认真检视、反思当前工作，找准问题所在，深挖问题根源，坚持"改"字贯穿始终，改进工作，切实彰显新时代工会的新作为、新担当。

工会是一个基层组织，忠诚党的事业是其义不容辞的职责。学校通过扎实有效的工作把坚持党的领导和我国社会主义制度落实到广大职工群众中去。

完成党的十九大提出的目标任务，必须充分发挥工人阶级主力军的作用：把自身前途命运同国家和民族的前途命运紧紧联系在一起，把个人梦同中国梦紧密联系在一起，把实现党和国家确立的发展目标变成自己的自觉行动，爱岗敬业、争创一流，以不懈奋斗书写新时代华章，共同创造幸福生活和美好未来。

加强对职工的思想政治引领，加大对职工群众的维权服务力度，深入推进工会改革创新，勇于担当、锐意进取，积极作为、真抓实干，开创新时代我国工运事业和工会工作新局面。

引导职工群众听党话、跟党走，巩固党执政的阶级基础和群众基础，是工会组织的政治责任。适应新形势新任务，加强和改进职工思想政治工作，多做组织群众、宣传群众、教育群众、引导群众的工作，多做统一思想、凝聚人心、化解矛盾、增进感情、激发动力的工作，更好强信心、聚民心、暖人心，使广大职工在理想信念、价值理念、道德观念上紧紧团结在一起。

坚持以职工为中心的工作导向，抓住职工群众最关心、最直接、最现实的利益问题，认真履行维护职工合法权益、竭诚服务职工群众的基本职责，把群众的观念牢牢地根植于心中，哪里的职工合法权益受到侵害，哪里的工会就要站出来说话。

工会改革是全面深化改革的重要组成部分。党的十九届三中全会对群团组织改革提出了新的要求，工会要认真贯彻落实，构建联系广泛、服务职工的工会工作体系：要树立大抓基层的鲜明导向，坚持眼睛向下、面向基层，把力量和资源向基层倾斜投放，把广大职工凝聚在党的周围；让职工群众真正感受到工会是职工之家，工会干部是最可信赖的娘家人、贴心人。

贯彻党的全心全意依靠工人阶级的方针，保证工人阶级的主人翁地位。加强和改进党对工会工作的领导，研究解决工会工作中的重大问题，推动建设一支高素质专业化的工会干部队伍，支持工会依法依章程创造性地开展工作。

二、热情拥抱每一个人，做职工的贴心人

热情拥抱每一个人，做群众的贴心人，是工会的核心要素。

走进金安小学大家庭，不仅是美的环境吸引你，而且金安人的热情和温暖也会拥抱你，让每一位新加入金安大家庭的老师们不会感到陌生与拘谨，我们只要多一句暖心的问候：如还有什么需要帮到你的吗？对外地来的老师特别要询问饮食是否习惯，住宿床位安排好了没，需要工会帮忙协调什么吗？我们走进各年段办公室了解并帮助老师解决急需解决的问题，做好贴心的后勤保障，管吃管住管培养，学校的温暖工程让教师们能全心投入于教书育人的工作中。

虽然在金安小学创业初期，大家都很辛苦，但我们都很享受工作带来的喜悦与幸福，累并快乐着。在金安，和谐的氛围成了校园的主旋律，这里的孩子开朗活泼，这里的教师爱岗敬业，这里的空气中都散发着温暖的气息，而这一切都是因为工会搭起的彩虹桥，让这个家的关系温馨又和谐，让教职工共享甜美生活。工会是教职工的家，理应为大家说话办事，要重视维护劳动者的权益，更要重视解决劳动者最关心、最直接、最现实的问题，让广大劳动者的主人翁地位得到保障，主力军作用得到发挥。工会是职工的贴心人、工会是职工的主心骨、工会更是连接政府与百姓感情的桥梁和纽带。权为民所用，情为民所系，利为民所谋。以民为本，谁把教职工放在心里，教职工就把谁记在心间。

（一）构筑暖家园文化圈，让文化生活走进家园，营造温馨和谐健康的生态环境

1.创环境之美，乐享职业美好

第一，创设软环境之美。作为开办五年的新办校，学校每学年源源不断地将新生教师注入金安。首先，每学期教师的第一课都是校长亲自主讲，让每个来到金安的老师倍感亲切，有职业认同感和归属感，校长的每一句话字字入心，让全体教师感受到金安之家的温暖。其次，工会的每场教师礼仪形象培训，也成了金安人的必修课程。它让每一位教师明白遵守教师礼仪不是个人行为，而是集体行为，它代表的是职业形象、学校的整体形象、教师队伍的整体形象，当你处在教师职业状态时，其功能会被成倍放大，热情拥抱每一位学生，而教师的微笑是学生温暖的阳光雨露，能给学生

一种强大的亲和力，这种亲和力一定会使教师的魅力倍增；教师的赞美是好学生成长的摇篮，是一种爱的推动力，教师不仅是授课解惑的教育者，还是学生最好的生活导师和道德的引路人。三是塑造教师的人格之美、学识之美、个性之美、形象之美，来成就金安的真美教育。

第二，建设硬环境之美。走进金安的那一刻，每一个人都被校园的环境和文化氛围所感染，发现生活美学无处不在，创设美好的学习生活场域。如：教师阅读吧、"可暖你"心理咨询室、教师餐厅、羽毛球馆、篮球馆、足球场、健身房、舞蹈厅、生活美学空间等，让每一位教师在美的环境下教书育人，心情舒畅，开心每一天。

2.解生活之忧，一份亲情一份关怀

所谓"一饭膏粱，维系万家；柴米油盐，关乎大局"。民生是国家的大政方针。民生又是具体的，是教职工最关心的衣食住行。为了让教师无忧无虑地投入工作，我们提出口号"留住人就先留住胃"，解决教师们三餐吃饭难问题。刚开办时，学校还没有食堂，只吃饭盒。现在，学校已逐步建成将近一千五百人的优质食堂，丰盛的自助餐，让每位吃过金安饭菜的人念念不忘。关注民生就是用心倾听老师们的疾苦，就是向最需要帮助的人伸出援助的双手，这就是工会人工作的基本和重点。因为，任何时候雪中送炭都比锦上添花更让人感到温暖和难以释怀。一滴水可以映出大海，一份情一样能体现出人文关怀。

3.暖家人之心，感受亲情

工会一直把"关心关爱教职工，做教职工的贴心人"作为服务的着落点，始终以科学发展观为指导，注重关心职工工作和生活，着手于教职工生活中、工作中的细节、小事、实事，细心、精心、更显贴心。诚心、爱心更暖人心，工会做好职工贴心娘家人，建设广大教职工最温馨的"职工之家""教职工的贴心人"，努力为教职工服务。

学校党政工领导无时无刻不把全体教师的事情放在心上，经常了解教师的需求，把教师的身心健康、幸福生活作为头等大事去抓。首先，舒缓教师心理负担。作为工会组织，及时把党政领导的关心和爱护送给每一位教师。作为新办校教师压力大，为了排解老师们的心理压力，校长还亲自给教师上了心理疏导课，缓解教师的压力。其次，解决教师就餐事项，让教师累而快乐地工作。下午下班晚，为了不让教师饿着，学校请面点师傅做好糕点，因单身的年轻人多，又解决了教师的晚餐问题。工会每天关注学校食堂的伙食，及时跟食堂师傅沟通，让每一个教师吃好睡好，解决他们的后顾之忧。三是举行多样的团队拓展、趣味运动、生活美学类活动比赛。对教师暖心关怀,开展健康活动。如:九月十日教师节,工会为教师送上了暖暖的保温杯,让教师感受工会的温暖与呵护;十月"庆国庆"组织教师参加趣味运动比赛;中秋节为老师们送上了鲜活的海鲜,回家与家人团聚,感受浓浓的亲情;三月八日妇女节,全体男教师还为全体女教师们献上舞蹈《小苹果》,让女教师们感受到幸福与温暖,工会为女教师送上了一堂有关《致我们终将回归的美丽》保养讲座,教师受益匪浅。四是组织形式多样的社团活动。综合工会小组组织教师学茶道、学花艺、品鉴咖啡,让生活充满审美情趣;迎元旦,校长还亲自带领她们参与学校金光秀场的演出,受到学生和家长的一致赞叹;春节前还组织教师亲自组合花艺作品,为家里增添幸福的年味,并备上年货,为老师们解决了后顾之忧;教师生日,总能带给老师不一样的惊喜和祝福,让全体教师感受金安这个温暖的大家庭如家的感觉,温馨而幸福。

(二)积极关心教职工的生活,开展送温暖活动

组织慰问生育教师和住院的教师家属。始终坚持"五必访"制度,不管是教师的丧事,还是教师住院等都能在第一时间上门慰问和祝贺,把学校的关心送到每个教职工的心坎上。真挚的关怀为广大教职工解除了后顾之忧,使他们得以全身心地投入到教育教学活动中,把学校事当作自己事,积极地以主人翁的精神投入到学校管理和建设中。如组织慰问生育教师和住院的教师家属 42 人次,始终坚持"五必访"制度,不管是教师的丧事,还是教师住院等都能在第一时间上门慰问和祝贺,把学校的关心送到每个教职工的心坎上。这学期来,学校工会慰问生育住院的邹丽、高彩惠、陈妙敏、戴俐盈等老师;慰问生病住院的艾振相、张明明、何玮萍、钟文静、叶巧璇、朱谦等老师;还及时慰问陈明辉、张舒和、蔡可、蔡莹莹和刘明辉等老师病故的亲人;慰问生病住院的老师,特为支教回来的赵影教师举行欢迎仪式,让教师感受学校的温暖;还积极为教师办理职工医疗互助保障、工会卡、旅游年卡和公务卡、ETC。

"金杯银杯不如教职工的口碑,金奖银奖不如教职工的夸奖",这正是基层工会干部不懈的追求。"让每一位教职工都有家的温暖",也是基层工会干部努力的方向。

（三）构建民主生态圈,保障教师的权益,倾听教师的心声和解决合理的诉求

1.建和谐之桥,发挥职能

《工会法》中规定,"维护职工合法权益是工会的基本职责"。因此,维护教职工合法权益,既是学校工会的基本任务和职责,也是学校教育改革、发展,创造稳定和谐的劳动关系的客观要求,更是落实科学发展观、构建和谐社会的迫切需要和重要内容。作为学校工会组织,如何发挥自身优势,实现"组织起来,切实维权",最大限度地保障教职工的权益不受侵害？我们要充分发挥好以下几个重要作用,在学校教育教学事业发展中找准位置,更好地为广大教职工服务。

在这五年中,工会能及时了解教职工的心声,向教师征集金点子并主动向学校各有关部门与领导汇报和沟通,使领导能了解广大教职工的想法,提供领导决策参考,工会也能把领导决策的想法反馈给有关教师,起到沟通与理解、相互尊重的桥梁作用,使学校在和谐中运转,在理解中工作,在团结中发展。为贯彻我校"求真求善"的真美教育理念,学校启动了"我为你点赞"活动,发掘师生中的典型,树立榜样,并拍成照片在校门口的电子大屏幕上循环播放,每周更新一次,让身边人感动身边的人,让身边人带动身边的人,引导全校师生凝聚与传递教育正能量。

2.坚持教代会制度,推行校务公开,促进民主管理

为进一步促进党的"依靠方针"在我校的贯彻落实,规范教代会制度,学校推行校务公开制度,多渠道组织全校教职工积极参与学校的民主决策、民主管理和民主监督。为了充分发挥全校教职工的首创精神,依靠群众办学、治学,工会协助学校广纳众言,主动与教师交谈,让教职工有地方说话,有机会说话,尤其是学校发展中的一些大事、要求,在决定之前,广泛征求教职工的意见和建议,较好地体现了教职工的主人翁意识。

3.加强学校校务公开、民主监督的透明度

学校工会,一直把关心职工生活、教师切身利益放在首位。一学年来,学校做到每周重要事务及时公开、教师考勤、考核公开、教师的评优评先公开、评聘职称公开、年度考核公开、采购、财务、收费等各方面工作情况公开,及时向全校教职工张贴公布,及时听取教工对学校工作的意见和建议,通过开教师例会、教代会、党政工联席会做到及时、准确地给予公开。

学校工会进一步深化、规范民主评议书记、校长工作,顺利配合区教育

局做好一年一度的民主评议校长兼书记工作,使学校的民主评议校长工作制度化、规范化、条例化。

4.完善劳动关系协调维权机制

随着教师人事改革的深化,劳动关系的协调工作将显得更为突出。学校工会依据教育法、教师法、工会法等有关法律法规的规定,特别是我们学校的体制属于聘任制教师多的情况,建立健全教职工工作、生活状况调查分析机制、劳动关系矛盾预警机制、劳动争议调解等,把解决劳动关系中的矛盾和问题纳入规范化、制度化的轨道,切实维护好职工的劳动权利,建立稳定和谐的劳动关系。我校有近70名的非编聘任制教师和职工,根据《劳动合同法》,工会听取编外教师意见,对编外人员用工等问题向学校作出建议,现学校编外人员用工合理规范、有保障、待遇高。完善源头参与机制,提高依法维权水平。在深化人事、分配制度改革的过程中,工会源头参与涉及职工利益的政策措施的制定,要把岗位聘任、收入分配、社会保障等关系教职工切身利益的热点、难点问题,作为工作的重点。学校的重大决策、改革方案以及有关规章制度的出台均要提交教代会审议。学校工会把改革的力度、发展的速度和学校可承受的程度统一起来,正确处理改革、发展、稳定的关系,努力保持职工队伍的团结统一,保持学校的稳定和谐。

在迎接区工会星级创优检查评比中,学校工会受到检查组的一致好评,认为学校的档案整理远远超出三星级的标准,材料完善,规范清楚,有创意,校务公开栏设计巧妙、效率高。

5.搭民主平台,群策群力

好学校不仅应该拥有优美的校园环境,深厚的人文底蕴、先进的硬件设施,还需要具备一支优秀的教师团队。优秀的教师团队既是学校实现可持续发展的核心要素,也是保障学生健康成长、学校长足发展的有力支撑。

学校工会建立教职工思想信息反馈机制和多层次多渠道的信息传递网络,及时掌握教职工的各种心态,洞察教职工中的各种不稳定因素,了解他们的意见和建议,研究和分析教职工队伍中可能出现的问题,并依据工会的各项职能积极地加以处理与调节,为学校党政领导了解民情、集中民智搭建坚实的平台。例如,教代会作为教职工行使民主权利的最基本形式,工会按规定按期召开教职工大会或教职工代表大会,充分听取教职工的意见或建议。教代会提案内容可涉及教师生活、福利及教学环境的改善,涉及教育管理服务及领导干部的廉洁自律、率先垂范等方面,做到提案条条有答复、件件有落实;通过教代会,增强教职工参政议政的民主监督意识，强化学校行政领导倾听群众呼声，不断改进工作方法，使学校决策更民主、更科学，同时，教职工的合法权益得到进一步保障，学校民主政治建设得到进一步加强。

"人多计谋广，柴多火焰高"。我们朝着一个共同的目标群策群力而努力，因为我们有自觉的内驱动力、价值观、向心力、凝聚力，我们同舟共济，一切的困难和问题都能迎刃而解，这就是金安人的精神。

6.抓团队建设，凝聚力量

"教师能走多远，学生才能走多远。"所以重视和促进教师的专业成长，必须注重团队建设，让教师在团队中共同成长。当前，我国正在全面实施素质教育，以面向现代化、面向世界、面向未来为战略思想，帮助学生学会学习、学会生活、学会做人，面向全体学生，全面提高教育质量，其根本保障在于教师的素质。一所学校创办成功与否，其标准在于"教风、学风、校风"三风建设的程度，其中教风的好坏是起决定作用的。人常说："有什么样的教师就有什么样学生，所以提升老师的学习力和凝聚力是我们金安小学一直坚持做的事。"

我校一直把政治学习摆在首位，通过学习、阅读、培训，引导教师树立强烈的职业荣誉感、历史使命感和社会责任感，进一步明确教师的责任和义务，明确教师职业行为中该做什么、不该做什么，提高贯彻执行职业道德规范的自觉性，依法履行教师的职责和义务；充分利用每周教师例会平台，让教师在学习中成长，提高师德素养，造就一支让人民满意的教师队伍。

从开学至今，学校一直围绕"真美教育"的办学特色，开展了讲座培训百余次，教师读书沙龙举办了 26 期，分别为《如何建构有效的小组合作教学机制》《给教师的一百条新建议》《如何提升学校管理团队执行力》等及《教育慢得下来吗》主题辩论会。为更好地激发教师的阅读兴趣、提升自我成长需求、培养阅读习惯，每周一教师例会上增加了《今天我开讲了》，以"做一个读书人"为主题，进行经验分享，并设置关键词，教师以抽签方式进行即兴演讲，由此锻炼教师的表达能力，加强自我学习的需求，提升教师的学习能力。许多青年教师养成了爱读书的好习惯，在教学上也迅速成长起来。

（四）构画真美生活圈，描绘学生的成长与教师的发展美好蓝图

1.组特色社团，习美生活

我校的习美生活特色社团建设，不仅给老师提供了一门技能的学习机会，还提高了教师的审美能力。

（1）成立教师男足队

在学校足球嘉年华活动中，教师男足队与校家委举行了一场友谊赛，全体教师还开展了一场趣味运动会，活动精彩纷呈；组织了手工扎染、茶道、花艺、书法等培训，教师整体的素养得到了很多提升。

（2）组织教师扎染社团

来自宝岛台湾的传统手工扎染艺术家陆弘老师为大家讲述了扎染的起源和发展，在他的生动讲解下，老师们有幸接触到了这段美丽的文化，老师们了解到扎染也叫扎缬（xié），是中国民间传统而独特的手工染色技术，也是优秀的国家级非物质文化遗产。在陆老师的悉心指导下，教师们亲自动手，经过浸湿清洗、捆扎、涂染、固色、洗涤、晾晒等程序，完成了一件件漂亮的处女作品。扎染前的白 T 恤经过 5 个小时扎染，变成了一件件风格迥异、色彩亮丽、花样丰富的作品呈现在大家眼前时，老师们那个激动呀！虽然都是第一次做扎染，但是效果都非常好，老师们的成就感油然而生，不停地和周围的小伙伴们互相交流着、欣赏着，体验着成功的喜悦和快乐。为了提高教师对"生活美学"办学特色的进一步认识，学校积极为老师创造条件，将"真美教育"落到实处。

在工会主席的精心组织策划下，学校全体教职工在校长的亲自带队下，赴同安竹坝青少年综合实践基地进行了别开生面的生活美学实践体验活动。在"生活美学"实践活动中，全体参与人员共分成三组，进行制作印尼糕点"蝴蝶酥"及自制"绿色手工皂"两个体验项目，各组成员积极动手，挖掘潜能、发挥各组优势，伴着欢歌笑语，创造出极具个性、唯美的作品。实践中队员们走进了生活，创造了生活，艺术了生活；为了让老师们在开学之前体会中国传统优秀文化的精髓，品味人生，放松心情，我校工会主席王婉玲教师组织了一场"茶汤里的礼仪美学"的工会活动，100 多位老师带着对茶的喜爱，来到厦门市万仟堂总部，品味茶汤里的礼仪美学，追寻茶带来的安静氛围。伴随着轻柔的乐曲，工会主席王婉玲教师用优雅的茶道表演拉开了讲座的序幕。净手、温器、纳茶……每一个动作、每一个眼神都有一种神奇的力量，让我们的心瞬间静了下来。紧接着，王婉玲老师为教师们讲解茶道礼仪，从中使他们知道茶道讲究心定，是人与茶的对话、人与器的对话、人与水的对话。学习喝茶，身心愉悦，让教师生活快乐。全体教师在现场盘腿而坐，马上将讲座中关于茶道礼仪的知识运用于实际：他们相互握手，分别赞美对方一句话，在两两之间的简单互动中，将美用一个表情或一个眼神传递给他人，在茶香中，在愉快的互动中，细细品味着茶道中的礼仪美学！一壶清茶，沏出浓浓的感悟；一杯在握，芬芳绕指，便有了三日不绝的袅袅情思。一次茶艺美学活动不仅让老师们陶冶了情操、美心修德，也能让教师放松心情，他们脸上愉悦的笑容足以说明；花艺作为精美的艺术创作，对女性有静心、修心、养心的效果，在充满花香的生活里，女人会像花儿一样灿烂。

2.开设花艺社团

在专业教师的细心指导下，教师用紫罗兰、跳舞兰、水竹、红菊等花材一展身手，用智慧和创意精心创作出一盆盆造型各异的鲜花作品，广大教师不仅享受到具有浓郁生活气息的高雅艺术气氛，更重要的是还提高了自己的艺术审美能力。为了缓解教师们一个学期来紧张的工作压力，工会还特地组织全体教师开展秋游活动，到厦门市澳头村参观艺术文创基地和社会主义新农村建设。

到达澳头村，教师被村里的艺术文创氛围所吸引，处处有雕塑、道路整洁，古厝保留原有的模样，村里的湖水清澈，小桥流水，到处都是美丽景象。到了三笔之一苏遥教师的工作室，一进门，大家就被院子里的牛棚所吸引。苏遥教师得知大家要去参观，特地一早为大家写了一首诗，感动了到场的教师，他的艺术情怀与生活息息相通，看了他的作品，大家无不为他的创作喝彩，所有的作品既熟悉又亲切，处处都是生活中不起眼的物品，在苏老师的眼里这就是艺术创作灵感，也验证了一句：艺术来源于生活，又高于生活。

这样的活动获得了参与教师的一致好评，工会还将给教师带来更多更好的美学活动。

3.丰富教职工业余文化生活

积极组织开展各项文体活动，是工会组织实施其工作目标的有效载体，也是工会组织联系教职工的重要途径。学校工会在校党支部的支持下，按照贴近实际、贴近生活、贴近职工，创新形式、创新手段的要求，大力开展丰富多彩的文体活动。如退休教职工重阳节庆祝活动，三八妇女节庆祝活动，让教师感受到了工会的温暖与呵护；各种节日，工会总要花心思给不同年龄层的教师送上工会慰问品，贴心又周到；教师生日，工会总能带给老师不一样的惊喜和祝福，让教师感受金安这个温暖的大家庭如家的感觉，温馨而幸福，拔河比赛、趣味比赛、篮球、乒乓球比赛、跳绳比赛，与兄弟学校开展的教研联谊活动，等等。工会还要积极组织教职工参加上级教育工会举办的各项活动：开展气排球、足球、篮球、游泳等体育活动；本学期还组织全体教职工参加第九套广播体操和趣味运动会比赛,在湖里区教工趣味运动会中荣获团体二等奖、广播操比赛二等奖,大家积极参与,参与面达到100%,总之,丰富多彩的活动增强了教职工的体魄,而更为重要的是,大家在活动过程中,不仅陶冶了身心,增进了同事之间的了解和友谊,还营造了一个宽松、和谐、快乐的工作环境,让老师们真正感悟了幸福就是"早上想上班,晚上想回家"。

工会通过各种丰富多彩的文体活动,以密切学校干群关系,增进教师间的友谊和相互间的了解,展现教师的风采,增强集体凝聚力。

在新时期,工会人更应以科学发展观为统领,凝结各方面的力量,把工会工作打造成"民主、文明、人文、开放"的生态系统,积极构建和谐的工作氛围,时刻要秉承"以人为本"的理念,急职工所急,想职工所想,"捧着一颗心来",哪里有困难,哪里就有我们工会干部的身影,把工会建成真正的职工之家,让我们这个大家庭中的每一个成员都享受到温暖,让工会成为每一个职工的温馨港湾。让我们一起用容颜表达欢喜,用双肩担当责任,用微笑美化人生,用爱心感染每一位职工,让每位教职工都能感到"温暖的工会,我们的家"!

德育是各个社会共有的教育现象,是对学生进行思想、政治、道德和心理品质的教育。全员参与教书育人,德育渗透,历来是我校工作的重中之重,因为这关系到每一个教育工作者的职业道德和职业生涯。习近平总书记指出:"教师的职业特性决定了教师必须是道德高尚的人群。合格的老师首先应该是道德上的合格者,好老师首先应该是以德施教、以德立身的楷模。师者为师亦为范,学高为师,德高为范。老师是学生道德修养的镜子。好老师应该取法乎上、见贤思齐,不断提高道德修养,提升人格品质,并把正确的道德观传授给学生。"

教师,应具备怎样的道德品质,不仅仅是教师个人修养的问题,而且也关系到培养出什么样的人的问题。陶行知先生的"每日四问"中的第四问是:"我的道德有没有进步?"因为道德是做人的根本。马丁·路德有一句名言:"一个国家的繁荣,不取决于它的国库之殷实,不取决于它的城堡之坚固,也不取决于它的公共设施之华丽,而在于它的公民的文明素养,即在于人们所受的教育、人们的远见卓识和品格的高下。"

"师者,人之模范也。"

第七章

成就家校共治新样态

有道是：教育始于家庭。"欲造伟大之国民，必自家庭教育始。"父母是孩子人生的第一任老师，也是孩子最永久的老师，对孩子一生的发展起着非常重要的作用，一个好的家长胜过一百个校长。家庭教育是真正的人诞生的摇篮，英国著名学者赫胥黎说过："你要想造就伟大的国民，必须要从家庭教育开始。"福禄贝尔说："国民的命运，与其说是操纵在掌权者的手中，不如说是握在母亲的手中。""推动摇篮的手是推动世界的手。"梁启超先生也说："故治天下之大本二，曰：正人心，广人才。而二者之本，必自蒙养始；蒙养之本，必自母教始；母教之本，必自妇学始。故妇学实天下存亡强弱之大原也。"不难看出，父母是孩子成长的首任教师和品德塑造的引路人。

时代的发展，家庭教育的理念、任务和方式，随之发生了翻天覆地的变化。家庭教育，作为现代教育不可或缺的三大支柱之一，它的地位和作用更加凸显。在建设教育现代化强校、科学教育观强校的理念指导下，我校把专业的家庭教育指导工作，放在重要位置，创新了家校共育模式，"培养具有成长陪伴能力的家长团队"这一想法成为支撑办学理念的重要一环。学校秉持"一座信任的桥、一个温暖的家，一个成长的教育共同体"的全新家校工作理念，从三个维度建构全环境育人格局：夯实家庭教育基石，保障教师成长，沟通社会资源渠道。

学校将家庭教育科学化、规范化、常态化、系统化放在工作的首位，搭建阅读平台，带领家长团队完成自我认知重建，创建自我学习通道，实现自我成长的梦想，让家长彼此看见，彼此影响，共同学习、共同理解、共同成长，因学习而改变教育心态，改变教育方式，理解学校办学理念，主动参与到教育教学管理中来，以科学的家庭教育反哺学校教育，从而构建持续健康良性发展的"金安家校生态圈"。

第一节　家校共治的行动意义

一、家校共治的行动意义

2017 年,教育部印发《中小学德育工作指南》,明确将家庭教育纳入德育工作体系。2019 年,中共中央、国务院印发《关于深化教育教学改革全面提高义务教育质量的意见》,要求重视家庭教育,充分发挥学校主导作用,密切家校联系。2020 年教育部在对"关于强力推进家校政社共育一体化进程构建覆盖城乡的家庭教育指导服务体系的建议"答复中也做出相应表述。

金安小学于 2014 年创校之初,率先创立了独特的内设行政部门——家校办(于 2017 年更名为家校共治中心)。家校办的创设,其目的在于通过对家长的精神引领,创建一种家长新型学校文化,以此共同携手,面向未来,共治共育。将家庭建设、家庭教育作为推进学校建设、家校沟通的重要基点,家校共治中心将家庭建设、家庭教育作为稳定、推进学校建设的重要基石。重视基于儿童生命成长的生态教育环境的打造,把家庭建设纳入完善和发展学校总体办学战略的部署之中。通过搭建系统规范的学习平台,引导家长去认知儿童发展的成长轨迹,唤醒家长自我改变的需求,树立教育信念。协助家庭改善原生家庭问题状态,促进科学、现代的教育理念形成,筑牢家庭文化价值基础,家校协同为儿童生命生长赋能;建设有爱力的家庭环境,有专业有情怀的教师团队,建构具有影响力的温暖家校生态圈。

我们提出了"家校办是一座桥,是一个家,是一个教育成长共同体"的家校共治核心纲领,为家校有效沟通,为学校、家庭、儿童的共同成长发挥重要的桥梁和引领作用。

教育成长共同体本着"以生命影响生命"的理念,着力打造教师、家长共同进步的成长团体,并在 2017 年更名为"家校共治中心",积极整合社区优质资源,家庭、学校、社区融合一体,共同探索教育教学的真谛;通过举办共读经典、生活练习、专题培训、案例研讨等多种形式的主题活动构建家长、教师自我成长的学习路径,发现成长需求,寻找职业幸福感,并培养具有成长陪伴能力的家长群体。六年多来,"家校成长共同体"形成了由自我认知到自我学习,最终达成自我成就的教育循环体系,建构了"一核五圈"(一核:一个核心理念;五圈:生活圈、学习圈、亲子圈、影响圈、共治圈)家校共治新生态。

图 7-1 家校共治中心工作职能

二、家庭建设的根本目标和方向

我校家庭建设的根本目标和方向:学校、家庭、社区三位一体,家既是学校建设的依托,又是社区稳定之根本,家校社同构。我们要协助家庭改善原生家庭问题状态,促进科学、现代的教育理念形成。家庭的重要任务和职责是配合学校,共同培养自信、求真、善思、好学、向美、具有担当精神的新时代的青少年,有效实现家庭与国家的接轨与融合。学校将培育"相亲相爱"的和谐家庭关系作为工作发展方向和目标;强调了原生家庭的情感塑造和家庭成员之间爱的互动,这需要在家庭中进行爱的教育。传递"爱"是人类共同的情感和共有的价值。学校要帮助金安家庭具备情感抒放和情感延续的功能;指导教师、家长以身作则、言传身教,共同培养学生具有"爱"的能力,实现"爱"的代际传递。

三、家庭教育和家风建设得到重视

家庭建设的重点,即注重家庭(宏观)、注重家教(基础)、注重家风(重点),将"立德树人"作为家庭教育的品德教育。学校对家长提出明确要求——家长要时时处处给孩子做榜样，用正确的行动、思想、方法教育引导孩子。

学校长期以来，非常重视家庭教育，重视家风建设，把家庭教育放在学校工作的议事日程上，作为学校工作的组成部分。家庭教育与学校教育的关系，虽然人文场景不同，但它们是相互影响、相互依赖的。家庭教育处于培养孩子的基础地位，作用在于塑造人格；学校教育则处于培养孩子的关键地位，作用在于造就成长。

第二节 家校共治的行动历程——创建温暖金安家校生态圈

一、构建"生活圈"，做有榜样的父母——服务型家长团队建设（1.0版） 榜样、影响、传递

（一）金安小学"家长爱心志工护校队"

简称"志工队"，是由家长自发组建并在学校家校办指导下成立的家长志愿者组织。他们以协助学校维护校门外学生上下学交通秩序，服务学生安全有序地出入校门为目的。2014年8月31日新校开办的前一天，就有几位家长爱心志工自主形成一支队伍在校外简陋的铁皮围挡处开始导护。为最大限度地保障孩子们上下学的安全，志工们自发地打印温情的警示语，并手举警示牌，一遍遍不厌其烦地文明提醒来往车辆慢行。家长志工队的行动加强了家长参与学校管理的意识；提高了家长的文明修养，更好地发挥家长对孩子们的榜样作用，无形中也提升了社区居民的文明意识，居民车辆出入时经过学生身边都会自觉减速，等待学生通过后再驶离。家长志工们身体力行，执行文明礼仪导护规范，主动与老师和学生行鞠躬礼问好，替下车学生打开车门，并帮助学生背好书包；雨天遇到忘带伞的同学，头顶上一定会多一把志工家长递过来的爱心伞，志工们为金安学子撑起了一片晴天。看到志工们导护时常被突如其来的雨水天气困扰，一位妈

妈默默地为学校定制了几十把印有"金安小学爱心志工队"字样的橙色爱心雨伞,从此方便了志工,也方便了老师和孩子们。

志工护校队伍,不单是风雨无阻为学生出入校提供最有力的安全保障,在学校的各大活动现场,也都能见到志工们的身影:体育节的比赛现场,是身着志工服的志工们在辛苦地维持秩序;艺术节或重大比赛现场都能见着身背沉重摄影器械的摄影志工,为学校师生抓拍到一张张珍贵精彩的相片。

2019年10月24日,金安小学有20位家长自愿加入湖里义务交警活动中,成为金安护学岗的一员。金安家长的服务精神由校内走向校外,用爱心与坚持服务于社会。金安小学的志工们用大爱的品质,用文明的形象为金安小学奠定了坚实的家校共育的文化场域,提升了学校的创校品质,成为金安小学一道最温暖靓丽的风景线。

(二)辣妈漂书俱乐部

辣妈漂书俱乐部成立于金安小学创校初期,是在家校办引领下,金安小学的辣妈们自发组织起来的公益活动团体,2014年11月7日在金安社区幸福广场举办了大型的首漂仪式。校领导、老师及全体家长、学生齐聚在漂书现场,共同见证这一具有重大意义的时刻。我校提出的"传递书香,分享悦读"这8个字,是对漂书活动最佳的意义诠释。辣妈漂书活动宗旨在为金安小学的孩子们拓宽阅读渠道,创建校园阅读氛围。漂书活动不仅向家长们宣传了亲子阅读的重要性,也引导孩子们学会遵守规则,传递"分享好书、信守承诺"的理念。家长们通过这种公益行为引导学生热爱阅读,培养阅读兴趣,不仅漂流了一本好书,更让"阅读感受"漂起来,最终学生漂流的是一份思想、一份心得、一份收获。

辣妈漂书俱乐部成立后,共举行了三场大型图书募集活动,平时也能陆续接收到金安学子和在校老师们的图书捐赠。每一次捐书活动都基于上一次捐书情况、图书损耗、学生阅读兴趣及各年段学生阅读需求等数据提出捐书条件,让每一次捐得的书籍均为优质的好书。2019年5月7—9日,家校办举办了极具仪式感的第三期大型捐书活动,每一位捐赠者都将获得一张精美的捐书荣誉证书。一纸证书代表着荣誉,代表着爱心分享的见证。历时三天的捐书活动大获成功,学校共获赠近四千册优质图书。

创校头三年学校图书馆未建成时,辣妈漂书俱乐部起到了流动式图书馆的作用。每周五下午盛大的漂书活动,吸引了无数有爱的志工们前来参与,更深受广大金安学子的喜爱。每周五的下午,是金安老师、家长、学生的阅读狂欢之日!而辣妈漂书俱乐部里忙碌在漂书现场的辣妈暖爸们的身影绘成了金安最美的画面。

辣妈漂书俱乐部的活动和做法赢得了学生的喜爱、家长的参与、社会的口碑,并于 2016 年荣获"湖里区最美读书点"的称号。

"午托的学生没有午睡习惯,总打扰他人怎么办?""孩子完整的阅读时间少怎么办?""我就想找个地方自由自在地读会儿书,到哪里可以做到!"基于以上老师、家长和学生不断发出的声音,家校办于 2017 年提出"每天中午阅读一小时"的倡议,由校家委主任带领一批极具爱心的志工队伍,利用辣妈漂书俱乐部优美、雅致的环境创办起学校极具特色的"午读时光"项目。志工们每天以轮班的方式,在中午 12:30 分准时到达学校辣妈漂书俱乐部,陪伴有阅读兴趣、不爱午睡、想自由自在阅读的孩子们一起阅读一个小时。

两年时间的坚持凝聚着大家的力量,志工队伍由最初的七人,发展到了现在的近百人,每一班保证六位志工在岗,志工们身着辣妈漂书俱乐部的志工服,各司其职,由最初的"看管型"服务,转变为陪同孩子们一起静静地读书或做绘本"讲读者"。2019 年,志工中悄然增加了许多爸爸的身影。有一位三年级的爸爸说:"开始是我女儿逼我来当志工的。当我看到女儿骄傲的眼神,以及那么多认真听我讲故事的孩子渴盼的神情,我才发现我要感谢我女儿当时的逼,让我有机会尽自己的能力帮助到天使般的孩子们。"还有一位爸爸曾经性格内向,不善言辞,自从当了午读时光的志工,竟成了孩子们心中的当之无愧的"绘本爸爸",只要工作能排开,他一定会准时到校为孩子们讲读绘本,为此,2017 年 12 月,这位爸爸被评为"感动校园"真美志工。

午读时光不仅仅增加了金安学子的阅读量,提升了学生的阅读兴趣,更通过孩子影响了成人,而成人的积极参与与用心陪伴,同时也能唤醒一些有阅读厌倦情绪的学生的阅读自信。学生有些选择自主阅读,想看什么书就看什么书;有些低龄孩子更愿意挑一本喜欢的绘本,让志工叔叔或阿姨讲读给他听。安静的午读时光,训练了学生文明的阅读习惯,提升了学生的阅读兴趣。

(三)金光校刊家长宣传部

金光校刊家长宣传部主要是配合《金光》校刊稿件的征集、审核、校正等协助工作。它由金安小学学生家长自发组建而成。《金光》校刊:秉承着"为理想筑梦,为美丽奠基"的校训,渗透着学校的办学追求、教育理念,记载师生、家长的学习、工作、校园生活、育儿心得、亲子交流等方面的精彩篇章,是学校文化建设与传承弥足珍贵的部分。校刊家长宣传部,目前设有宣传组、征稿组、审稿组、校稿组,数据组。宣传部成员来自热心的学生家长,这群在校刊默默忙碌的家长们希望能够传播满满的正能量和精神食粮,每一期校刊的问世,都是这群幕后英雄们利用夜晚时间,对着电脑一个字、一个标点、一段话进行细致的审稿、改稿、定稿,每一份校刊都凝聚了校刊组所有成员辛勤的汗水。在大家的共同努力下,《金光》校刊成为学校广大家长、师生最期待的一份校内读物。

二、创建"学习圈",做有觉知力的父母——学习型、成长型家长团队建设(2.0 版)　唤醒、觉知、改变

(一)家长阅读沙龙

"我的孩子为什么总是作业拖拉?""儿子总是乱发脾气怎么办?""我说了一百遍的话他都不听!"……我们自从有了"家长"这个新的身份后,就不小心会变得焦虑,不知道用什么样的方式与孩子相处,看不懂孩子的许多行为,于是矛盾升级,家庭关系紧张。帮助父母提升"觉知能力"是家校办工作中的核心和重点,而最便捷、门槛最低的自我成长方式就是阅读,在经典的教育书籍中寻找教育真谛。

"让阅读成为一种生活方式"是金安小学阅读指导中心的工作宗旨。六年里,越来越多的家长从"服务型"家长成长为"学习型"家长。在阅读指导中心的引领下,家长们以每月一本经典的阅读速度,在阅读中发现自己、认识自己、成长自己。有这样一群人,他们爱好阅读,重视个人成长,更愿意将学习收获分享出去,成为有能力影响他人的人。在金安小学,我们称他们为——阅读领航员。著名的教育家苏霍姆林斯基说过:"对人来说,最大的欢乐,最大的幸福是把自己的精神力量奉献给他人。"这句话成了领航员们的信念。

突如其来的疫情,让学校停课、社会公共活动停摆,生活似乎变得停滞不前了。不少家庭陷入"关系"的冲突中,陷入对未知生活的焦虑中。我们能为宅在家中的自己做点什么?杨绛先生曾说过:"你的问题主要在于读

书不多而想得太多。"书本是精神世界的入口,在书中可以遇见更好的自己。因此,金安小学 10 位阅读领航员做出决定:把书读起来!领航员们通过线上会议,分析家长当下遇到的教育困惑,家庭关系的冲突类型,将"改变孩子,先从改变家长认知开始"作为阅读目标,策划阅读计划:以每周两晚的阅读频率组织线上微信读书活动;领航员按章节分工领取领读任务,以慢读的方式将书读深读透。

家校办用五年的时间,坚持每月一期的频率以世界咖啡式共同体模式、辩论、主题研讨、演讲或专家讲座等多种形式开展教师与家长的阅读活动,采用陪伴式阅读方式,与教师、家长们共读经典的教育专业类的书籍。在阅读中,家校办引导教师解决教育教学困惑,寻找智慧的教育管理模式;帮助父母树立科学的教育理念、解决家庭关系困扰及亲子教育难题。我校有不少家长是从入校开始就"场场不落"地参加每一场阅读活动,成了阅读沙龙的忠实"粉丝"。我们可以欣喜地看到家长们的改变,正如张文质老师所说:"父母改变,孩子成长。"父母的学习行为带动的是整个家庭关系的改变,影响的是身边的人。四年段某位妈妈曾患有严重的心理疾病,但她坚持不懈地参加了四年的家长阅读沙龙活动,在阅读经典书籍的过程中,她找到了生活中的那道"生命之光";在与伙伴讨论的过程中,她找到了自我存在感,因为她的观点能被大家认同,被大家肯定。家校办蔡可老师建议她以公益参与的身份参与到学校工作中来。这位妈妈最终成了阅读沙龙组的骨干成员,至此,她表示生活有了希望,家庭有了欢笑。金安小学希望培养出更多的"读书人",读书人由大境生上品,由挚情酿高格,品格自可卓立人群之上,有这样的父母何愁教育不出高品质的孩子?

每学年,都会有一批坚持参加阅读沙龙的家长获得"最美读书人"的光荣称号,家校办以书籍作为奖品,蔡可老师会将"最美读书人"的荣誉奖状送到获奖家长的孩子班级中,让孩子在同学们羡慕的眼神中将父母的荣誉带回家。

金安小学阅览室布置典雅,每场阅读活动前,大家都会精心备上茶水与茶歇,在飘着咖啡香、茶香、书香的场域中,家校办创设了一个安全、温馨的阅读氛围,让阅读者能以"临在"的心态静下心来,回到书本中,回到身边的伙伴交流中,回到自身的感受中,认真品读。家校办将"阅读、悦读、越读"的阅读理念进行提升,每场活动的方案设计均能在经典共读、焦点问题会谈、话题辩论、主题演讲、专题讨论等过程中,引发教师、家长们进行深度交流、自主创想、分享经验、分析案例,达成智慧碰撞的良好效果。一个人走得快，一群人走得更远，在阅读共同体中，家长们感受到了来自团队的力量，带着信念完成“自我学习”和“自我成长”的过程。领航员们线下复盘时将讨论问题聚焦于个体（我）与群体（他人）在阅读中的关系，书与“我”的关系，书与“我的生活”的关系。复盘会议中领航员们不断追问、论证读书的意义，当领航员对自己的影响。大家不约而同地表达：“由最初的责任恐惧，到挑战自己迈出一步时的勇气所获得的喜悦体验，以及作为领航员由自身改变继而有能量去影响家人的力量涌动，让人看到了自我的美好和无限的可能。”每一个人都是自己的宝藏，都有无限的内在资源待发现。有一位领航员因工作原因在第一期未能参与领航工作，心有愧疚，会议中伙伴们温暖的共情与抱持，令她感动不已，她说：“我无数次想着我是不是没资格待在这个群里。但我舍不得退出去，因为伙伴们的能量让我感受到了力量，让我感受到了被理解和被支持。我太喜欢这里了！谢谢你们！”每一个人的眼里都闪动着对他人的赞赏，每一个人的笑容里都浮现着对自己的肯定。

《朗读手册》里有一句话：“阅读是消灭无知、贫穷与绝望的终极武器，我们要在它们消灭我们之前歼灭它们。”[13] 这句话用在金安小学家长身上再合适不过。家长们在阅读中建立科学的教育理念，碰撞智慧的教育方法，并由此获得教育自信，逐步从焦虑的家长、冲突的亲子关系走向从容与和谐。

家长阅读沙龙安排表见图 7-2。

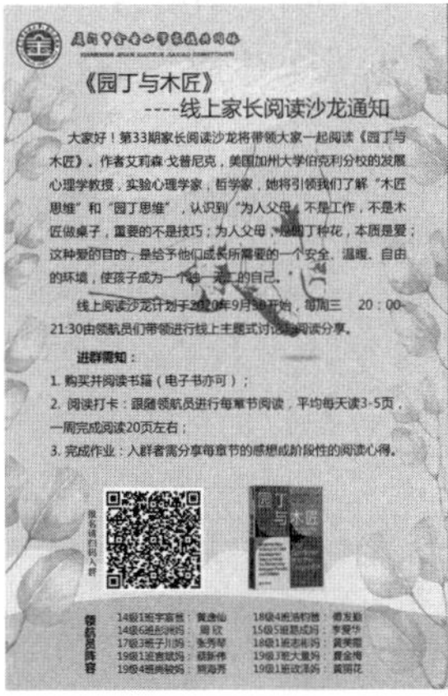

《园丁与木匠》线上阅读沙龙计划表							
分解	章节	页码	阅读时间	领航员（组长）	领航员（成员）	沙龙时间（8：00pm-9：30pm）	星期
第一站	引言	总序P1-P18	2020.9.21-2020.9.30	2017级3班阙子川妈妈-张秀琴	2018级4班傅浩钧爸爸-傅发勤 2019级4班赖尚骏妈妈-熊海秀	2020.9.30	周三
第二站	第1章节	P19-P34	2020.10.1-2020.10.7	2019级3班周大量妈妈-夏金梅	2019级1班李政泽妈妈-黄丽花 2014级1班吴宇宸爸爸-黄逸仙	2020.10.7	周三
第三站	第2章节	P35-P55	2020.10.8-2020.10.14	2015级5班林易成妈妈-李爱华	2018级1班张志彬妈妈-黄美霞 2019级1班翁言斌妈妈-蔡新伟	2020.10.14	周三
第四站	第3章节	P57-P86	2020.10.15-2020.10.21	2018级4班傅浩钧爸爸-傅发勤	2014级6班李彤渊妈妈-周欣 2019级1班李政泽妈妈-黄丽花	2020.10.21	周三
第五站	第4章节	P87-P115	2020.10.22-2020.10.28	2018级1班张志彬妈妈-黄美霞	2015级5班林易成妈妈-李爱华 2018级4班傅浩钧爸爸-傅发勤	2020.10.28	周三
第六站	第5章节	P117-P150	2020.10.29-2020.11.4	2019级1班翁言斌妈妈-蔡新伟	2019级4班赖尚骏妈妈-熊海秀 2014级6班李彤渊妈妈-周欣	2020.11.4	周三
第七站	第6章节	P151-P182	2020.11.5-2020.11.11	2014级1班吴宇宸爸爸-黄逸仙	2018级1班张志彬妈妈-黄美霞 2015级5班林易成妈妈-李爱华	2020.11.11	周三
第八站	第7章节	P183-P214	2020.11.12-2020.11.18	2019级4班赖尚骏妈妈-熊海秀	2019级3班周大量妈妈-夏金梅 2019级1班翁言斌妈妈-蔡新伟	2020.11.18	周三
第九站	第8章节	P215-P235	2020.11.19-2020.11.25	2019级1班李政泽妈妈-黄丽花	2017级3班阙子川妈妈-张秀琴 2019级3班周大量妈妈-夏金梅	2020.11.25	周三
第十站	尾声&译者后记	P237-P267	2020.11.26-2020.12.2	2014级6班李彤渊妈妈-周欣	2017级3班阙子川妈妈-张秀琴 2014级1班吴宇宸爸爸-黄逸仙	2020.12.2	周三
第十一站	总复习	序言P1-P267	2020.12.3-2020.12.11	2017级3班阙子川妈妈-张秀琴	线下沙龙	2020.12.11	周五

图 7-2　家长阅读沙龙安排表（部分）

（二）"周二话题"活动

为完善、和谐家校合作关系,优化学校教育的环境,促进家校教育的合力,本着"家长抱团取暖""家长教育家长"的理念,家校办创新了家长学校操作新模式:家长学校网络化。家长需要讨论的话题来源于家长,在家长群体的会谈中解决。因话题固定在每周二上午 9:00—11:00,故家长网络学校也被家长们称为"周二话题"活动。为此家校办创建了千人规模的"家校教育成长共同体"QQ 大群,以严格、严谨的管理模式让大群保持纯粹、温暖、安全的家长交流空间。

全校家长群体自愿参加每周二固定话题的讨论,由话题组组员收集来自家长的话题。话题与家庭教育、家族关系、亲子关系、两性关系等相关。家长不受时间约束,随时可上网发言,在交流中碰撞教育智慧。创校来在家长群体中迅速形成"成长型"家长群体,形成"自我成长"的骨干力量,带动班级家长教育理念的学习、传播,"家长网络沙龙"团队形成。家长的讨论结果形成记录,发到各班 Q 群、微信公众号进行教育理念传播。通过高质量的网络讨论,提升家校间的信任感,凝聚家长力量,发掘家长资源,更有效地为学校教育助力。学校通过科学家庭教育理念的传播,提升家长教育素质,促进家校合力,为打造"名校"品牌奠定基础。

五年里,周二话题已累积讨论了 151 期的焦点话题,并于 2019 年 9 月进行功能上的升级改版:引进专家资源做线上答疑或专题讨论,更将"金安小学家长素质提升系列项目之学习力提升线上课程"引入周二话题平台。周二话题顺应了家长群体的变化、需求的变化,让功能更具针对性,受众家长群体的面更广。

通过分析可以发现,家长们由过去只关注孩子的学习成绩、学习习惯、老师等话题,慢慢转向思考作为父母该如何陪伴,怎样与孩子"好好说话"才能起到教育效果、如何和谐家庭关系才能带给孩子改变等深层次的探究。通过话题讨论,家长不断向内挖掘内在资源,像容器般为爱、为教育集蓄能量。

每一个问题孩子的身后大多都有一个问题的家庭。教育过程中家长的自我认知、自我认同决定了家长作为独立个体的完整性。家校办特邀请专业心理咨询老师或有心理学背景的家长领航员,以工作坊的形式带领 15 人以内的家长心理成长团体进行自我成长。这个场域是安全的,这里没有导师,没有评判、指责或建议,更多的是在倾听他人的故事时观察自己内在的感受,体会情绪在身体中的流动,感受情感投射的内因是什么,接收到团队中伙伴们给予的理解与接纳的力量,让情感流动,让情绪得以疏导。家长的困扰被看见,被懂得,被同理,逐步建立起信任关系。

学校的教育环境在社会发展中起着积极主动的作用,社会精神文明的发展和进步,无形中对学校提出了更高的教育要求,家长与学校的密切配合度与孩子的精神成长成正比。为了深入贯彻落实《中共中央国务院关于进一步加强和改进未成年人思想道德建设的若干意见》的精神,探索家庭教育、学校教育、社区教育紧密结合的途径和方法。金安小学以建设科学化、规范化、常态化的家长学校为目标,以提升和服务金安社区家庭教育为目的,学校和社区相互融为一体,利用双方共享的丰富资源,最大限度地实施人力、物力、财力和其他社会资源的优化整合利用。积极开展学校、社区、家庭教育共建活动,有利于维护社会稳定、提高居民生活质量,促进学校和社区的共同发展,大力推动社区家长学校的共建活动。

金安小学的家校建设蒸蒸日上,40%以上的家长长期跟随家校办学习平台进行科学的家庭教育方法学习,对孩子们的个性化教育起到了良好的推动作用。学校、学生、家庭、社区居民参与家庭教育的学习是共建工作的核心和第一动力。2019年3月,我校与金安社区携手共同引进具有资深心理咨询资格的机构资源,根据家长的实际情况,由浅入深,量身定做系列心理课程,至此,金安小学逐渐将家长引领到了专业心理学范畴。家长成长课程以心理讲座导入,对家长普及心理学。精品课程的辅助,心理课程的丰富内容能激发广大家长们探索自我的主动性,对愿意更深入认识自我,愿意自我解决生活中遇到的问题的家长们,提供自我成长的小组学习,三种课程内容循序渐进,使家长们既能够充分认识到心理对孩子教育的重要性,又能启动家长们自我学习的动力,使家长们在学校老师的潜移默化下,保持成长学习并成为常态,提升家庭幸福指数,辅助提升小学生的身体素质、心理素质,促进社会文化素质教育得以实施。

三、培育"亲子圈",做有陪伴力的父母——领航员型家长团队建设(3.0版)合力、发展、创造

(一)种子行动

这是金安小学家校办继"家长网络沙龙"后创新的又一家长学校新模

式。"生活在于练习"是种子行动的活动宗旨。种子行动围绕网络沙龙讨论话题中的科学教育理念,进行生活中的练习,实施一段时间后通过种子行动的座谈或网谈形式进行效果反馈。家长们就对话题的认知、生活中是否进行练习、练习后的感受效果等展开讨论。

由种子行动建立稳固的班级家长团队,创建班级亲子共读体。"让孩子与一群爱阅读的孩子一起长大"是亲子共读体建立的理念。周末,金安小学各班以植物命名的亲子共读班旗飘扬在厦门市各大咖啡馆、公园、书城、小区的某个角落,各地都能看到一群孩子围在爸爸妈妈身边一起共读的场景。孩子们在这样的阅读环境中,找到了一群爱阅读的小伙伴,家长也在这样的活动中找到了理念相同的家长伙伴,班级凝聚力因这样的相聚更显浓厚。各班每学期初制定一学期的阅读计划,学期末由亲子共读团队做详尽的各班数据统计,通过数据分析制定下一年的阅读计划,以此形成良好的大阅读循环,建立起一个个稳固的亲子互学式共同体。家校在亲子共读的和谐环境下,培养孩子的阅读兴趣,培育具有温度的亲密的亲子关系。

(二)"每日一诗"

诗,是一种韵味,一种情感的载体,一种让人身临其境的畅感,或悲伤,或快乐,或沉思,或明朗,总能给人留下无尽的思考。金安小学家校办"每日一诗"小组在四年时间里坚持每天上午 9 点整准时在"金安家校教育成长共同体"的千人大群里发布一首小诗。家校办通过日诵诗词的神韵,更能让家长们透视生活的历程,陶冶情操和提升文化修养。

小组成员由平日热爱诗词歌赋的家长们组成,看似常态、平凡的工作内容,可团队成员却非常用心地在对待。他们会根据节气、节日、当下天气、社会风气、孩子成长、生命感悟等范围选择每天发布的小诗内容,并且会为小诗配上作者介绍或写作背景,加深家长们对诗词的理解。不少小诗的出现会给家长们带来一段童年的回忆,或带来一种思想上的共鸣,也有可能会令大家想起一首曾经喜爱的歌谣,家长的互动让共同体大群洋溢着温馨的氛围。

"每日一诗"小组以学年为单位,举办主题诗会。2018 年,每日一诗小组用两个月的时间,精心筹划出轰动校园的"诗歌亲子分享大会",精致的分享会设计,将家长和孩子带入了李白的少年世界。"李白,你曾是怎样的少年?"这曾是无数青少年儿童好奇的话题,在这次诗词大会上,孩子们得到了充分的体验,以多元的视角探究李白其人。2019 年,"每日一诗"小组结合"新中国成立70周年"的时事,再度策划出令人振奋的以"让诗文牵着思想远行"为主题的第二届红色经典诗会。诗会到场人数远远超出预计人数,达到近百人。家长与学生共同品味诗词歌赋,将诗读出来、画出来、唱出来、演出来,这次诗会上让人更觉精彩的是孩子读的是自己创作的诗词,令人耳目一新。

我校的家长们坚持在生活中和孩子共同欣赏诗歌,孩子在诗歌中和父母找到共同的语言,在"诗教"中读诗、品诗、写诗。至2019年,"每日一诗"小组收到了40多篇家长与学生创作的小诗,金安小学的大家庭里诗意盎然。"每日一诗"小组利用诗词共赏的方式为亲子建立了一座遇见美、发现美、感知美、拥抱美的文学桥梁。

"将资源最大化地利用起来"是家校办蔡可老师的愿望。所谓资源,一是将学校辣妈漂书俱乐部优质的场地资源利用起来;二是挖掘老师、家长的资源,利用老师和家长的特长,在周六为金安学子带来体验式的"第二课堂"。"金安星期六阅读专场"项目就这样孕育而生。"金安星期六阅读专场"让阅读行为真实发生,让孩子们真实受益,让亲子连接真实存在,最终达到了让孩子的学习快乐真实可见的目的。

(三)"初韵诗社"建立

初韵的"初"有开始的意思,代表孩子们首次学习与诗对话,也有初心的意思,寓意金安小学做真教育的初心不变;众所周知,学诗先辨韵,所以,"韵"就是诗的开始,故此,诗社名定为"初韵"。三月春归,是万物复苏的季节。3月18日,金安星期六初韵诗社在辣妈漂书俱乐部正式启动!孩子们围坐一圈,收到了他们的入社礼物——由诗社指导老师和家长精心挑选的极具古风雅致的诗集手抄本,这是诗社学员的专属诗集。"是否能在诗集里抄上自己的原创作品"成了孩子们最终的期待。三年时间里,指导老师引领诗社小学员从读诗到念词,在古诗词之间探寻博大精深的中国文学之美,学生在与古代诗人、词人的一次次对话体验中,感受到诗词离我们并不远,于是他们拿起笔,从最初的无从下笔,到后来能自如地创作诗词,将对万物的感观、对世间的美好期盼都写在了诗里。日积月累中,初韵诗社诞生了属于这些小诗人们的第一本诗集《三月》。

(四)Hip Pop English 英语专场

金安星期六英语绘本专场有一个时尚且极具个性的称号"嘻哈英语

(Hip Pop English)"。一群志同道合的有英语专长的家长领航员们组建成"专家团",主动承担起专场策划、组织工作。区别于传统的英语培训,专家团的领航员们都有一个共同的理念,那就是让孩子们把英语玩起来,而不是给孩子们教授英语知识。他们通过体验式的英语游戏,让英语成为实用的语言,培养孩子们学习英语的兴趣,感受西方语言的表达习惯,并在英文游戏中找到学习自信。这种"玩"的理念得到了家校办主任蔡可老师的高度认同,并提出重体验、重乐趣、重感受的活动定位,最终让英语绘本专场拥有了这个极具个性的名字:Hip-hop English,意思是"嘻哈快乐中,让孩子们得到应用英语语言的锻炼。个性、自由、创造才是孩子的天性。"

(五)绘本专场

绘本是"画出来的书"。作为一种以图画为主要表现内容的读物,它构图巧妙、造型生动、色彩优美,对儿童具有很大的吸引力,绘本阅读让阅读变得轻松愉快,金安星期六绘本专场活动的开展,可让学生在第二课堂感受到绘本的魅力,通过绘本讲读、故事创编、戏剧表演、绘画呈现等方式,让学生感受到绘本世界的"有趣",让与生活相关联的绘本世界进入到学生的精神世界。中文绘本团队的家长领航员们每一次绘本的选择、互动的方式都会精雕细琢,希望通过绘本读物的互动提高低段学生的审美能力、语言能力,培养学生的想象力;帮助学生找到真善美的钥匙,培养健康的品格和良好的习惯。

(六)阅读沙龙活动的开展

有一批有学习力的家长拥有了自我成长的需求与愿望,他们进行系统的学习,有的是在心理学范畴越学越深,有的是在阅读理论知识体系进行专业化训练,学成后的家长为了回报学校,将所学回馈于其他家长,成为家长中的领航员。输出即是获得,领航员们输出知识的同时,自己对知识体系再度梳理,萃取精华成为生活真谛,并在输出实践中不断进行发现与观察,继续深造学习,以此形成螺旋式上升的学习态势。在实现个人价值的同时,领航员们打破原有的生活模式,将自我意识从无意识中解放出来,迈向更高阶的能驾驭生活而不被生活所累的快乐生活方式。领航员们终将在建设自我的过程中,成为能够影响他人的人,做一个对社会有价值的人。

第三节　家校共治的品牌特征

家校办与家长群体建立稳固的信任关系,有助于家校矛盾沟通、冲突解决与帮助家校教育意见达成一致,推进家校合力共育的和谐家校关系的形成。家校办如同温暖、安全的容器,家长的心声能被看见,被听见;老师的困扰能被理解,被支持。五年时间里家校办接手处理了无数家校纠纷事件,以及家庭教育个案咨询工作。家校办利用共同体 QQ 大群的优势,以沉浸式工作方式"驻"入学生家庭,让家长感受到被关注和被重视,从科学的家庭教育观入手引导家长调整教育心态,树立正确的教育观;理解老师,学会用正确的沟通渠道表达内心诉求。

一、解决家校矛盾问题,成就家校共治共育共同体

2018 年 6 月的某天,五年级某男生因屡次不能完成老师交代的任务,被老师当众点名批评多次,老师的言行过于激烈,态度过于强硬,造成家长情绪上的反弹。家校办将老师与家长共同请来进行面对面的沟通,倾听各自的情绪表达,家长在沟通中提到男生因从小体质较弱,在智力发育水平上较为缓慢的实际情况,家校办理解老师希望学生达到学校要求的愿望,同时也指导老师对该生可放慢一点脚步,降低对该学生的要求,对该学生偶尔表现好的行为给予及时鼓励,以激励该学生向着更高的学习标准发起挑战;由此引导家长关注老师对学生认真细致的卷面分析,帮助家长发现老师教学能力上的优势,感同身受老师焦虑的原因,并面对面地与老师达成家庭教育方法上的改进,改溺爱为有原则、有边界的有效陪伴。在此过程中,家长情绪得到了疏通,与老师的关系得到了和解。

二、家庭教育个案咨询,指明家长的家庭教育航向

2018 年 10 月的某天,家校办遇到一对夫妻求助,他们家有一对女儿在金安小学就读——大女儿五年级,小女儿刚上一年级,但奇怪的是两个女

儿均不愿意上学。每天清晨来学校都要哭闹不已,父母为此伤透了脑筋,使尽全身解数也无法强制孩子入校,痛苦不堪。家校办倾听父母的困扰,抽丝剥茧地帮助父母回溯孩子的成长历程。根源在于原生家庭父母关系造成了一系列复杂的成因,使得孩子内心有严重的不安全感、内在动力不足;父母因忙于工作导致有效陪伴方面的缺失。家校办用一个月的时间帮助父母重建和谐的家庭关系,具体指导家长与孩子沟通方面的技巧,与父母共同制定"父母改变"的具体实施方案;家校办还与两个女孩的班主任及科任老师进行深度沟通,引导老师改变教育态度,希望借助老师营造温暖润泽的学校教育环境,让孩子不要带着惧怕来学校。多方努力和持续跟踪,让两个女孩均成功地带着笑容重新走进了校园,姐妹之间也由过去的竞争敌对关系变成合作关爱的亲情关系,父母改变最为明显——妈妈的笑容多了,耐心也增强了,爸爸工作再忙也会抽出时间用电话与孩子进行交谈。据持续跟踪来看,该家庭目前关系稳定和谐,逐步迈入了幸福的生活轨道。

三、创建学习型"家校教育成长共同体",引领家长教育的专业方向

家校办拥有庞大的家长爱心志工护校队。志工们参与学生出入校的安全导护工作以及学校各大活动的安全保障与纪律维持工作。志工们尽心尽责的导护有力地保障了学生上下学出入校的安全问题。志工们不单是在安全上进行导护,也身体力行地执行礼仪规范,与学生彼此行鞠躬问好礼,这一景象成为金安校园内外一道最温暖的风景线。在正能量的影响下,越来越多的金安爸爸们主动承担起导护任务,为的是照顾好家庭中的另一半,给孩子做出榜样,这是爸爸的力量,也是最温情、和谐家庭关系的体现。

家长成长共同体有以班级为单位的亲子共读体,有以学习类型为区分的不同类型项目共同体:共同体中的家长们坚持每月共读一本经典,在阅读沙龙的会谈中共同碰撞教育的智慧,形成科学的教育理念;他们形成班级"种子行动",让教育理论在生活中进行练习,在种子行动中建立可信任的班集体;他们坚持每周二教育话题的讨论,用"家长教育家长"的理念,共同解决生活中的教育困惑,抱团取暖的团队精神形成了家校凝聚力;他们坚持每月与孩子开展亲子共读活动,与孩子共同一本书,建构亲密的亲子

关系,在帮助孩子提高阅读量的同时,无形中替孩子搭建了良性的人际关系圈,让孩子与一群爱读书的孩子一起成长;他们通过学习,点燃自身的能量,组建强大的辣妈漂书团队,每周五下午举办漂书活动,并且做到每天中午到校陪伴孩子进行一小时"午读时光"的阅读。不仅如此,志工们利用自身专长成为金安星期六阅读专场的"专家老师",他们带着孩子一起学古诗、一起读绘本、一起玩"嘻哈英语",让孩子们在体验中找到学习的快乐;志工领航员用专业的心理学知识奉献爱心,以"家长互动小组"的形式引领有教育困惑的家长走出教育误区,成为从容自由的家长群体。

金安小学家校办积极引进"金安终身教育家长素质提升项目之家长成长课程",为家长搭建以心理学为基础的专业学习平台,引领金安家庭在自我改变中成为"具有成长陪伴能力"的家庭容器,成为孩子教育中最稳定的支持系统;家校办创设平等畅通的家校沟通渠道。家长们用理性的方式解决家校矛盾,对学校提出合理化建议,积极参与到学校教育教学的工作中。

家长们常常遇到各种令人焦虑的困扰。孩子的学习状态堪忧,真是孩子不想学习,学习不够努力吗? 事实并非如此。没有哪一位孩子是不想成为"好学生"的,只是在学习的过程中会遇到各种困难,家长是否能敏锐地发现孩子在学习中所发出的"求救信号",能在学习方法上给予孩子科学的引导,并帮助孩子提升学习能力呢?

2018 年起,金安小学家校办开设的"金安小学终身教育家长素质提升系列课程一:家长心理成长课程"在广大家长的积极参与中成功运作,课程的落地实施与课后的家长成长效果得到了全体家长的一致好评和高度肯定。家长们期待着学校能继续举办适合家长和孩子共同成长的好课程。2019 年,家校办特邀专业的从事青少年成长教育培训的工作者共同设计出系列课程二:学习力提升亲子课程。这次课程可为我校家长和孩子在学习习惯培养以及学习力提升等内容进行系统、专业的指导。

课程内容设计由线下(亲子共学课堂)与线上("周二话题"网络家长学校)两套课程体系组成。亲子共学课程目标为通过理论与实践相结合的方式,激发孩子足够的学习动力,树立正确的学习态度,建立良好的学习习惯,并将所学知识系统化与内化,在此基础上不断提升学习能力,改进学习方法;帮助家长成为孩子学习道路上具有陪伴和协助能力的人。亲子共学课程由"学习是什么?""高效记笔记""知识体系建立"以及"内化与输出"四个课时内容组成。

课程需要家长与孩子一起参加,并按要求完成"课后作业"。至 11 月份,历时两个月的线下亲子共学课程在指导老师与家长、孩子们的共同坚持下圆满结束,课程效果得到了家长们的认同和肯定。特别是每一课时都坚持参加并完成作业要求的孩子更是在接下来的期中考试中,学习成绩得到了明显提高。四年 4 班潘昊川同学就是学习力提升课程的受益者。昊川妈妈激动地说:"两个月的学习历程,我和昊川都发生了巨大的变化。昊川坚持早睡早起的有规律的作息习惯;书桌整洁、学习工具归类放置后大大提高了他的学习效率和专注力;期中考试利用所学思维导图的方法复习了语文,在考试中语文成绩取得了较大进步;平时的功课预习也更注意自我思考了。作为妈妈,我坚持参加完全课程的学习,由最初会焦虑的我变得更有智慧地解决孩子学习惰性上的问题,我们之间的亲子关系和谐了,孩子学习的主动性得到了有效提高。"

五年时光,金安家校教育共同体沿着学校提出的"真教育·美生活"办学方针,创造出无数感人、美好的教育故事,用真实落地的付出影响更多人参与到家校建设中来。金安小学家校一体,让每一个个体都被看见,都被尊重;让每一个观点都被重视,都被理解;让每一个情绪都被接纳,都被认同。金安家校教育共同体用科学、专业、敬业的态度,追求共同目标、产生共同需求、生成共同的行动方向,以多元维度家校协同合作,共同打造出和谐的、可持续性的"金安家校生态圈",创新家校关系新样态。

金安小学的校园内外,常常可以看到穿着志工服的爸爸们或在路边疏导交通,或在辣妈俱乐部当故事爸爸,或驰骋在足球绿茵场上,都说父爱如山,高大、深远,金安小学的爸爸们身体力行,以榜样的力量书写着"父亲"这一伟大的称谓。2018 年的父亲节,金安小学的爸爸们将迎来一个不一样的父亲节。

为促进家校共建、社区融合,增进社区社工联合服务,金安小学、金安社区、博爱社工联合举办了以"温情金安　感恩父爱"为主题的父亲节专场活动。活动不仅邀请了金安小学的爸爸们参加,也盛情邀请了社区的几位爸爸一起来到学校感受父亲节的温馨氛围。父亲节活动安排了"认识金安""金安移山""父爱永存""读一封孩子写来的信"等环节。由蔡老师亲自带领爸爸们参观校园,让爸爸们了解孩子学习生活的校园环境,感受学校的人文情怀,熟悉学校的办学理念和办学特色。平时忙碌的爸爸们为孩子能在金安读书感到幸福。他们说:"我们小时候读书怎么可能会有这样美好的环境!孩子在这里读书真是太幸福了!"

家校办与家长领航员一起带领爸爸们以意义深远的活动形式引导爸

爸们深思父亲的陪伴作用,读懂自己的爸爸在生命中给予的精神力量,在思考中与爸爸达成和解,并透彻了解"爸爸"这一称谓的深刻意义。家校办蔡可老师郑重地交给爸爸们一封孩子写来的信作为父亲节爸爸们的礼物——这是一份神秘的礼物,也是一份最动情的礼物。爸爸们在稚嫩的文字中读懂了孩子对他们最纯粹的爱,读懂了孩子那一份"长大"。为了孩子,金安的爸爸们学习用广阔、深沉的爱陪伴孩子一起成长!

四、兴办志工文化节,传承志工永爱精神

金安小学志工文化节的动议来源于 12 月 5 日国际志愿者日的启示。自 2014 年创校伊始,金安小学的爱心志工们就与校相伴,组建了一支与第一批新入职老师同一时间到岗就职的志工导护队伍。五年的时间里,爱心志工团队不断壮大,蓬勃发展。志工们用行动带动了身边人,他们的身影出现在校园内外的角角落落;志工精神深入人心,深深感染着每一个人。为了让志工形象得到充分展示,让志工精神形成文化永续传承,2015 年 12 月 5 日,在家校办的积极倡导和组织下,校家委们一致商议决定以国际志愿者日为启动时间,每年举办一期历时一个月的志工文化节来发扬学校的志工文化。为此,家校办团队成员提出倡议:让金安志工精神成为一种文化,让志工大爱行为成为一种生活方式。每年为期一个月的金安小学志工文化节以与志工生活相关的各种活动温暖、影响、唤醒更多的家长加入志愿者服务队伍中来,让志工精神传承下去。

自 2015 年 12 月 5 日首届志工文化节成功举办以来,至 2018 年学校已成功举办了四届志工文化节。为了全方位展示志工文化,文化节以志工摄影大赛、志工主题照片展、"圣诞爷爷闹金安"、志工征文大赛、志工美食节、家校足球联谊赛、家校篮球友谊赛等丰富精彩的内容逐项开展,内容丰富的志工文化元素以贴近志工心灵需求的方式,联结了家校间的情感,增强了家长间的凝聚力。其中 2017 年 12 月 26 日,第三届志工文化节举办的以"一起走"为主题的大型志工文化节联欢晚会最令人难忘,家长和老师用两个多月的时间排练出一个个意义深远、高品质的晚会节目。排练过程相当艰苦,不少二娃的妈妈趁排练的休息当口跑回家喂饱宝宝,再赶回来接着排练;来参加表演的家长几乎都是没有任何表演经验的,但大家顶着各种压力,排除万难,以众志成城的合作精神愣是将各自承担的角色完美演绎了出来。当晚会圆满落幕时,舞台上的演员们大多流下了激动、幸福的泪

水。家校一心,温暖共进。

志工文化节的传播与影响在校园内外潜移默化地发生着,虽然我们不需要刻意去做,却给人带来了深刻的影响。这些影响,哪怕是一个微笑,一个礼貌的感谢,一次拥堵路段用心的导护,一小时午读时光志工的阅读陪伴,一次校刊的细致审稿……都闪烁着人性的光辉,传递着互相支持和信任。我们努力将志工文化节发展成为校园内的"全民性"文化,这是每一个金安人的共同愿景。

温情永存,感动常在,温暖和爱心仍在继续……

第八章

描绘生活致美新蓝图

生活即教育,这是陶行知生活教育的理论核心,也是陶行知教育思想的主线和重要基石。在陶行知看来,生活具有教育的意义,生活决定了教育,而教育是为改造生活服务的。教育和生活是同一过程,教育含于生活之中,教育须和生活结合才能发生作用,教育和生活是完全熔于一炉的。教育的目的是指蕴含于其中的内在的对社会人的终极关怀。学校教育,通过在同一个班级学习,在同一个活动开展中,可以创设类似的一部分生活情景影响孩子。教育至真,生活至美。时代在发展,蓝图已绘就。我校尝试从绘制学校文化地图、铺展孩子的生命成长空间入手,帮助孩子绘就一种教育生活的温馨与芬芳。

第一节　绘制学校文化地图

学校办学以陶行知先生的"生活教育"办学主张为理论依据,立足国家倡导的"文化自觉"和"文化自信",实现学校顶层文化策略再造。学校注重传统经典文化与现代文化文明融合发展,彰显育人文化,凸现办学特色,提升核心竞争力;秉持着"建构一所美丽、温暖、现代的新学校"的办学愿景,确立"教育致真,生活至美"的办学理念,凝练"志远行近"的基准校训,培育"求真、向善、尚美、永爱"的金安精神。在探索新优质教育实践中,学校坚持以"以学生发展为中心,提升学生的生命质量"为育人目标,以生为本,创造育人空间,促进学生发展,注重学生的人格培养,为学生的个性发展拓展空间,为学生的未来发展创造条件,呈现出视觉之美、艺术之美、生命之美的校园文化建设新格局。

新优质学校需要文化美颜术，让校园处处美。

一、绘制文化视觉美图

"校园处处应是学生真情流露的地方"，学校充分发掘、利用校园的每一处空间，"以孩子为中心"美化校园环境，最大限度地满足不同学生的需求，使他们拥有自己的活动空间。学校在展现环境景观的观赏职能的同时更赋予它教育功效，形成了浓厚的环境美化育人的氛围。

美丽校园，人"美"是主旨。让学生在校园中、活动课程中发现美、创造美、体验美、传递美，着力培育学生"美"的素养，力求打造适应未来社会的"新精神贵族"一直是学校的育人方向。

我常说："学校文化建设应该是师生共同参与的一种动态的过程。"学校强力推动共生互融的学校文化建设，力争把学校建设成为一个学习场、生活场和精神场，注重文化建设，凸现办学特色，提升核心竞争力。学校环境建设以学生视角、孩子眼光为出发点，充分发掘、利用校园的每一处空间，"以孩子为中心"美化校园环境，最大限度地满足不同学生的需求，使他们拥有自己的活动空间，激发学生生命的创造力，在展现环境景观的观赏职能的同时更赋予它教育功效，形成了浓厚的环境美化育人的氛围。

校园文化环境体现视觉之美，让学生看到一个美丽的、真实的校园，从而爱上他们生命成长的学校。

视觉之美是通过人的视觉去感受的美，与听觉美、综合美并列。其特点是存在于一定的空间中，以可视性的物质材料为媒介和载体，具有直观的实体形象。视觉是人类具有审美能力的两大感官之一，也是人类认识世界的主要途径。视觉美分为两个层次：一是外观的形式美，如比例、对称、平衡、对比、多样统一等，主要是以线、形、色、光、质等因素的组合关系，通过视觉感知唤起美感；二是形式美与内容美的统一，以视觉形象包含的情感内容、社会内容打动人、感染人。学校的文化建设正是形式美与内容美的统一，以学生视角、孩子眼光，以孩子为中心进行校园文化建设的。

厦门市金安小学的校园里，矗立着一组陶行知与孩子们面对面座谈的塑像(图8-1)。这尊陶行知雕塑打破了常见的站立式形象，而是描绘了陶行知老先生与孩子亲切交谈的情景，体现了学校立校以来一直强调的师生关系原则：蹲下身子看孩子，寓意着学校站在孩子的角度想问题、站在孩子的角度理解孩子，放下教师权威的架子，给予孩子爱、自由和平等。我校就是通过这样的方式，从儿童的视觉、儿童的高度、儿童的立场出发，体现对学生及其生命的尊重。

　　学校六栋教学楼的命名体现了学校的文化涵养。我们学校以教育家陶行知箴言"千教万教教人求真，千学万学学做真人"为根基，围绕"真"字为文化主题，将六栋楼命名为"求真楼"、"启真楼"、"育真楼"、"琢真楼"、"志远楼"和"行近楼"。

图 8-1　我与陶行知

二、绘制文化景观美图

　　师生共同缔造校园文化是学校秉持的一贯作风。"金安三宝吉祥物"雕塑是由我们的学生设计，学校进行优化而来的，金安三宝吉祥物以机器人的形式表现，代表着未来科学，并分别以海豚（海/天）、学子（人）、三角梅（陆地/土壤）为设计形象，结合各自特有的元素形成可爱的科技卡通形象，金安三宝吉祥物机器人卡通形象强烈的动感和节奏蕴含了无限的热情和活力，代表了金安小学坚持以追求科学真理教书育人为根本，不断强化内功继续前行，更充分弘扬了丝路精神，复兴伟大中国梦。金安三宝吉祥物（图8-2）雕塑也充分体现了学校始终以孩子为中心，参与到校园文化建设中。

图 8-2　金安吉祥三宝

"蝶变"雕塑(图 8-3)通过写实的手法和绚丽的色彩,直观有趣地重现了蝴蝶的成长过程,用此特色有趣的教学方式来普及学生的生物知识,同时对学生进行生命教育。这既能激发孩子们对大自然的热爱和兴趣,也能使孩子们感受到自己生命的成长过程。

图 8-3 "蝶变"雕塑

三、绘制文化空间美图

学校还建设有空中快乐农场种植园,让学生观察和记录种子的发芽、成长、结果的生长过程,让学生了解到生命成长的过程特点,感悟生命的奇妙与神圣,激发学生对生命的敬畏与热爱。而这样的教学构思,源于课本,又超出课本,体现了学校在教育上不断创新的精神。

学校建设有青少年交通安全宣教基地,建设交通桥隧连廊。学校将金安特殊的地理位置与桥隧文化相结合,在入口处做隧道弧形格栅吊顶,搭配"云灯"与弧形排列点光源以及条形灯增强现代科技感;学生安全宣传照片墙、桥隧文化展示墙、交通安全心得文化墙以及涂鸦墙;地面做交通标识线导视;隧道两侧入口设置红绿灯,定时闪烁常亮;并在"隧道"长廊内做声控感应灯和声音分贝测试体验区;在入口处还有"您已进入金安隧道"感应语音提示器;建设禁毒宣教连廊,以漫画的形式介绍毒品的概念、种类,毒品对个人和社会的危害,近代以来我国禁毒的历史以及当今毒情形势等方面的知识,让同学们认真学习了解禁毒方面的法律法规,提高拒毒、防毒的意识和能力。这些校园内的教育文化为日常安全教育提供了场地与资源,确实对学生的生命安全起到了该有的助力。学校还建设有空中青少年科普教育基地。该空中花园通过风力发电模型、水力发电模型、日晷雕塑、气象观测台、太阳能照明等为学生提供了一个科学探究空间,让学生了解这个世界的自然现象,从而达到儿童生命成长对知识需求的渴望与追求。

校园文化空间显现艺术之美,通过身临其境,使学生的生活美学空间是如此美好,流连于校园文化走廊,自己的审美情趣与创造能力也得到了提升。

校园空间设计融入了学校的办学思想,将走廊丰富起来,形成交流共享区域,为学生提供个性化的学习体验和自主互动交流的机会。对校园空间结构的系统优化布置,沉淀了学校特色,让每一处空间都承载着校园文化,作为教育的载体,为未来的教育需求奠定基础。

四、绘制生活空间美图

在校园特色文化创建中,学校充分地引导学生学习了解茶文化、纸文化、陶文化、染文化等内容和知识,更多的是通过生活美学与传统经典的融合式传承,将富有小学生想象特点的美育融入创作中去,雕琢人文情怀之美。让孩子们不再只是一个普通的学习参与者,而是成为生活美学创客家,是美学的"创造者",培养孩子们成为拥有创造人格、勇于创造实践的时代创客。从2014年建校开始,我们着力打造生活美学创客空间。从装修风格、文化建设到校本特色课程的启动与研究,前期花了整整三年多的时间建设。教学楼已经完善好生活美学创客空间(花艺、茶道、陶艺、纸艺、扎染、黏土),环境布局材料全部来自师生平时的作品,环境的布置全部由师生通过对各自空间理念的学习理解动手完成。文化布置格调高雅、富有美感,各具风格、特色。生活美学在校园文化的积淀中起着重要作用,在美育教学中也起到了引领和示范的作用。

艺术展区(学生作品展区)。艺术展区为学生艺术作品营造了一个恰当且又具有美感的艺术氛围,为学生创造了良好的校园文化艺术环境,有利于对学生进行审美教育。学校通过不定期、不同主题的作品展示,激发学生作品的创作和创新意识。

校园文化连廊展现生命之美,通过触目所及,给学生一种美的真谛,他们会因此更热爱生命、珍惜生命,生命因成长而更加美丽。

学校的建设以空间建设为主,以空间建设成就孩子成长的空间,记录孩子的生命成长,迎合学生生长的需求。

如有六年级学生设计的春夏秋冬连廊,由四个模块组成:春之萌、夏之茂、秋之实、冬之藏。孩子们的创意紧紧地与他们的生活、学习、生命成长相关联。

春之萌:课堂启蒙、新学期计划、梦想。

夏之茂:特长展示,包括个人画展、书法展、小作家展、艺术节作品、运动会场面等。

秋之实:成果墙、年段之星(艺术之星、阅读之星、创新之星、运动之星)。

冬之藏:种子班级展示、寒暑假作品。

第二节　铺展生命成长空间

一、念牢安全"三字经"

每个学生的人格成长和终身发展都是鲜活教育实践的核心载体。教育对象不是知识的容器和考试的机器。学生的活力源于教师,源于课堂,源于校园。安全无小事,生命重于泰山。校长的岗位经历让我清晰地认识到,加强平安校园建设,既要增强校园安全意识,又要提升安全治理能力,为铺展学生生命成长空间,我们重点突出三个字:一是突出一个"法"字,正本清源,夯实平安校园基础。新时代背景下,加强平安校园建设,必须将学校安全置于整个社会安全的大背景下去考量谋划,牢固树立"大安全观",突出一个"法"字,就是要以法律为依据,将校园安全纳入依法治教、依法治校的良性发展轨道上来。二是突出一个"防"字,未雨绸缪,前推平安校园防线。学校通过安全制度来细化安全责任,通过安全督查来抓好常态落实,通过安全演练来强化应急能力,制订完整规范、切实可行的安全演练预案,如适时开展新冠肺炎疫情期间的师生防护演练,防恐反恐、减灾防灾等各项疏散演练,引入"一键报警""人脸识别""天眼网络"等互联网高科技手段,大大提高了安全管理效益。三是突出一个"细"字,明察秋毫,密织平安校园网络。促进校园平安重在精细化管理,不断完善各项安全制度,办学两年不到,学校就制定了涵盖师生各个方面近50个校园安全管理的制度和预案,及时组织师生签订安全责任书,落实从上到下分级督导制度,严格实施安全责任事故的追究处理。

百善文明先,万思安全重。安全是学生生命成长的第一道生命保障,没有生命,何谈成长。文明在于细节的处理,安全在于未然的防患。只有积极行动起来,时刻加强安全意识,在全校形成一个"人人关心校园安全"的浓厚氛围,才能增强自我防范能力,做到警钟长鸣,永记心间。为此,我校做到从党政班子会,到全体教职工大会,从年段长会到班主任各科教师会,从上到下逢会必讲;从教师到学生,从校内学习到校外生活,从课堂到课间,从上学到回家,从入学到校到假期宅家,从饮食到交通,从口头宣讲到致信告知和纸质考试,从线下观看到线上网络模拟,内容形式全方位覆盖,不留任何一个漏洞,不走任何一个过场,做到简洁明了又形象,便于记忆,时刻绷紧安全的"防护生命弦""校长说安全"成为每一个行政人员的自觉行动(表8-1)。

表8-1 金安小学"校长、主任对你说安全"

校长说	1. 安全常常讲,生活天天美。 2. 爱满天下真教育,珍爱生命美生活。 3. 不推不挤,轻声慢步。关爱他人,保护自己。 4. 上下楼梯靠右走,不插口袋不拉手;危险嬉戏别动手,文明规则我来守。 5. 患生于所忽,祸发于细微。安全导护第一条,到岗履职真重要。
副校长说	1. 心系安全,行有安全,真美校园,你我共创! 2. 真美校园我爱它,人人安全靠大家。 3. 人生路漫漫,安全常相伴,安全你我他,共创平安校。 4. 关注一点安全,享受十分快乐。
主任说	1. 请把微笑留在校园,请把安全带回家。 2. 绷紧安全弦,共建美家园,共享幸福源。 3. 安全伴我在校园,我把安全带回家。 4. 安全牢记心中,共创真美金安。 5. 快快乐乐上学,安安全全回家。 6. 安全校园助成长,莘莘学子快乐行。 7. 学习安全知识,树立安全意识、遵守安全规则、确保安全第一。校园我爱它,人人安全靠大家。

二、织密安全防护网

我们将各项安全工作,形成图文并茂的微信公众号,向全体金安学子家长以及社会,定期定时推出。

开学安全第一课,重点讲解校园安全:课间文明玩耍讲安全,体育课上讲安全,教室之内讲安全,饮食卫生讲安全,交通行走讲安全等各个方面。

暑假安全致家长的一封信,内容涵盖有预防各种自然灾害、溺水、中暑、用电、交通事故、防范陌生人、防诈骗、食物中毒和疾病传染等要求。记住"三个三",即:"第一个三"是遵守"三个禁止":禁止违反交通规则,禁止单独擅自下河、下海,到无人监管水域游泳,禁止长时间看电视、玩游戏;"第二个三"是告诫"三个严防":严防中暑,严防触电、火灾事件发生,严防食物中毒、煤气中毒;"第三个三"是提醒"三个远离":远离网吧、游戏机房,远离毒品、烟酒,远离不良青少年。提醒师生和家长,孩子们的健康安全关系到每一个家庭的幸福、安宁和社会稳定。

依法治校是建立依法办学、自主管理、民主监督、社会参与的现代学校制度,协调学校内外部新型关系,构建政府、学校、社会各利益关系主体协同共治新格局的必由之路。

教育系统贯彻全面依法治国方略的必然要求和生动实践是全面推进依法治校。习近平总书记在全国教育大会上的讲话,对教育系统的法治工作提出了明确要求,强调要着眼于"管好",坚持依法治教、依法办学、依法治校。学校是依法治教的落脚点、着力点和基本单元,是培养生命健康成长、担当复兴大任时代新人的重要阵地。上面千条线,下面一根针。学校将全面依法治校转化为办学治校的理念,内化为广大学生的核心素养,寓法治精神于教育教学全过程,贯彻在立德树人的各环节,涵盖教学科研、后勤服务各领域,让学生在受教育中体会到学校治理的法治化,感受到公平公正的法治精神的熏陶,逐步感受到法治思维、法治意识的不断深入。

依法治教的重要内容和关键举措是依法治校。广大师生作为有知识、有文化的群体,思维方式、行为方式发生了很大变化,其法律意识、民主意识、权利意识、参与意识日益增强。因为,学校与教育行政部门、举办者、教师、受教育者之间的法律关系出现了新特点。学校与教育行政部门,正在由单纯的隶属关系,转变为自主权与行政权相互协调、相互制约的关系;学校与教师、学生之间,教师与学生之间,学校与其他社会组织、公民之间,正在不断产生大量新型的权利义务关系。学校的办学自主权不断扩大,学校与社会的往来增多。为此,我们既争取一切外部资源关心和支持学校办学,又依法维护学校的合法权益,接受政府和社会的监督。

促进学校内涵发展的重要保障和必由之路要全面推进依法治校。当前,各级各类教育进入内涵建设新阶段,无论是解决当前发展中的问题,还是奠定学生生命成长的未来长远发展的基础、实现持续健康发展,都必须坚持依法治校。应当看到,当前各级各类学校办学管理的问题依然突出。对中小学学校课业负担、教师队伍中的师德失范现象、学生人身伤害事故的频发等影响学校办学治校的问题,除了抓紧当下的阶段性专项治理,最根本的手段还是要靠建章立制、加强执法,用法治化的思维和依法治校的方式手段,才能够实现长治久安。

基于以上原因,学校聘请了专门的法律顾问,对师生进行每学期定期和不定期的校园安全法律知识讲座宣讲,组织师生观看普法视频《夜空中最闪亮的星》、专题讲座《师生文明上网》等,各类依法治校的活动开展,促使每一个师生做到了思想上上下里外明白,学校也被评为"厦门市依法治校达标校"。

三、把握安全演练"五个度"

学校组织安全演练是学生自我与集体接受安全知识与技能教育的安全实践课,对学生的逃生、自救、互救能力的提升是非常有实际意义的,也是学校开展安全教育与实践的重要方式方法。宣讲是意识上受到影响,演练是行为上得到强化。只讲不练,纸上谈兵。光听不行动,工作也为零。为避免演得多练得少、重理论轻实践、多应付少使用、多外化少内化的误区发生,学校安全演练的做法是把握"五个度"。一是思想应对提高度。树立"演练即实战"的工作理念,杜绝"重演轻练"的思想倾向,增强"安全演练,防患未然;安全演练是学生生命最大的保护伞和护身符"的意识。二是知识应对掌握度。制定编排安全教育的统一宣传单、册、公众号,做到有本可照,有本可教。开好安全教育课,把安全教育纳入学校授课系统,克服安全教育"零散"的现象,形成安全知识的系统化、条理化。建立安全教育的常规管理制度,有授课计划、方案、备课、作业等,增强安全教育的实效性和针对性。三是技能应对有效度。通过课堂、课后活动等形式进行安全技能的传授和教学,如火场逃生、防范地震等,都要有安全基本技能作支撑。以教师演示、学生演练、模拟演习等方式,提高学生的安全能力素养;同时指导学生掌握安全自救、互助互救能力,一旦灾情降临,学生可以开展自救互助活动,不仅能使自己免受灾害,而且可以救助他人,把灾害损伤降低到最小。切实把安全技能培养作为安全教育的重要内容和工作目标。四是方案应对贴合度。制定安全演练方案研究校情,包括学校的地理位置、布局、校舍结构等,人员分工和职责明确清晰。演练方案经过安全领导小组多次反复酝酿、考证,注重细节、杜绝纰漏,体现实用。坚决杜绝"应付、敷衍"的态度。五是强化应对多角度。每学期多次反复集中开展安全演练,通过巩固强化,提升学生的安全应急能力。以月为间隔进行分类演练,如消防演练、火场逃生、预防踩踏、预防地震等类别,编制好月度安全演练安排表,提高学生的实际安全应对能力。实行化整为零的策略,以班或者年级为单位,开展安全演练活动,实现安全演练"周练月演",真正提高安全演练的实效性、实战性、长效性。

四、守护安全责任田

守好责任田,责任放心间,这是我们的使命与担当。

疫情就是命令,防控就是责任,随着全国各地新型冠状病毒感染的肺炎疫情不断升级,为防止疫情向学校扩散,为守护师生安全、维护校园稳定,厦门市金安小学紧急行动,多措并举地做好疫情防控工作。

守土有责,周密部署。根据上级文件精神,学校迅速成立了以校长为总指挥,中层干部为成员的专项防疫工作小组,多次召开线上主题会议,制定周密方案,持续部署推进学校的疫情防控工作。

守土担责,精准摸排。为确保全体师生的健康,预防新型冠状病毒感染的肺炎,学校根据区教育局要求,加强与重点疫情防控地区有往来师生的精准摸排,多次对寒假期间出入湖北的师生、家长、老师进行摸底调查,并做好每日师生居家、观察身体情况跟踪汇总,确保"全覆盖,不遗漏",做到动态第一时间掌握、信息第一时间上报。学校通过微信群、QQ群宣传新型冠状病毒预防防控知识,加强教职工、学生、家长居家或外出的个人防护工作。

守土履责,正确引领。学校利用微信公众号、微信群、QQ群等平台转发,要求全体教职工学习上级文件等方式宣传疫情防控知识,及时转发上级有关部门的重要通知,将疫情及防控情况、相关注意事项广泛宣传,做到不信谣、不造谣，引导教职工及学生家长科学认识疫情，了解正确的防护措施。

守土尽责，筑牢防线。学校严格落实保安值班制度，实行全封闭式管理，谢绝一切来访人员。学校值班老师、物业及保洁阿姨到校后需统一测量体温，逐一登记，方可进校。全面消杀，不留卫生死角。积极响应湖里教育系统的号召，学校开展校园爱国卫生统一行动。每天早上，被防护服包裹着的专业消杀人员进入金安小学，开展全方位的消杀工作。每间教室、金安学苑专用教室、实验室、办公室等地随处可见他们的身影，绝不错过任何一个空间，任何一个角落。

守望未来，未雨绸缪。开学时间未知，但我们时刻准备着。为了应对开学后的后勤保障问题，学校积极筹备防疫物资，早早筹备到口罩、消毒液、洗手液、肥皂、一次性橡胶手套、红外额式体温枪、一次性防护雨衣以及各班级消毒用的喷壶等用品。我们坚信，众志成城，一定会赢！

垃圾分类，我们在行动，这是我们义不容辞的责任。

为全面提高学生们对生活垃圾分类的认识，树立环境保护意识，培养学生"垃圾分类，从我做起"的环保理念，养成垃圾分类投放的良好习惯。本周一升国旗后的班本文化展示时间，三年3班的同学们以小品的形式，让全校师生更直观清晰地了解垃圾分类的好处！随着有节奏动感的音乐响起，国旗下的班级展示开始了！四个会说话的"垃圾桶"在用它们的表演呼吁大家共同行动起来，共同缔造厦门的美好环境。表演在一段说唱中结束，但是垃圾分类行动永不止步。观看完节目的孩子们有感而发："原来垃圾分类作用这么大，我以后一定要多多宣传，也带着家人一起当环保小卫士！"这次国旗下的展示活动，只是金安小学垃圾分类工作的一个缩影。各班主任通过班会向孩子们传播垃圾分类投放的意义，指导垃圾分类的方法，培养了孩子们的垃圾分类意识，提高了孩子们的动手能力。

五、落实安全"七个重点"

安全工作要落到实处，关键是不流于形式、不浮于表面。经常开展安全督查，是落实安全工作的重要保障。学校定期或随机采取听师生反馈、看现场情况、查角落、访师生、议安全工作等方式开展督查，对校园安全及校园周边环境整治工作进行督查。检查工作落实做到"七个重点"：一是检查落实安全工作岗位职责的情况，特别是门卫管理和校园巡逻检查，校外人员进出校园的登记情况。二是检查师生一日安全常规自查工作的落实情况,特别是学生食堂、宿舍、门卫等重点部位是否检查落实。三是检查学校开展安全标准化创建工作情况,要求各个部门对照标准自查,同时帮助学校解决存在的问题,总结工作经验。四是检查各部门处室开展安全隐患再排查再整治的情况。对排查出的安全隐患必须立即整治,一时无法整治的,采取有效防范措施,明确具体责任人,加强监控管理,限期整改。五是检查对师生安全教育的情况,特别是结合季节特点开展防溺水、防传染病宣传教育的情况。要求年段教师把安全教育覆盖到每个班级和学生,切实增强师生的安全意识和自我防护的能力。六是检查会同当地公安机关等部门开展"警校共育",加强校园周边的治安防控,确保师生上下学安全的情况。七是检查学校班子是否坚持 24 小时带班制度,保持通讯畅通,确保一旦发生涉及师生安全和校园稳定的重大情况能够立即上报和及时处置。安全工作督查落实防护常态化,为师生的生命健康成长保驾护航,这是我们一以贯之的根本。

学校把安全工作纳入学校管理的重要议事日程,作为促进学生生命成长的第一抓手,成立了学校安全工作领导组,采取校长负总责、分管领导具体抓、全体教师共同抓的办法,也就是我们现在实行的安全网格化管理,这个不是挂在墙上写在纸上的,而是要逐一落到实处。学校安全工作领导小组负责学校的安全管理工作,分解、细化和落实学校安全工作责任人的职责及责任,研究安全工作中出现的新情况、新问题,以及贯彻、落实上级的新要求,形成分工负责、齐抓共管、全员参与的工作格局。

安全工作无小事,以制度来明确方向。没有规矩不成方圆,安全工作制度,是学校管理者对学生生命成长的全方位立体考虑。仅 2020 年春季新冠肺炎防疫期间,学校就根据要求制定了疫情期间"两案八制度",分别是:《金安小学开学准备工作方案》《金安小学应对新冠肺炎疫情应急预案》《金安小学应对新冠肺炎疫情报告制度》《金安小学学生晨午检制度》《金安小学因病缺勤登记及追踪制度》《金安小学复课证明查验制度》《金安小学学生健康管理制度》《金安小学环境卫生检查通报制度》《金安小学传染病防控的健康教育制度》《金安小学通风及消毒制度》,以上制度用来指导本次疫情防控工作,学校要求全体教职工保持电话 24 小时畅通,随时待命。为了让学生有个安全的进校环境,学校成立了保安、教职工、家长志工三支护校队,在学生的上下学期间为学生的出行安全护航。

保安人员走动式巡防为学生的上下学安全设下第一道安全保障防线。

保安岗位 1 负责在绥德路口引导家长的车辆有序通行;保安岗位 2 设置在校门口左侧与人行道之间,负责指引学生家长及社会人员不进入学校区域;保安岗位 3 设置在校门口右侧与人行道之间,负责指引学生家长及社会人员不进入学校区域。

教师三点位站位为学生的上下学安全设下第二道安全保障防线。教师岗位 1,我们安排了女教师和学生礼仪队员对进校学生的礼仪和着装进行指导;教师岗位 2 在校门口安全区域的左侧,教师岗位 3 在校门口安全区域的右侧,我们各安排了一名男教师和一名保安,引导学生有序排队进校,防止家长进到学校的安全区域。家长志工护校队,由家长志工大队长统筹安排,每天上下学时间段为学生的出行护航。

校门口安全区域的划分为学生的上下学安全设下了第三道安全保障防线。在校门口,我们用拒马在左右两边筑起了两道长 10 米的硬隔离,在校门口划出了校门口安全区域,严禁外来人员和家长在校门口安全区域内逗留,为学生进出校安全和校园安全设下第一道安全保障防线。

著名诗人泰戈尔说:"教育的目的应该是向人类传递生命的气息。"纵观我校这些年来的工作,实际上都是围绕着呵护儿童的生命,关爱儿童的成长,关注儿童的身心健康。无论是教学第一线的老师,还是后勤工作人员,他们都以儿童的生命成长为出发点和终点,从儿童的心理健康、人格健全、课程设置、安全设施等方面入手,行之有效地做好每一项工作,用汗水浇灌着每一棵树苗、每一朵花;用教师的职业道德和人格魅力感染着每一个孩子;用尊重托起生命的厚重。

第九章

构建教育生命共同体

党的十九大将"坚持推动构建人类命运共同体"确定为新时代坚持和发展中国特色社会主义的基本方略。构建教育生命共同体与构建人类命运共同体虽然是两个不同的概念,但拥有共同的价值认可和共识。每个人的成长都离不开社会这个大舞台,社会也真实存在着具有个性的人,这是自然现象。但是,人需要合作,会合作的个体成长会更快。团队需要改进,步伐才会迈得更坚实。多元化的社会形态,转型期社会的发展特点、区域经济发展的差异,都促使教育的选择性必须得到尊重,需要从校长变革、课程改革、课堂生成、德育景观等多方面得到更为高效的方法去优化,合力打造教育生命共同体,形成一种合力,达成一种共识。

第一节　走向校际,走向共同的精神家园

一、内强素质,外树形象

这种形象不是"骄傲",而是在给人众多展示的同时,寻求合作的方向,合作的高效,在打造学生生命成长的教育生态中达成的一种共识,让更多的人认可,让更多的人受益,为孩子的生活过得有意义而谋划。唯有合作才能赢得未来,唯有合作才能获得更大的教育成效。

回首过去的日子,围绕"教育至真,生活至美"这个大课题,我们的校长变革、实施的课程、教师的课堂、德育教学等系列内容,是否给予孩子生命

成长的力量？是否帮助孩子铺就个性发展之路？展望未来的发展，前行的路，需要正视问题，正本清源，我们的学生走出去，教师的课堂开放包容，学校的办学理念落地生根，希冀能进一步看清前行的方向，明确培育孩子生命成长的好方法，在交流中碰撞智慧，在共识中得以发展。

开放的课堂，朴实求真，让课好起来，透过课堂看窗外的世界，我们看到有梦的教育更精彩。

二、他山之石，可以攻玉

我们的课堂，我们的老师，是否可以作为家长、同行教育的参考之玉，是否能使研究生命成长的教育工作者产生共鸣？交流先从真课堂开始，学校教师的课堂面向家长，面向教育界同仁，像这样的活动课堂每学期都在举行，每一次都能定好主题，周密部署、长短规划、有序进行，为了展示金安教育教学"真"课堂，也为了携手同行和家长"零距离"感受学生在课堂中的生命成长。

仅 2019 年 12 月 17 日至 20 日，学校举办了"让课好起来"家长开放周暨省教改示范项目建设课堂观摩活动。观摩活动分别开设了语文学科、数学学科、英语学科、艺体学科、综合学科五个专场，展示了 20 节课。各学科围绕学校总课题"学习场视域下的'六真课堂'行动研究"，以"生活化课堂"为基本式建模，重组课堂中的师生时空场域，构建了学生真实素养与关键能力形成的学习生命场。

每个专场在座者都认真观摩，体验着新的课堂模式。孩子们出色的表现和课堂精彩的瞬间不断闪现。语文课堂上，孩子们放飞了想象力和语言表达能力，每位学生的发言都展示了小组共学共同讨论的结果。语文就在这样真实地思考和表达，孩子们在一起感受了语言之美。数学课堂上，孩子们在合作探索的过程中形成自己对负数、集合等新知的理解，在与他人交流的过程中逐渐完善自己的想法。趣美英语课堂上，老师的风趣幽默及师生全英语对话的课堂情境深深吸引着听课者。台上台下积极互动，家长和孩子一起体验在玩中学的快乐。艺体活动课上，教师巧妙地带领学生自己去探索、发现、思考和尝试，让枯燥的技法学习变得活泼生动。别开生面的智慧艺体课赢得了家长们的赞叹。健康快乐的大课间，孩子们个个精神抖擞。一天的开放活动时间虽短暂，却让参观者见证了孩子的自信与成长，也更深入地了解了学校教学工作的细致。

这次"让课好起来"家长开放周暨省教改示范项目建设课堂观摩活动，让学习真实发生，进一步推进"六真"学习场的落地，将最大化实现学科课程价值，也将推进我校"为儿童积累新的未来"的建设愿景。

三、课改从改课开始

学校教育是从课堂开始的，我们一直认为"课改先从改课"开始，可是怎样改？改的着眼点在哪里？怎样才更有效？在课堂教学加强共育互助这个方面，学校更是用心良苦。这个共育互助，体现在两个方面：从校级联盟到省级联盟、从个人修行再到请专家团队指导，到教师教学理念学习，各种形式，各个文化内容，各项生命成长主题，紧紧围绕"儿童生命成长的教育生态"，都做了呈现，目的只有一个，寻求在共育互助中提高课堂育人的效率。

借部编本课改已成为焦点的东风，来自厦门各个区属学校的联盟校共育互助，我校承办互助活动，已经早早走在研讨谋策略的路上了，这样的形式已成常态。

为怎样落实改编突出的"语文素养"的核心理念到课堂，如何更全面更有深度地解读新教材，如何用好新教材，我们精选两节课进行共育互助探讨。首先，对《端午粽》大胆重组教材，紧紧围绕着本单元的人文主题"家人的爱"来展开教学，通过引导学生品读三个时段"回去前、回去时、回去后"的内容，来寻找外婆的爱，从"闻"出外婆的爱，到"吃"出外婆的爱。其次，对《树和喜鹊》也进行了教材重组，先学习"孤单"，再学习"快乐"，使两者形成鲜明的对比。"孤单"内容的学习从五个层面展开：通过释词解义、图文结合、联系上文、联系生活来了解"孤单"，通过朗读课文，体会"孤单"。而"快乐"内容的学习则有学法的迁移：从图文结合、联系上文、联系生活，了解"快乐"，通过朗读课文，体会"快乐"。课后与会人员从文本解读、教材处理、教学思路三方面进行探讨交流，经过反思沟通，让与会教师对部编版教材的特点、教学目标及重难点有深层次的理解，这更为今后的一年级语文阅读教学指明了方向。

我们多次组织了由华东师大高校指导的三校联盟同课异构活动，来自宁波、上海、厦门等地的众多精英参加，学校分成多个不同学科同时开展语文、数学、英语专场，课后还进行了交流点评，达成课堂教学共育互助的一致意见。

　　语文组执教老师就同一文本从不同角度解读，把握人物描写的重点，突破外貌描写的难点，各具特色。

　　数学组在有趣的情境中把数学和生活牢牢相结合，注重培养孩子们的数学能力，更帮助孩子们认识到数学与人类发展和社会进步息息相关，意识到数学广泛地被应用于日常生活的各个方面。教师通过回忆的方式帮助孩子们明确了原有的认知结构，再进一步引导，让学生自主动手，探究出知识与知识点之间的联系，最后通过小组讨论、班级汇报等多种形式总结出同学们都认可的知识网络导图。教师通过数学王国大闯关的形式展开教学，以闯关的形式贯穿全课，通过5大关卡，由浅入深、从易到难地梳理单元知识，不仅帮助学生查缺补漏，更进一步帮助学生挖掘知识的应用与拓展。

　　英语组注重情景教学，善于启发学生思考，使学生的思维不局限于教材。教师紧贴学生爱好，利用当前热点的综艺节目，引出各种场景，让学生在情境中学习规则的表达。同课异构活动后，由宁波艺术实验学校带来《让每一位学生最优发展——雅教育拓展课程的构建与实施》的讲座，更是加深了共育互助组对儿童生命成长的教育生态的共识。

　　华东师大刘莉莉教授指出，课堂上每个环节的设计都是有目的性的，前环节的设计是为后环节的教学作铺垫，后环节的教学也应回扣到前环节的设计上，这样的课堂才是一个自然生成的课堂，不光有师生之间的生成，亦有生生之间的生成，还有学生与文本的生成，这样的课堂才更具灵动性。刘教授还提到"课堂上语言的生成很重要"。首先是教师的语言，要更具美感，美好的语言能让课堂变得湿润，能给学生潜移默化语言的积累和润泽；其次是学生的语言，要让它朝正确的方向自然地流淌起来，不要限制孩子们的想象和表达。有了语言的"美"和"动"，我们的语文课堂才具有真正的语文味，才能静下心来体会"情"，体会中华语言的博大精深。她还对研讨活动提出了两大观点：一是学会用心观察生活数学；二是学会用脑思考数学本质。基于这两大观点，对授课内容进行"切片式"的点评，她认为，不能因为太在乎知识本身而忽略对学生思维的拓展。一节好的课，应该是引人入胜的，有思维上的碰撞，描述的语言要从不精准到精准，练习也应是丰富多彩的。

四、对口帮扶，校长国培

教师共育互助理念学习先行，让他们在合作分享中获得成就感。

教师是教授学生的领路者，学校办学理念的实现，关键看教师。所以打造一支理论学习深厚的教师队伍，不光要靠个人的自学，还需要团队的引领，共育互助。读书分享，无论是对个体还是团队，这都是经久不衰的可行之举。学校为全体教师搭建读书分享的平台，扎下身读书，走出去分享，也别出心裁地引导大家，以世界咖啡式共同体模式，和其他学校的教师进行分组读书分享交流。内容循序渐进，如雷夫的"教学奇迹"给你留下了哪些最深刻的印象？具体谈谈你是如何理解雷夫建设的"道德发展六阶段"，并分享自己在教学中成功与失败的案例；书中列举的成功案例，有哪些具体的教学智慧能让你运用到将来的工作当中？谈谈自己在教学中具体的设计与做法。类似这样的"四糖书会"教师阅读沙龙，正引领教师昂首前行，理念满满。

校长作为一个学校的"领头羊"，大凡具有远见的卓识、先进的理念目标、非常的管理能力、高尚的品德情怀、深厚的人文素养。如何让更多的学校管理者，体会到学生生命成长的教育生态打造的重要性？如何让我们践行的理念成果走近校长、走近管理者？学校借助校长国培等各种机会进行对外交流，希望获取更多的教育理念和新的教学经验，让教育智慧碰撞出新的火花。

2017年11月6日，根据教育部校长国培项目办的部署，"校长国培计划"——2017年边远贫困地区农村校长助力工程福建教育学院小学校长培训1班3组的8位校长带着对教育的不懈追求，来到了学校，开启了为期两周的国培计划基地学校校长跟岗影子培训研修活动。这8位来自云南、甘肃、陕西、青海、广西、宁夏、新疆的"影子校长"，聆听了学校校长对学校办学理念的建构之路、平凡却寓意深远"真教育　美生活　暖家园"的理念、"会读读好　会学学好　会玩玩好"的教学方针、"志远行近"的校训，观看了学校开展的"领巾上的荣耀"升旗仪式、每个班级的班本荣誉课程展示，阅读了校刊《金光报》，欣赏了学校的"金创意"——声情并茂的朗读者、娓娓道来的演讲者、充满智慧的阅读者，接连的几天，相继走进并领略了学校的多彩文化：安全文化——119行动，课堂文化——校本教研，地缘文化——触摸厦大，德育文化——主题队日，理念文化——办学理念宣讲，上述过程的体验,各位校长真切地认识了我们倡导的"儿童生命成长的教育生态"所取得的成绩。学校的办学理念也走向大江南北,六年来,来自全国各地的教育同行纷至沓来,金安小学成了"厦门教育界的网红打卡地"。

学校还积极联合教育界同仁,建立校长学习共同体。我认同"共同体是一个基于共同目标和自主认同、能够让成员体验到归属感的人的群体"的理念,认为"家"应该是人类最基础的共同体。共同体是一个充满想象的"精神家园"。

校长学习共同体的建立,调动了校长的内生动力,校长们在共同体中协同互助,主动思考、主动研究、主动分享、主动作为,在共同研究中共同提升,打造每所学校和而不同的美。

金安校园以孩子为中心的人文景观、"家校生态圈"的构建、"父母成长"领域的专业引领、生活美学空间典雅唯美的美学理念、心理活动中心心灵成长设计、"六真学习场"的课程建设管理,都给来宾留下了深刻的印象。

校长 A 说:"林华强校长是在下一盘大棋! 他具有大目标、大格局、大手笔、大教育思路,林校长是真实落地地在做与小学生相关的事。"

学习共同体的校长们感叹:"林校长是个有大审美意识的人,金安小学处处给人以美的享受,充分体现生活及课程、生活即美的办学理念,立足为孩子的未来生命奠基,学习空间有磁性、有味道。"

校长 B 说:"金安小学不仅丰富了学生的各种生命体验,还十分重视老师和家长与孩子们一起成长的过程。师生一起成长让这所年轻的学校充满生机,家校共育的新生态让孩子们享受着童年的岁月。"

当教育理想遭遇教育现实的挑战时,就需要我们在理想与现实中找到"黄金分割点",导师的诊断、同伴的激励,助力了学校办学理念的梳理与完善,营创"生命成长的教育生态"理念 3.0 应运而生——办一所让生命灵性生长的学校,一所高位构建、发展至上的学校,一所诗意追求、奔向未来的学校。

第二节　走向社会,走上生命成长的舞台

把家长和社会纳入学校合作伙伴的范围之内,形成社会教育、家庭教育、学校教育和谐共育的新局面,学校、家庭、社会三位一体的合作教育模

式已成为当前教育形势下大力提倡的育人途径和观念。

一、生命成长在于走向社会，走向生活

共育互助从学生成长开始，让他们在共同成长中得到获得感。

小手大手共育互助，文明手拉手。学生的生命成长除了知识的习得，还需要在社会这个大舞台中用实践见证，才会得到长久的巩固。对于共育互助这一块，学校也是为学生创设了各种机会，让孩子们在锻炼中成长，在成长中印象深刻。

据悉，为深化文明城市创建和全民健身活动，以习近平总书记关于建设"美丽中国"的论述为指导思想，不断扩大"快乐健步走　文明齐动手"洁净家园活动覆盖面，我们以"小手拉大手　大手拉小手　文明一起走"为主线，发挥学校党员、团员、少先队员的先锋作用，学校党支部与金安社区党委结对开展洁净家园活动，区教育局、街道办事处、社区党委及工作人员、社区志愿者和金安小学师生三百余人参加。学生利用歌曲宣讲、上门动员、发放倡议书等多种形式，号召大家都能做到"五不"，即"向乱扔烟头说不""向乱扔垃圾说不""向不文明行为说不""向流动摊贩说不""向乱停车说不"。大家积极履行协议内容，发挥党员、团员、队员的先锋作用，进小区、勤劳动、洁家园，充当文明使者，传播文明理念，开展志愿活动。小手拉大手，大手拉小手，文明一起走，实现了家校社共育，共谋绿色生活，共建美丽家园，为美丽厦门贡献了新的力量。类似这样的共育互助活动，每一次都让学生受益匪浅、收获满满。

对孩子的共育互助，也体现在学生的互相合作沟通上。只要是为了成长这个共同目标，即使身处异地，也隔不断幼小孩童的心灵共识。为进一步加强东西部教育的深入合作，促进东乡县教育的发展，增进两地儿童之间的交往，让孩子们以"书信"为桥梁，开阔眼界、增进了解、友好互助。我校赵影老师充分发挥自己在甘肃省临夏州东乡族自治县支教的有利条件，积极与厦门在校的老师进行协调，在双方学校领导及师生的共同努力与积极配合下，学校各个年级学生与东乡县锁南民族小学的孩子们开展了"手拉手"活动，通过书信往来成了"笔友"！远在千里之外的东乡族娃娃们收到了来自厦门的第一封信。当赵老师把信亲手交到东乡娃娃们的手里时，孩子们期待的眼神与拆开信认真品读的场景，让在场的每一位师生都感到无比的喜悦与温暖。瞧！孩子们手上的信，有的信封上画着精美的图案；

有的信封里装着孩子们精心准备的小礼物……一双双小眼睛注视着远方的来信,一个个小朋友专心地品读着厦门同学的自我介绍,欣赏着厦门的美丽风景……相信千里之外的厦门小朋友们也正满心期待来自东乡的小朋友的回音……随着类似的活动序幕拉开,两地"手拉手"活动不断开展,孩子们相继以各种主题方式相互介绍两地的不同环境、风景、人文等。"同在蓝天下,共读一本书"交友共育活动,丰富的异域文化交流已经成为孩子们心中一道道亮丽的彩虹!

成长的学生,会因获得荣誉感而快乐起来,从人的本质看,荣誉与成就是与成长息息相关的。

二、生命成长在于走向舞台,走向教育的目标

在校的学习,虽然只是生活的一部分,但是生活至美这个目标达成度,究竟如何? 学生的成长,吸引着众多家庭关注的眼球。学校开办至今,以"志远行近"为校训,本着"为生活筑梦、为未来奠基"的办学理念,注重学生综合素质的发展,注重传统文化的传承。学生外出参赛等对外交流,也是更胜一筹,成就凸显。以下几个镜头,更是孩子生活至美对外交流的缩影,办校以来,仅学生各项技能比赛,对外参赛就获得近百项区、市、省、国家级奖项。

2017 年 4 月 15 日,福建省全民健身运动会舞龙公开赛暨第十三届全运会舞龙项目福建省选拔赛在集美大学体育学院光前体育馆进行。在两天的紧张而有序的比赛中,来自全省各地市的 17 支高水平舞龙队同聚一堂,展示福建省高超的舞龙技艺水平和良好的精神风貌。

据悉,本次比赛,我校共派出两支队伍参赛,一队 10 名队员均来自我校三年级,平均年龄 9 岁;二队 10 名队员均来自我校一年级,平均年龄仅有 7 岁,其中二队也是目前国内最小的竞技舞龙队。17 支舞龙队经过两天紧张的比赛和激励的角逐,我校舞龙队最终以自选舞龙套路第 6 名的成绩获得三等奖,传统舞龙套路第 9 名的成绩获得优胜奖,顺利获得第十三届全运会群众项目舞龙比赛的全国海选资格。

学校开办之时,即组建了以一年级为班底的"金蕾"龙狮队,龙狮队成立三年来一直秉承着"小龙狮　大精神"的传统,传承着"自强、忠义、崇礼"的龙狮精神。小龙狮队曾于 2015 年、2016 年参加两届海峡两岸青少年龙狮交流赛,和海峡两岸的青少年同场竞技,展现福建省内小学生积极向上

地发扬优良传统体育运动的精神面貌,并连续两届收获舞龙一等奖。

舞龙,让学校舞出了生机和活力;让学生舞出了精神面貌,也从美丽的校园舞向全国舞台。他们精彩的表演,深得大家的赞许。

小小的身体舞动着小小的龙,活灵活现,赛场上拼技艺、显身手,在比赛中屡获佳绩,也可谓是"传承中华传统文化,从娃娃抓起"!

2019 年 5 月 17 日,在南安一中进行的第十七届福建省青少年机器人竞赛中,学校创客二队获得了二等奖,创客一队获得了三等奖。据悉,厦门市共派出了三支队伍参与该项目的角逐,我校独占两席。据了解,智能机器人,是一门具有高度综合渗透性、前瞻性、创新性、实践性的学科,蕴含着丰富的教育资源。自 2018 年 10 月,我校就在湖里区青少年宫的支持和帮助下,创建了"机器人创客实践活动基地"。学校利用每周六上午开设智能机器人课程,培养了一大批优秀的小创客,活动开展短短一年不到的时间里,外出参赛就结出丰硕的成果,为推进学校的素质教育工作开展,开辟了新的途径。

第三节　走向媒体,走宽学校的育人之路

全球化使越来越多的非传统安全问题成为我们生活中不得不面对的现实语境,媒体传播在非传统安全领域呈现出重要价值及范式。学校通过交流传播信息的工具,如报刊、广播、新媒体等,广泛宣传学生、教师、学校管理者的先进事迹,让外界知晓学生的典型事例、学校的办学理念、课程改革等方面取得的成绩,能促进学校健康、安全、持续、协调发展,更能实现社会、家庭、学校三位一体的教育,共同促进儿童生命成长的教育生态生根发芽。

教师,是一个伟大的职业,我们要宣传他(她)精湛的育人技术、强大的生命意识、真挚的教育情怀。例如,我校英语老师赵影赴甘肃临夏州支教,赵影老师在 CCTV1《我们一起走过——致敬改革开放 40 周年》第 18 集"幸福是奋斗出来的"中讲述了支教经历。她积极响应党中央号召,投身西部支教工作,来到甘肃省临夏州东乡族自治县履行支教教师职责,支教期限为一年。她于 2 月 25 日乘坐早上 7:30 的航班,和另外一位支教教师,一起

开启此次的支教之行。傍晚 6:00,经过一天的行程,她到达了支教地——东乡族自治县。从沿海城市到黄土高坡,从海洋性气候到半干旱气候,从海平面到海拔 2400 米,除环境改变之外,带给她更大挑战的是生活工作的伙伴和对象大部分都是"东乡族",而今她成了这里的"少数民族",宗教信仰、文化差异都给她带来更多的挑战。为了更好地开展工作,从 2 月至 3 月,她一边安顿自己的生活,一边深入县城学校开展摸底调研。针对调研发现的问题,她与县教育局制定了 2018 年度的全县教研计划,并制定了本学年的支教计划——以东乡县 24 个乡镇为主阵地,深入其中,带动教研,成立"鹭陇名师工作室",发挥示范引领作用!一年来,她走遍了东乡的每一个乡镇,翻过了数不清的深山、大沟——72 所村小,组织参与教研活动 27 场,个人示范课 8 节,27 次讲座,带领工作室年轻教师送教至学区 8 次,105 次听评课,受益教师达 200 多人。

2019 年是厦门市金安小学建校 5 周年,为深入贯彻落实习近平新时代中国特色社会主义思想,弘扬民族精神和时代精神,坚定中国特色社会主义道路自信、理论自信、制度自信、文化自信,推进学校治理体系和治理能力建设,深入挖掘和发现在学校建设和发展中感人至深的人物事迹,展示厦门市金安小学学校、家庭、社会文明向上、开拓创新、共建和谐的教育生态圈风貌,经学校党、政、工研究,决定首次开展学校"金玫瑰"荣誉奖项评选颁授,隆重表彰一批为厦门市金安小学建设和发展做出贡献的模范人物。"金玫瑰"荣誉奖项为学校最高荣誉。奖项分为"金玫瑰"功勋奖(简称功勋奖)和"金玫瑰"荣耀奖(简称荣耀奖)两个系列。

学校的厨师、保安一直是学生默默无闻的守护者,对他们的辛勤工作,学校给予充分的肯定和重视,体现了对每一个为教育付出的人的尊重。他们因此也上了媒体头条——在隆重的颁奖典礼上,学校特地给食堂厨师和保安队长也颁了奖,"荣耀后勤奖"(图 9-1)是对在学校后勤工作岗位上默默付出的后勤员的褒奖。虽然他们没有惊天动地的壮举,却把工作当作奉献的舞台,任劳任怨,不辞劳苦,把工作当成神圣的使命,用心奉献,默默付出。

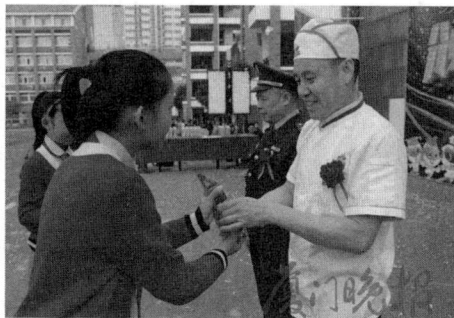

图 9-1　学生给后勤、保安颁发荣耀后勤奖

同时,我们还邀请了我校优秀毕业生回到母校见证荣耀,邀请他们为荣获"金玫瑰功勋"奖的老师们颁奖。作为一名普通教师,他们在平凡的教育教学岗位上恪尽职守、孜孜不倦,在三尺讲台上日复一日地默默付出,他们把自己的工作当成一种神圣的使命,以最高的标准要求自己,用不懈的努力带领金安学子创造一个又一个奇迹。

"荣耀家长奖"致敬我们可爱的家长群体。五年来,他们是校园里的标杆,他们用努力的脚印,踏出一片智慧的天地;他们从兴趣里汲取力量,从勤奋中收获成功;他们自信、他们坚持! 他们积极参与校园内外的各项活动,他们和金安共成长。

"荣耀友谊奖"是对学校共同治理体系的肯定。它颁发给了社区工作者、片区民警、关爱学生们的爱心人士。金安的成长,离不开共建单位的支持。他们传递温暖与感动,正是他们,让我们沐浴甘霖;大手牵小手,他们用梦想成就梦想,他们用希望点燃希望,携手同行,播种和收获。

一切为了孩子,为了孩子的一切。教育的目的,归根结底是为了让孩子全面健康地成长。当今社会全媒体的发展,更需要学校利用正面宣传这个途径,让更多的人来认识教育的作用。我们通过宣传学生的优秀成绩、高尚的品德、个性化的特长、乐于助人的感人事迹,宣传课堂带给孩子生命成长的震撼效果,通过全方位立体的途径打造宣传。如,2019 年 10 月,视频《新中国七十华诞:厦门市金安小学用歌声献礼祖国》发布于《学习强国》平台,还有,视频宣传《路的呼唤:感受一带一路,厦门市金安小学体育艺术节隆重开幕》,厦门晚报的《金安小学"四季四节"首次大融合让学生在玩乐中学习》、《足球文化从孩子教起——厦门市金安小学体育艺术节》在体育频道播出,厦门卫视播出由我校美术老师颜文倩主持的《上课啦》,等等一系列节目内容的推出,学生走进了荧屏,走出了学校,走入了广阔的社会大舞台。

教师是立校之本,学校管理者是立校的领头羊。我们要宣扬其敢于担当的精神、卓越超前的见识、纯洁高尚的育人情怀、与时俱进的办学理念、以德化人的教育艺术(图 9-2～图 9-4)。《中国教育报》对蔡可老师进行宣传。《厦门晚报》宣传报道了《"魔法"的校长——林华强校长》,是这样叙述的:

厦门晚报

教育周报

2018.01.01 丁酉年十一月十五 星期一

第189期

本期看点

在线学习很受宠
良莠不齐需甄别

>A13版

枝头石榴正当红
果实饱满绽开皮

>A15版

金安小学

为家长志工专办一场晚会

校长带领老师为家长献歌，感谢他们与学校携手同行

3年前，金安小学开办，家校办同期成立。3年来，家长志工倾情付出，校方为此很感动。2017年12月26日，学校特地为家长志工举办了“一起走”——金安小学第三届志工文化节大型志工晚会，主角、观众都是家长志工，校长还带领老师们为家长献歌。

文/记者 林珊 图/记者 刘东华

■家长和孩子自编自导小品。

节目演出

家长自编自导节目
校长披围巾跑上台

老师们带来的《鼓乐中华》拉开晚会序幕，水晶球亮起，欢呼声、尖叫声不断。家长志工自导自演，多才多艺，带来亲子歌曲、旗袍秀、经典弹唱、配乐朗诵等。

家长赵影、许修全等人表演的小品《管不管》，讲述了这么一个故事：金安小学家长当义务交警，在学校门口维持秩序，摔倒在地的老人误会是被他们推倒的。但家长坚决要送老人去医院，只是希望能证明“我是金安小学有爱的无辜的志工”。老人最后被感动了：“我这样错怪你，你都没跑，人家都说金安小学的志工有大爱，我信了，给你们点赞。”志工最后说：“人要是倒了，咱们不扶，那人心不就倒了？人心倒了不就扶不起来？”小品结束后，现场响起热烈的掌声。

“一天宛如一年，一年宛如一天，任时光流转，我还是我，一遍用了千遍，千遍只为一遍……”当校长林华强穿着西装、披着围巾，从观众席跑向舞台，唱着《我变了我没变》时，全场再次掀起高潮。他借用歌名真情告白：“变的是新时代下的创新，为了金安变得更好，不变的是我的教育情怀，不变的是家校的温暖。”

颁奖环节

获得“真美志工”称号
捧回“点赞”形状奖杯

■6名家长获“真美志工”称号。

最激动人心的环节莫过于“感动校园 真美志工”颁奖仪式了。“故事爸爸”黄金款、“万能爸爸”许修全、“丁(副)总队长”丁勇明、“志工总裁”何国辉、“小白杨妈妈”黄静、“时间妈妈”胡群英等6人获得了“真美志工”称号。

6名家长志工捧着奖杯，每座奖杯都是“点赞”的形状，这是学校精心设计的。颁奖词也是校长亲自写的，因为他对这些志工再熟悉不过了。

6名志工中有4人是爸爸，在金安小学，爸爸们经常参加学校的活动。“志工总裁”何国辉是四年1班何卓玥的爸爸，也是金安小学志工总队发起人、学校家委会主任。一年一度的志工文化节、“爱心雨具”捐赠活动、“莫兰蒂”后自救活动、家长志工足球队、志工摄影队、周末嘻哈英语专场等，都是在他的倡导和推动下开展起来的，而且开展得如火如荼。

“家校同心，一切为了孩子，我们的付出都是值得的。”何国辉说。“丁(副)总队长”丁勇明说：“我是金安小学的一名普通家长，愿更多普通家长一起来让金安小学不普通。”

厦门六中

“身体打击”MV 团中央官微转发

合唱团老师说，学生们前后只练习10次，这真是意外的惊喜

本报讯(文/记者 林珊 图/学校提供)近日，一支中学生演绎的《青花瓷》MV在网上走红，连共青团中央的官方微博都转发了。MV的主角是厦门六中初中合唱团的12名初一学生，在长3分半的MV中，10名女生和2名男生双手有节奏地拍打胸口，发出拍打声，拍打手势也很优美。学生们以阿卡贝拉(即无伴奏合唱)和身体打击的形式来表演，让人眼前一亮。

厦门六中合唱团指挥老师高至凡是MV的创作人之一。“一开始只是想做点不一样的东西。”他说，在国内几乎没有中学生演绎过同声无伴奏和身体打击乐，于是想试试。后来，从初中合唱团40名学生中选出12人，并邀请阿卡贝拉音乐人徐聪改编曲子。

据介绍，成人的身体打击乐常常通过嘴制造节奏，但学生们不会，就用身体打击，共分4个声部完成。“挺为难他们的，手、嘴要配合，确实不容易。”高至凡说，学生们前后准备了一个月，但算起来只练了10次，每次1.5小时，练了七八次才勉强学会手拍胸部发声。

■厦门六中学生演绎《青花瓷》MV。

因为经费有限，高至凡把学生都叫到自己家里的录音室录音，最后只花了1000元经费请人拍摄MV。一开始，他们只是在合唱团内自娱自乐，顶多是发给其他学生和家长看，没想到竟然传开了。但高至凡说，第一次尝试，没有达到最理想的效果，比如嘴型没对上。“不过，能受到这么多人的喜欢和关注，已经是意外的惊喜了。”

即时互动：@厦门晚报 @我要说 厦门网:www.xmnn.cn 电子邮箱:xmwbjyzb@163.com □执行主编/张华 □责任编辑/邵辰芳 □美编/郭航

图 9-2　家长志工晚会报道

厦门晚报 教育周报

2017.05.08 | 星期一
丁酉年四月十三
第157期

|本期看点|

**湖里区两位教师
荣获市劳模称号**

>B2—B3版

**本报小记者团
将赴山东采风**

>B4版

男生舞蹈队 小学较罕见

金安小学"男团"将力争在明年全国展演中夺奖

■演出中的"男团"

跳舞不是女生的专利，男生也可以跳得出色。厦门市金安小学就有这么一支特别的队伍——男生舞蹈队，全队共有31名男生。金安小学校长林华强说，这样的男生舞蹈队在厦门中小学里，很难找到第二支。

记者 李小庆

■"男团"在日常排练中。

建队 初练舞时哭声一片，坚持下来成绩不俗

这支男生舞蹈队被俗称为"男团"。去年9月，学校从二年级至四年级学生中选出团员，舞蹈教师李立峰被特聘为"男团"总教练，负责日常训练和舞蹈编排。

头几次"男团"上课，教室里哭声一片，李立峰说，男生练舞蹈，普通会比女生辛苦得多，节奏感、协调性都没女生好，但这并不是说，男生就不能练舞蹈了。相反，舞蹈能对男生的仪态、表现力、自信心以及吃苦耐劳的精神产生积极影响。

11岁的双胞胎廖俊宇、廖宏宏就学于五年级，因为哥俩都希望能成为

多才多艺的人，所以他们都被选入"男团"。弟弟廖俊宇说，练舞很辛苦，但"再痛也得忍，必须坚持，要放弃的话，不是白忙活一场？"

前不久，"男团"排演的第一支舞蹈《蚂蚁蚂蚁》登上了舞台，哥哥廖俊宏说，虽然看到舞台的灯光心里有点慌，但仍相信自己能跳好。

这个全市中小学中少有的"男团"一亮相，就取得了不俗的成绩——前不久，他们在区比赛中，一举摘得表演金奖和创编金奖的"双黄蛋"。林华强说，"男团"有更远大的目标，争取能在明年的全国艺术展演上获奖。

效果 团队高标准严要求，成就学校"德育景观"

说是舞蹈团，但"男团"最早上的课并不是舞蹈动作，而是规范秩序。李立峰说，舞蹈服书包要放好，鞋子统一朝外摆整齐，仪容仪表很重要。这样的要求也给了校长启发，学校的"德育景观"理念就是这么来的——"男团"的要求扩散到其他学科，最终成为全校统一要求。

林华强说，练舞的和没练舞的，一眼就能看出来。他说，有一次他在

公交站遇到有学生喊他"校长好"，他并不认识那名学生，但一眼就看出他是舞蹈队的。

学校统一为"男团"成员们发放从头到脚的装备，并希望他们能自信展现，喜爱艺术，获得精神上的富足。林华强说，创建"男团"最直接的想法是"人无我有"，学校有大大小小社团40多个，最终目的都是为了培养高素养、有气质的孩子。

"年近八十"的乐团再奏辉煌乐章

特聘台湾指挥家指导，双十中学管乐团首次捧回全国大奖

本报讯（记者 郭文娟 通讯员 李爽）近日，2017"中华杯"中国第十一届优秀交响管乐团队展演在上海举行，厦门5支参赛的中小学乐团捧回了"一金三银一铜"。第一个出场的双十中学管乐团获得交响组"示范乐团"称号，也就是金奖。展演中，双十中学管乐团出色的表演也赢得中国音协管乐学会理事、指挥家林友声的称赞："节奏难捕、音色好、对点、分声部演奏到位，整首曲子演奏得很有弹性！"

乐团领队、双十中学音乐教师张苏周说，虽然该校管乐团曾在省市各类比赛中拿到过不少奖，但在全国大赛中拿奖，还是头一回，这个全奖的特别之处在于"是跟自己比，不是跟别人比"，大赛根据每个乐团的现场表现决定奖项，"是什么水平，就拿什么奖"，如果同一组别的队伍表现都比较一般，即使拿到了第一名，也不能拿金奖；如果同组好几支队伍都突出，都达到一流水平，都可能都被授予金奖。

此次双十中学管乐团能获奖，除了依靠平时的刻苦训练，也离不开赛前各种有力保障。出发前，带队校领导

与航空公司多次交涉，希望托运的乐器能得到最大程度的保护。出发前一天，张苏周借到上海罗店中学的排练场地和几支高品质乐器练习，16名家长随团前往，也成为后援团的中坚力量。

双十中学管乐团有近80年的历史，在上世纪30年代，就已活跃在校内外舞台上。如今，管乐团有成员百余人，各个器种配备齐全，并有A、B、C三个不同水平的梯队。乐团特聘的指

挥高厄翔，是留法青年指挥家、长号演奏家，每次都会从台湾赶来，指导乐团训练。

据悉，此次全国参加展演的乐团共有133支，比赛分交响组和行进组，每个级别分别设立"示范乐团""优秀乐团""展演乐团"三个奖项，也就是金奖、银奖、铜奖，在交响组上，厦门双十中学、厦门实小分获金奖、银奖、铜奖；在行进组上，湖里中学、湖里区教师进修学校附属小学双双捧回银奖。

■双十管乐团捧回全国大奖。

即时互动:@厦门晚报 @我要说 厦网:www.xmnn.cn 电子邮箱:xmwbjyzb@163.com □执行主编/张华 □责任编辑/郑辰芳 □美编/郭航

图9-3 学校男生舞蹈团报道

他拥有"回归本真，做真教育""学校精细化管理之道"等独特的治校理念与经验，秉持"志远行近"的办学总方针，确立"为理想筑梦　为美丽奠基"的办学总目标，坚持"抓细节、求精致"的工作方针，做"真"教育，习"美"生活。三年多来，他用自己的精和细使校园处处美，教育处处真，家园处处暖。

他处处以身作则，把学校的每一件小事都当作大事，以孩子的视角做精做细。宣传他朝乾夕惕，放权牵影。作为学校的管理者，林校长给予了教师最大的发展空间，坚持做到日清、周清、月清，唤回了"真实教学的课堂"，唤起了"真诚合作的教研"。

他本着"传承经典求发展，回归生活育新人"的宗旨，开设了57个金安学苑，将金安小学创设成为全国第一所基于小学生的"生活美学研究中心"。作为学校的老师，他乐观开朗，胸襟坦荡，更重要的是能很好地理解和体恤别人的情感。他秉持着"培养具有成长陪伴能力的家长团队"的办学理念，放权教师创办家校办（一个温暖的家，一座信任的桥，一个成长的教育共同体），帮助教师和老师找到教育智慧和解决问题的途径，也架起了家校沟通的桥梁。

他研精致思，回归本真，倡导以活动为载体，完善"当真人，做真事"的德育架构，整合校园德育活动。学校通过开展"开学季、真美季、行知季、毕业季"四季主题教育活动，用心打造富有特色及助力学生成长的传统节日活动，让学生在生活中发现美、创造美、体验美、传递美，发展师生个性，陶冶师生情操，为师生创设一个真爱浸润的环境，真教实学的课堂，真材实料的教育和真诚合作的体系，真正做到求真爱美，志远行近。

居高声自远，非是藉秋风。学校虽然办学不久，但广大教职员工和学生家长都能齐心勠力，让我们的教育教学能够全面、协调、持续、优质地发展。短短五年，各项荣誉纷至沓来，既有国家级，也有省市级。当我们分享着每一个喜悦的时候，我们总是深感我们的努力不会白付，我们的汗水没有白流。而让我们由衷欣慰的是，一个个孩子的生命正在我们的手上或期盼中得到健康快乐的成长。我们收获了喜悦，而校内校外教育的生态也正在生成，学校生命成长之路正步入持续、健康、良性发展的轨道。

2019年5月，《基于生活之美的小学生成长体验研究》获得湖里区优秀教研成果一等奖。"湖里区教育系统先进党支部""全国青少年校园篮球特色学校""全国青少年校园冰雪运动特色学校""厦门市首批书香墨香校园建设示范校"……一块块奖匾、一个个奖杯,代表着一项项殊荣、展现出一道道景致,它是学校办学正走向辉煌的一个历程,凝聚着领导和老师们的智慧与能力。由此我们完全有理由相信,金安小学的明天将会阳光普照、彩霞满天。

图9-4 "生活美学中心成立"报道

结束语

"千淘万漉虽辛苦,吹尽狂沙始到金。"儿童生命成长的教育生态,是金安小学办学的一张烫金名片,也让学校的每一位教育工作者深刻地意识到儿童生命成长的重要性。学校也将一如既往地为学生搭建生命成长的平台,营造快乐教育的氛围,让儿童的生命成长有一个良好的教育生态。

尊重生命,以生命呵护生命。这是我们教育人对学生最起码的尊重,也是每一个教育工作者的职责与担当。因为学生的每一个生命,都是一朵美丽的花,若想让其精彩绽放,就要精心培育与呵护。"把学生成长作为实验的根本点,探索现代学生成长的新规律。"这是叶圣陶先生一生教育研究的内容和追求的目标。学生美好的品格宛如一颗种子,当我们亲手将它种下的时候,一定会盛开美丽的花朵,一定会长成参天大树。

教育,是一个国家的立国之本,也是民族振兴、社会进步的基石。教育,不仅寄托着个人成长的希望、家庭的希望,也承载着一个国家发展的希望。顾明远说:"教育对一个国家民族来讲,关系到国家的兴衰、民族的未来;对一个家庭来讲,关系到一家的幸福;对学生个人来讲,关系到一生的前途。"

"教育,是播种希望的事业;教师,理应是满怀希望的人。把更多希望播种在自己心中,把更大的努力扎根于自己的身上,有希望就有道路,让我们扎实探索着,走在这条希望的路上。""最好的教育,不是用一个标准、一个分数去衡量所有的孩子,而是看它能不能使每个孩子的天性真正地张扬,让他成为他自己。学校应该成为一个汇聚美好事物的中心。人类那些最美好、最伟大的东西,在学校里要能够呈现出来,让孩子不断和它相遇,在相遇的过程中发现自己、找到自己,最后才能成就自己。所以,绝对不能用一张试卷、一个分数来衡量所有的孩子。帮助每个孩子在教育中真正实现自身生命的成长,这是最关键的。"(朱永新语)

教育的原点是生命，教育的目的是呵护生命，让生命成长、绽放光彩。其实，儿童的生命成长是一个缓慢的过程，静待花开，是我们每一个教育工作者的共同期待。也许，你走着走着，一不留神，花就开了。

后　记

"十年树木,百年树人",踏上三尺讲台,就意味着踏上了艰巨而漫长的育人之旅。从开启教育生涯的那天起,我就时刻警醒自己,要保持一份庄重的责任心,一份至高的准则,坚守师者的道德,发扬师者的风范。

今天,已经是 2020 年农历闰四月的日子,细细算来,创办这所新学校——金安小学至今,已然有 6 个年头。每当走过校园,陶行知先生引领孩子读书的塑像便不由自主地映入我的眼帘,它见证了学校新生发展的历史与教育生态的演化,也见证了我 6 年来走过的心路历程。

校对完书稿清样,耳边吹来虎仔山的海风,路灯闪烁下,一片宁静,此时,我的心情有点忐忑。六年的"且行且思",终于凝聚成这本浸润着汗水气味的小书,蓦然回首,好似完成了一个神圣的使命。

然而,萌生此想法,是在"志远行近"的路上,是在教育实践的行动上,是在求索、求真、求新、求变的思辨中。书中所做的实践、所作的报告得到了一些验证,或者说慢慢更为成熟,便大胆呈现。毕竟教育的事是需要静待花开的。而今金安已送走一届又一届优秀的毕业生,教育教学质量也一年更比一年好,业界与家长的口碑渐渐树立。我才敢以"丑媳妇"的状态,烹一道简餐,与读者分享。

难忘 2014 年开春,我受命到金安小学任校长时,心里还是有些惴惴不安的,不知接下来会发生什么。面对高林居住区的新环境,地缘文化的差异,临时组合起来的教师团队诸多因素……我常常扪心自问:你能行吗?

可面对这一神圣的职业,面对肩上沉重的担子,我别无选择,只能勇往直前,没有退缩。

好在有区委、区政府的引领,区教育局和相关部门的指导、关心、帮助,尤其是华东师大刘莉莉教授的"手把手"牵引,任勇局长等教育专家的热切关爱,厦门市陶行知研究会同仁的鼎力支持,学校办学方向、发展目标和行动路径逐渐清新。六年了,我们走过了由"真美教育1.0"——"教育至真·生活致美2.0"——"儿童生命成长的教育生态3.0"的办学理念迭代之路。

好在有学校同团队的支持与奋进。这些年来,学校领导班子、行政中层干部和所有老师,以及可敬的家长们,都给予了我积极的帮助、支持、理解和包容,当然,还有我生命成长中最重要的孩子们。我的所有激情与努力、欣慰和幸福都来自他们。

学校开办六年,学校工作扎实落地,呈现出景更美、人更美、活动更美、品质更高的教育新格局。金安小学特色的办学模式已然成为湖里教育界的一张名片。金安校园以孩子为中心的人文景观、"家校生态圈"的构建、"父母成长"领域的专业引领、生活美学空间典雅唯美的美学理念、心理活动中心的心灵成长设计、"六真学习场"的课程建设管理、优异的教学成绩和丰硕的办学成果……成为学生眷念、家长称道、社会赞誉的新优质学校,吸引全国各地的教育同行纷至沓来。

近年来,尽管困难与挑战并存,但学校在探索新条件下新优质学校建设上从不松懈。笔者秉持"志远行近"的办学总方针,以"教育至真,生活致美"的办学追求,努力建构儿童生命成长的教育生态圈,倡导完整的学习过程是生命成长过程的基本理论,让校园成为学生生命成长的生态园,富含生命成长的生态营养,通过管理、课堂、课程、活动等组织变革,营造儿童生命成长的教育生态。

六年时间不算短,但是挥手之间,时光却从指尖悄然划过。这本书,对于金安小学和我来说,都只能算是一个"播放键",更应该是一个新起点。期待在今后的教育实践中,我和我的团队、我的学校生命状态更好、生命场域更佳、生命智慧更盛。

谨以此书献给所有的金安人,献给过去、现在和将来始终关心、关注、关爱金安小学的所有人。在这里,我要特别感谢任勇、刘莉莉两位教育专家为本书作序,为我的拙书增添厚重感;感谢潘清河老师的倾力指导;感谢金安小学团队的努力探索。

由于时间比较仓促,又加上疫情,突如其来的防疫任务打乱了之前我的思路和条理,因而瑕疵也是在所难免。期望中满含忐忑,恳望得到大家的批评和指导。

林华强

2020年6月24日

参考文献

[1]马崧鹤.论《红高粱家族》中"红色"的象征意义[J].兰州教育学院学报,2018(10):27-28.

[2]张玉春.汉英颜色词"蓝色"和"BLUE"象征意义分析[J].考试周刊,2016(95):15.

[3]乔安·埃克斯塔特.橙色的奥秘[J].文苑(经典美文),2019(11):56-58.

[4]张坤,王志强.今天,你读书了吗?——让读书成为一种生活方式[J].黑龙江教育:小学版,2014(10):54-55.

[5]姜海韵.让阅读成为学生自觉的生活方式[J].小学时代(教师),2011(4):35.

[6]丁宏宣.孙中山和图书馆[J].图书与情报,1991(3):72-73.

[7]朱永新.改变,从阅读开始(节选)[J].基础教育论坛,2012(23):17-19.

[8]吴小波.建设项目化学术团队 推动学校组织结构变革[J].中小学管理,2019(11):39-41.

[9]张朝霞.中小学校长课程领导力的研究[D].长春:东北师范大学,2019.

[10]朱永新.苏霍姆林斯基教育箴言 4[M].北京:教育科学出版社,2016.

[11]吴昕春,孙德玉.陶行知教育思想与实践[M].芜湖:安徽师范大学出版社,2017.

[12]黄蓉.教学适应期青年教师的"教学圈"建设[J].江苏教育研究,2019(Z5):27-29.

[13]吉姆·崔利斯.朗读手册[M].徐海幨,译.北京:新星出版社,2016.